reinhardt

AF120765

Band 11
Herausgegeben von
Prof. em. Dr. Michael Jagenlauf, Helmut-Schmidt-Universität, Hamburg
Prof. Dr. Werner Michl, Georg-Simon-Ohm-Fachhochschule, Nürnberg

Albin Muff • Horst Engelhardt

Erlebnispädagogik und Spiritualität

52 Anregungen für die Gruppenarbeit

Mit 21 Abbildungen und 12 Tabellen

2., überarbeitete und erweiterte Auflage

Ernst Reinhardt Verlag München Basel

Dr. *Albin Muff*, Dipl.-Päd., Bamberg, Pädagoge bei der Bayerischen Bereitschaftspolizei, Trainer C Sportklettern und Seilgartentrainer

Horst Engelhardt, Dipl.-Päd., Lehrkraft für Religionspädagogik/Theologie an der Caritas-Fachakademie für Sozialpädagogik, Bamberg

Bibliografische Information der Deutschen Nationalbibliothek

Die Deutsche Nationalbibliothek verzeichnet diese Publikation in der Deutschen Nationalbibliografie; detaillierte bibliografische Daten sind im Internet über <http://dnb.d-nb.de> abrufbar.
  ISBN 978-3-497-02397-4 (Print)
  ISBN 978-3-497-60122-6 (E-Book)
  ISSN 1612-8966

2., überarbeitete und erweiterte Auflage
© 2013 by Ernst Reinhardt, GmbH & Co KG, Verlag, München

Dieses Werk, einschließlich aller seiner Teile, ist urheberrechtlich geschützt. Jede Verwertung außerhalb der engen Grenzen des Urheberrechtsgesetzes ist ohne schriftliche Zustimmung der Ernst Reinhardt GmbH & Co KG, München, unzulässig und strafbar. Das gilt insbesondere für Vervielfältigungen, Übersetzungen in andere Sprachen, Mikroverfilmungen und für die Einspeicherung und Verarbeitung in elektronischen Systemen.

Printed in Germany
Reihenkonzeption Umschlag: Oliver Linke, Höhenschäftlarn
Covermotiv: Martina Schnepf, Bamberg
Satz: Fotosatz Amann, Aichstetten

Ernst Reinhardt Verlag, Kemnatenstr. 46, D-80639 München
Net: www.reinhardt-verlag.de   E-Mail: info@reinhardt-verlag.de

Inhalt

Vorwort 9

I Grundlagen

Begriffsverständnis 12
   Spiritualität: aktive Suche nach der inneren Mitte 12
   Erlebnispädagogik: Natur, Erlebnis und Gemeinschaft 13

Gottesbild und Menschenbild 13

Anforderungen an Leitungskräfte 16
   Persönlichkeit 16
   Gruppenpädagogik 17
   Fachkompetenz im Naturraum 18
   Zusammenfassung 18

Anleitung von Übungen 19
   Planung und Vorbereitung 19
   Einstimmung 20
   Moderation 20
   Abschluss und Nachbereitung 21

Grenzen 22
   Schlechtes Wetter, Störungen 23
   Schwierige Teilnehmer 24
   Fragwürdige Ziele 25
   Mangelhafte Vorbereitung 26

II Natur erleben

Fluss 28
   Naturraum Fluss 29
   Fluss und Spiritualität 30
   Erlebnispädagogische Aktivitäten am Fluss 32

Übung 1: Zu den Quellen 33
Übung 2: Siddhartha am Fluss 35
Übung 3: Flusserkundung 37
Übung 4: Biblische Flüsse 39
Übung 5: Lichterfluss 41
Übung 6: Symbolsprache Fluss 42

Meer 44
Naturraum Meer 45
Erlebnispädagogische Aktivitäten am Meer 46
Übung 7: Trocken fallen im Watt 48
Übung 8: Symbolsprache Meer und Schiff 49
Übung 9: Meer in der Bibel 52
Übung 10: Meeresgottheiten 54
Übung 11: Sagen des Seelandes 56

Fels 60
Naturraum Fels 61
Erlebnispädagogische Aktivitäten am Fels 63
Übung 12: Vom Felsfuß zum Felskopf 66
Übung 13: Felsklettern im Flow 67
Übung 14: Felsgedanken 69
Übung 15: Auf die Welt herunterblicken 71
Übung 16: Felsflora und Felsfauna 72

Berg 73
Berge und Spiritualität 74
Erlebnispädagogische Aktivitäten in den Bergen 75
Übung 17: Gipfelmeditation 77
Übung 18: Bergstrecken – Bergstationen 79
Übung 19: Berggottesdienst 80
Übung 20: Berge der Bibel 81
Übung 21: Land Art – Kunst in der Natur 85
Übung 22: Mythen und Legenden der Berge 86

Wald 89
Naturraum Wald 90
Erlebnispädagogische Aktivitäten im Wald 91
Spiritualität im Wald 92
Übung 23: Einsamer Weg 93
Übung 24: Biblische Bäume 94
Übung 25: Sagen und Legenden im Wald 96
Übung 26: Mein Baum in meinem Wald 99
Übung 27: Märchenwald 100

Wüste 102
  Spiritualität der Wüste 103
  Wüste in der Bibel 104
  Wüste als spiritueller Ort in der Kirchengeschichte ... 105
  Spirituelle Entdecker – Charles de Foucauld und
  Antoine de Saint-Exupéry 105
  Erlebnispädagogische Aktivitäten in der Wüste 107
  Übung 28: Saint-Exupérys Botschaften der Wüste 108
  Übung 29: Wüste in der Bibel 111
  Übung 30: Wüstentag 113
  Übung 31: Christliche und nomadische Weisheiten der Wüste –
  Charles de Foucauld bei den Tuareg 114
  Übung 32: Wüstenwanderung 117

See 122
  Naturraum See 122
  Erlebnispädagogische Aktivitäten an Seen 124
  Übung 33: See in der Bibel 124
  Übung 34: Metaphern zu ruhendem Gewässer 125
  Übung 35: Rätsel des Sees 127
  Übung 36: Dämmerung am See 129

III Spurensuche

Auf den Spuren von Franz und Klara von Assisi 132
  Heilige, heilige Orte und ihre Ansteckungskraft 132
  Besinnungstage als Erlebnis 135
  Übung 37: Einen Kirchenraum erkunden (in San Francesco) 138
  Übung 38: Entscheidungen (in San Damiano) 141
  Übung 39: Bergerfahrung in der Stille (in Eremo delle Carceri
  und auf dem Monte Subasio) 142
  Übung 40: Symbole (in Santa Chiara) 144
  Übung 41: Quelle (an der Fonte Maddalena) 147

Auf den Spuren des Apostels Paulus rund um das Ägäische Meer .. 148
  Paulus aus Tarsus 149
  Übung 42: Aufbruch zu neuen Ufern (in Alexandria Troas) 150
  Übung 43: Aufruhr (in Ephesus) 151
  Übung 44: Begegnungen mit Folgen (in Philippi) 152

Auf den Spuren jüdischen Lebens in Mitteleuropa 154
  Geschichte des Judentums 154
  Jüdische Spiritualität 157
  Übung 45: Spuren jüdischen Lebens 158
  Übung 46: Zeitzeugen jüdischen Lebens 159
  Übung 47: Symbole jüdischer Spiritualität 159

Auf den Spuren der Jakobspilger in Europa 162
  Übung 48: Pilgern entdecken 166
  Übung 49: Symbolik des Jakobskultes 167

Auf spirituellen Wegen in Städten und Dörfern 171
  Stadt und Spiritualität 172
  Erlebnispädagogische Aktivitäten in der Stadt 172
  Übung 50: Stadt in der Bibel 173
  Übung 51: Solo in der Stadt 176
  Übung 52: Religiöse Spurensuche in der Stadt 177

Anhang

Bild- und Quellennachweis 180

Literatur 182

Abkürzungen und Namen der biblischen Bücher 190

Ausgezeichnet mit dem Preis „erleben und lernen 2008" für herausragende Publikationen zur Erlebnispädagogik:

„Mit diesem Buch haben die Autoren einen wichtigen Trend gesetzt. Viele Menschen, besonders Jugendliche, sind auf der Suche nach religiösen und spirituellen Erlebnissen […]. Die beiden Autoren sind nicht nur im christlichen Glauben und der Kirche verwurzelt, sie sind leidenschaftliche Pädagogen, erfahrene Praktiker, die alle beschriebenen Übungen selbst erprobt haben und, wie das Buch bewiesen hat, beherrschen sie auch die Kunst des Schreibens." (Prof. Dr. Werner Michl bei der Preisverleihung beim internationalen Kongress „erleben und lernen 2008" an der Universität Augsburg)

Vorwort

„Spurensuche auf historischen Wegen ... lange und schweißtreibende Wanderungen durch ausgedörrte Landschaften ... blaue Stunde in der Morgendämmerung auf dem Meer ... Momente des Einklangs mit der Natur ... überwältigende Gastfreundschaft türkischer Bauern ... mühsamer Aufstieg in der Nacht und grandioser Ausblick vom Gipfel auf die am Horizont aufgehende Sonne ... spirituelle Erfahrungen in ungeahnter Tiefe ... was für ein Glück und Reichtum, das selbst erleben zu dürfen." So oder ähnlich lauteten die Erinnerungen und Kommentare alter Weggefährten, als sie von unserem Buchprojekt hörten. Für sie – ebenso wir für uns Autoren – waren und sind diese gemeinsamen Erlebnisse ein wichtiger Teil des Lebens und nicht zuletzt auch unseres Glaubens: egal, ob im Wald nebenan oder in der weit entfernten Wüste, in der mittelalterlichen Franziskus-Kapelle oder im neu eingerichteten Klettergarten.

Dabei sind spirituelle und religiöse Erfahrungen in der Natur oder auf Reisen sowohl unter Erlebnispädagogen als auch unter Theologen umstritten. Manche Kirchenvertreter misstrauen, wie Ulrike und Christian Dittmar (2004, 380) feststellen, der dabei meist nicht nachvollziehbaren Ausrichtung sowie den damit häufig verbundenen Gefühlsregungen. Und Natursportlern oder Erlebnispädagogen ist die Suche vieler Menschen nach religiösen Erlebnissen oft unangenehm, was Kurt Weis bereits 1991 bei einer der ersten Fachtagungen zur wiederentdeckten Erlebnispädagogik feststellte (1992, 65). Daran hat sich unserer Meinung nach bis heute wenig geändert.

Wir unternehmen mit dieser Sammlung erlebnispädagogischer Übungen und Praxisbeispiele den Versuch, über den Horizont von sportlichen, gruppenpädagogischen und ökologischen Erfahrungen beim Klettern, Bergwandern oder Schlauchbootfahren hinauszublicken. Bewusst wollen wir spirituelle und religiöse Erfahrungen in erlebnispädagogische Aktivitäten einbeziehen. Dabei sind wir uns der Gratwanderung bewusst, die wir unternehmen. Spiritualität ist eine ausgesprochen persönliche Erfahrung, die sich der Machbarkeit und Planbarkeit pädagogischer Anstrengungen oft entzieht. Tiefes Erleben und Oberflächlichkeit liegen eng beieinander. Manchmal wird ein Teilnehmer spirituell angeregt, ein anderer dagegen überhaupt nicht. Trotzdem wagen wir es, dieses Buch zu veröffentlichen. Denn viele Jahre reicher persönlicher Erfahrungen in der katholischen Jugendarbeit – bewusst und unbewusst mit erlebnispädagogischen Aktivitäten verknüpft – haben uns als Persönlichkeiten geprägt und haben uns gezeigt, wie erlebnispädagogische Methoden sehr intensive und sehr einprägsame spirituelle Erfahrungen ermöglichen können. Die persönlichen Erfahrungsberichte zu Beginn der einzelnen Kapitel im Praxisteil berichten davon.

Inzwischen sind wir beide in der beruflichen Bildung tätig und erleben, wie wichtig eine tragfähige ethische und/oder religiöse Grundhaltung im Alltag ist; und zwar in fast jedem Beruf, egal ob als Erzieherin oder als Polizist. Unser Buch will Anregungen und Hilfestellungen geben, um diese Grundhaltung durch spirituelle Erfahrungen weiter zu entwickeln.

Im Gegensatz zu vielen erlebnispädagogischen Einrichtungen, die bewusst keinen religiösen Standort einnehmen, sind wir beide von Kindheit an in der katholischen Kirche verwurzelt. Sie ist unsere spirituelle Heimat. Von diesem Standort aus lassen wir uns auch von anderen Glaubensrichtungen und Geisteshaltungen anregen.

Grundlage unserer Gedanken sind die Erfahrungen, die wir in der kirchlichen Jugendarbeit mit Jungen und Mädchen, Männern und Frauen gemacht haben. Wir bitten um Verständnis, dass wir trotzdem manchmal nur männliche Bezeichnungen verwenden, wie Teilnehmer oder Übungsleiter. Dies geschieht auf Bitten von Verlag und Herausgebern und soll dazu beitragen, das flüssige Lesen zu erleichtern.

Dank sagen wir der Lektorin, Frau Christina Henning, die uns bei der Entstehung dieses Buches konstruktiv begleitet hat, Herrn Professor Werner Michl, der als einer der Herausgeber der Buchreihe den eigentlichen Anstoß für dieses Buch gab, und nicht zuletzt unseren Freunden und Familien, die uns angeregt und unterstützt haben.

Bamberg, im Februar 2013
Albin Muff, Horst Engelhardt

Grundlagen

Begriffsverständnis

Spiritualität: aktive Suche nach der inneren Mitte

Was gibt meinem Leben wirklich Sinn? Wie kann ich Sinn im Leben finden und erleben? Was gibt mir Halt und Orientierung – unabhängig von materieller Sicherheit? Fragen, die sich gerade junge Menschen stellen. Spiritualität beschreibt die bewusste Beschäftigung mit solchen Sinn- und Wertfragen und die Suche nach tragfähigen Antworten, die besonders die Auseinandersetzung mit der eigenen Existenz betreffen. Im Kontext der christlichen Religionen – und in Abgrenzung zu verschiedenen esoterischen Formen der Spiritualität – ist eine vertiefte Beziehung zu Gott bzw. der Zugang zu einer letztendlichen, absoluten Wirklichkeit zentraler Bestandteil einer spirituellen Suche. Die Herkunft des Begriffes leitet sich vom Lateinischen „spiritualis" her, was soviel bedeutet wie „geistig", „geistlich", „den Geist betreffend". Allerdings soll Spiritualität hier nicht ausschließlich als eine Form von Geistigkeit verstanden werden, sondern ein Wechselspiel von Gotteserfahrung und Weltverantwortung beschreiben, ganz im Sinne der benediktinischen Ordensregel „ora et labora", bete und arbeite. Spiritualität bezieht sich einerseits auf die nach innen gerichtete Beziehung des Menschen zu Gott, andererseits auf die nach außen gerichtete und gelebte Beziehung des Menschen zu seinen Mitmenschen und zur gesamten Schöpfung.

Es gibt viele Möglichkeiten, um eine persönliche Spiritualität einzuüben: Taizé mit seiner ökumenischen Klostergemeinschaft in Burgund/Frankreich oder Assisi in Umbrien/Italien sind beispielsweise Orte, die viele Menschen aufsuchen, um abgeschieden in der Gemeinschaft mit Gleichgesinnten ihren Lebenssinn zu suchen und um zu sich zu finden. Genauso können punktuelle religiöse (Groß-) Veranstaltungen, wie Papstbesuch oder Kirchentage, spirituelle Erfahrungen ermöglichen.

Beim Erleben einer Großveranstaltung steht für den Einzelnen – so unsere eigene Erfahrung – oft die augenblickliche Gefühlslage, das Gemeinschaftserlebnis mit möglichst vielen Gleichgesinnten im Vordergrund. Großveranstaltungen dieser Art haben ihren Wert und ihre Berechtigung. Für spirituelles Erleben sind gerade aber auch gegenteilige Erfahrungen bedeutsam, wie das Allein-Sein oder die unmittelbare gegenseitige Hilfe und Unterstützung in einer kleinen Gruppe. Dieser Gegenpol, von dem wir in unseren Übungen ausgehen, wird durch Erlebnisse dingfest gemacht, die durchaus augenblickliche Höhepunkte im Erleben darstellen, aber eingebunden sind in eine religiöse Alltagspraxis und somit eine nachhaltige Wirkung haben können. Veranstaltungen sollten demnach selbstkritisch daraufhin überprüft werden, ob sie einen Bezug über das unmittelbare Ereignis hinaus haben und einer religiös motivierten Lebensführung dienen. Eine so verstandene Erlebnispädagogik will mit Hilfe von herausfordernden Erlebnissituationen persönlichkeitsbildende Prozesse in Gang setzen: Eine ungewohnte Anstrengung vollbringen, an Grenzen gehen, ein überraschendes Problem bearbeiten und lösen, auf die Unterstützung anderer angewiesen sein. Dadurch bekommen erlebnispädagogische Maßnahmen einen spirituellen Charakter. Menschen entdecken, dass sie etwas schaffen können, was sie sich vorher vielleicht nicht zugetraut haben. Und sie merken eben auch, dass sie vieles alleine nicht schaffen können und angewiesen sind auf andere, letztlich auf Gott. Sie spüren bisher nicht gekannte Stärken, sie setzen sich mit Problemen auseinander, nehmen Grenzen wahr, verändern oder akzeptieren sie ... und erkennen auch die eigene Hilflosigkeit.

Die Auseinandersetzung mit den Erfahrungen bei erlebnispädagogischen Übungen ermöglicht Orientierung und Neu-Ausrichtung – vielleicht ist es sogar möglich, (wieder) eine Vorstellung vom Sinn des Lebens zu bekommen.

Erlebnispädagogik: Natur, Erlebnis und Gemeinschaft

Was wir unter Erlebnispädagogik verstehen, hat viele Entwicklungslinien und historische Wegbereiter. Prägnant definierte Werner Michl noch zu Beginn der neunziger Jahre: Erlebnispädagogik ist eine Methode, bei der die „Elemente Natur, Erlebnis und Gemeinschaft pädagogisch zielgerichtet miteinander verbunden werden" (Michl 1991, 5–6). Die Erweiterung der Theoriebildung und die Erschließung neuer Praxisfelder veranlassten ihn zu einer Verbreiterung dieser Definition: „Unter Erlebnispädagogik verstehen wir eine handlungsorientierte Methode, in der durch Gemeinschaft und Erlebnisse in naturnahen oder pädagogisch unerschlossenen Räumen neue Raum- und Zeitperspektiven erschlossen werden, die einem pädagogischen Zweck dienen" (Heckmair/Michl 2008, 115). Diese Begriffsklärung entspricht auch unserem Verständnis.

Gottesbild und Menschenbild

Der Glaube an einen Gott entspricht unterschiedlichen Bedürfnissen der Menschen: Das Verlangen, sich jemandem im Gebet anzuvertrauen, nicht selten verbunden mit der Hoffnung auf überirdische, wundersame Hilfe –

im Bewusstsein und aus der Erfahrung, dass wir Menschen allein es nicht richten können. Aber auch die Sehnsucht, dass es jemanden gibt, der dem irdischen Leben, bei all den Fragen und Zweifeln, denen wir Menschen gerade in Grenz-, Not- und Leidsituationen begegnen, einen Sinn gibt.

Der christliche Gottesglaube, der hier unser Bezugspunkt ist, leitet sich von der alttestamentlich-jüdischen Tradition her. Gott erweist sich als Bundespartner, als der Gott, der sein Volk begleitet, beschützt und ihm hilft. Die Übersetzung des hebräischen Gottes-Namen „Jahwe" ist gleichsam Programm: Ich bin der, der für dich da ist, wann, wo und wie auch immer (vgl. Ex 3, 14). Das ist eine Zusage, die erahnen lässt, wie Gott ist – aber kein konkretes Bild vorgibt.

Der Mensch kann und soll sich auch gar kein Bild von Gott machen. So steht es in den Zehn Geboten. Dennoch finden wir in der Bibel Geschichten, die von Gottes Handeln in der Welt erzählen und uns so einen Rückschluss ermöglichen, wie Gott ist. Nicht selten wird die Gottesbegegnung in Form eines Naturereignisses erzählt: Gott zeigt sich im Säuseln des Windes, im Feuer oder im Sturm. Die Annahme, dass Gott besonders gut in der Natur erfahren werden kann, liegt deshalb nahe.

Ein weiterer Aspekt, der uns in diesem Zusammenhang wichtig ist: Gott ist der Ursprung von allem, der Schöpfer. Demnach soll der Mensch seine Welt nicht als Chaos, sondern als sinn-volle Ordnung erfahren. Eine Ordnung, die gewissermaßen ihre Statik durch den Dekalog, die sogenannten Zehn Gebote, bekommt. Bei diesen Geboten geht es um Regeln, die nicht einengen, sondern helfen wollen, das Leben sinnvoll zu gestalten (vgl. Ex 20, 2–17 und Dtn 5, 6–21). Diese Grundregeln müssen jedoch in ihrer Zeit und in den gesellschaftlichen Bezügen von heute jeweils neu bedacht und umgesetzt werden.

Nach christlichem Glaubensverständnis ist in Jesus Gott Mensch geworden (vgl. Joh 1, 14). Dieser Glaubenssatz ist wesentlich für die Würde des Menschen. Denn Gott ist so, wie ihn uns Jesus in seinem Handeln gezeigt hat und wie in biblischen Geschichten von ihm erzählt wird. Dort ist von Gott als dem „guten Hirten" oder dem „barmherzigen Vater" die Rede. Der Name Jesus bedeutet übersetzt „Gott rettet", und es sind Erfahrungen vom Nicht-zugrunde-Gehen, von Rettung wider alle Wahrscheinlichkeit, von Am-Ende-Sein und doch die Kraft bekommen, weiter zu machen, die das menschliche Leben in einen größeren Horizont stellen.

Von zentraler Bedeutung für die Botschaft und das Leben Jesu ist demnach das Gebot der Gottes- und Nächstenliebe. Zum Ausdruck kommt das vor allem in den Texten der Seligpreisungen und der Bergpredigt im Matthäus-Evangelium Kapitel 5 bis 7.

Wie kann Gott erfahren werden? Menschen können Gott erfahren z. B. in dem Erlebnis, bedingungslos geliebt zu werden, in dem Bewusstsein, eine Aufgabe zu haben und für andere da zu sein, oder im Einsatz für Frie-

Abb. 1: Yoga-Übungen auf einer Waldlichtung: Studierende bei einem Erlebnispädagogik-Seminar vor den Felsblöcken des Kemitzensteins

den, Gerechtigkeit und die Bewahrung der Schöpfung. Krisen und Schwierigkeiten gehören ebenfalls zu den Herausforderungen, die es dem Menschen ermöglichen, sich, seine Mitmenschen und auch Gott in neuer Weise kennen zu lernen.

Das erfordert, aufmerksam zu werden auf sich selbst, auf andere und auf die Dinge und Lebewesen in der Umwelt. Menschen können so im Vertrauen auf Gott Hoffnungsperspektiven entwickeln, solidarisch handeln und Sinn in ihrem Leben erfahren. Der jüdische Religionsphilosoph Martin Buber (1878–1965) spricht davon, dass „der Mensch am Du zum Ich wird". Damit wird deutlich, dass der Mensch auf Beziehung angewiesen ist und in dieser Beziehung erfahren kann.

Die in diesem Buch beschriebenen Übungen können – ausgehend von Natur- und Selbsterfahrung, dem Erleben von Zusammenhalt und Gemeinschaft – Gotteserfahrungen ermöglichen. Die Deutung solcher Erfahrungen als Gotteserfahrung muss schlussendlich dem Einzelnen überlassen bleiben.

Mit diesem Gottesbild korrespondiert unweigerlich das Bild vom Menschen, das in der biblischen Schöpfungsgeschichte mit „Gottesebenbildlichkeit" (vgl. Gen 1, 27) beschrieben wird. Dieser Text aus dem ersten

Buch Mose stellt damit klar: Jeder Mensch ist einzigartig und ein Geschöpf Gottes. In jedem Menschen, unabhängig von seinem Erscheinungsbild, spiegelt sich Gott wider.

So soll der heranwachsende Mensch zunehmend eine eigenständige Identität gewinnen, die eine kritische Auseinandersetzung mit Wert- und Normvorstellungen im Sinne von eigenen Lösungen erfordert. Er soll der Gestalter seiner Entwicklung sein, Person werden.

Neben der Selbstständigkeit ist das Gefühl der Verantwortung wesentliches Merkmal von gesunder menschlicher Entwicklung. Das bedeutet, dass sich der Mensch ein Urteil über sein Handeln bildet und dafür einsteht. Solche Verantwortung bezieht sich nicht nur auf die eigene Person, sondern sie besteht vor allem auch darin, die Folgen des eigenen Handelns für andere abzuschätzen und dementsprechend auszurichten. Krisen, in denen ein Mensch unter Umständen um seine Identität ringen muss, enthalten zugleich die Chance zur Weiterentwicklung seiner Persönlichkeit. Indem er in Freiheit und Verantwortung für sich selbst und seine Mitmenschen, für die Gegenwart und Zukunft unserer Welt sich den jeweiligen Herausforderungen stellt, kann sich der Mensch jenseits des Egoismus selbst verwirklichen und so sein Glück finden.

Anforderungen an Leitungskräfte

Persönlichkeit

Grundvoraussetzung für alle Übungen mit spirituellen Bezügen ist unseres Erachtens Respekt vor den religiösen und weltanschaulichen Einstellungen der Teilnehmer. Nur der Respekt vor den unterschiedlichen Charakteren und Persönlichkeiten mit ihren ganz eigenen Lebenserfahrungen kann eine vertrauensvolle Atmosphäre schaffen, in der ein intensives Erleben möglich wird. Nur wer sich als Leitungsperson selbst zurücknimmt und den Teilnehmern die Deutung und Übertragung ihrer Erlebnisse überlässt, kann die Rolle eines Sinndeuters und Pfadfinders glaubwürdig übernehmen.

Notwendig ist es zudem, dass sich Leitungskräfte mit ihren eigenen ethischen und religiösen Einstellungen, Werten und Verhaltensweisen hinterfragen. Wer sich auf Übungen mit spiritueller Dimension einlässt, muss damit rechnen, mit Fragen nach dem Sinn des Lebens oder auch nach übersinnlichen Phänomenen konfrontiert zu werden. Und dann zeigt sich, wie glaubwürdig, reflektiert und überzeugend die Leitungsperson ist. Religionspädagogische Erfahrung und Qualifikation helfen in diesem Zusammenhang sicherlich.

Spiritualität ist aber kein Persönlichkeitsmerkmal, das man hat oder nicht hat, egal ob nun in einer Leitungsfunktion oder nicht. Spirituelle Tiefe ist nach unserem Verständnis vielmehr eine Suche, die nie abgeschlossen ist. Das eigene spirituelle Profil entwickelt sich im Laufe der Jahre weiter. Ich muss mir Zeit nehmen, etwa für Spaziergänge und Wanderungen, zum Lesen und für Gespräche mit Freunden, für Meditation, Gebet oder Gottesdienst. Spiritualität muss gepflegt werden. Sie ist kein Ergebnisprodukt, sondern ein Entwicklungsprozess, eine Ahnung, dass es mehr gibt als das was ich sehen kann, eine Sehnsucht nach einer inneren Kraft, die mein Leben trägt. Auch Leitungskräfte sind – genauso wie Teilnehmer – Suchende, die offen sind für neue Erfahrungen. Dass diese Erfahrungen an sich bereits bedeutsam sind, steht außer Frage. Durch den gegenseitigen Austausch, durch Rückmeldung, Bestätigung und Korrektur bekommen sie eine zusätzliche Qualität. Respektvoller und verantwortungsbewusster Umgang miteinander sind dafür unbedingte Voraussetzung. In diesem Sinne kann es Leitungskräften nicht darum gehen, Teilnehmern die eigene Weltanschauung, Moral oder Religion aufzudrängen. Vielmehr soll in einem Klima von Freiheit und Toleranz Raum für spirituelle Erfahrungen geschaffen werden.

Durch die Leitungsrolle ergibt sich naturgemäß eine herausgehobene Position in einer Gruppe, letztlich eine Machtstellung. Damit verantwortungsbewusst umzugehen, sich nicht selbst darzustellen oder in den Mittelpunkt zu stellen, sondern vielmehr die Kräfte und vielfach ungeahnten Fähigkeiten der Teilnehmer zur Entfaltung kommen zu lassen, ist eine besondere Herausforderung für Leitungskräfte.

Daraus ergeben sich weitere Grundprinzipien unseres Leistungsverständnisses: Der ressourcenorientierte Umgang mit Materialien und Ausrüstungsgegenständen sowie nicht zuletzt ein verantwortungsvolles Verhalten in der Natur. Gerade ökologisches Bewusstsein sowie soziales und umweltverträgliches Verhalten sind Voraussetzung für spirituelles Erleben. Leitungspersonen haben durch ihre Einstellungen und ihr Verhalten eine nicht zu unterschätzende Vorbildwirkung. Und nicht umsonst ist die Erhaltung der Schöpfung in allen Religionen ein wichtiges Prinzip. Der amerikanische Psychologe Stephen Bacon (1998, 81–87) geht sogar noch einen Schritt weiter. Für ihn ist das Verständnis von heiligen Orten in der Natur ein Wesenszug, ein Archetypus, der in Menschen aus allen Kulturen und Epochen verankert ist.

Gruppenpädagogik

Bei erlebnispädagogischen Aktivitäten werden immer – beabsichtigt oder unbeabsichtigt – gruppendynamische Prozesse ausgelöst, die eine Gruppe aus dem Gleichgewicht bringen können. Deshalb brauchen Leitungskräfte pädagogische und psychologische Kenntnisse und Fähigkeiten.

Je größer das persönliche Repertoire an Methoden zur Gesprächsführung, Moderation, Reflexion sowie ggf. Konfliktbewältigung und Krisenbearbeitung, umso gezielter können Gruppen geführt werden. Auch das Erkennen von Signalen aus der Gruppe und von einzelnen Teilnehmern hilft, mögliche Probleme und Konflikte bereits im Vorfeld zu erkennen und frühzeitig zu bearbeiten.

Fachkompetenz im Naturraum

Von Vorteil ist es, wenn die Leitungskräfte selbst möglichst viele eigene Erfahrungen im jeweiligen Naturraum machen konnten. Das stärkt einerseits die persönliche Glaubwürdigkeit und Überzeugungskraft, andererseits hilft es, die Übungen in eine Rahmengeschichte zu stellen. Dies betrifft sowohl die Vorbereitung, die Auswahl eines geeigneten Ortes, die Einführung für die Gruppe und die Auswertung.

Je nach Schwierigkeitsgrad der gewählten Aktivität kann es zwingend erforderlich sein, dass zumindest eine Leitungskraft eine natursportliche Qualifikation besitzt. Im bergsportlichen Bereich gilt etwa die Faustregel, dass auch an einem leichten Klettersteig oder bei einer Führung im steilen Fels für höchstens acht Teilnehmer ein Bergführer oder Fachübungsleiter Klettersport die Verantwortung für die Führung der Gruppe trägt.

Wenngleich es bei Aktivitäten mit niedrigeren sicherheitstechnischen Anforderungen, etwa bei Problemlösungsaufgaben in einem Niedrig-Seilgarten, nicht unbedingt erforderlich ist, so erweist es sich doch als günstig, wenn wenigstens eine Leitungsperson eine entsprechende fachliche oder natursportliche Ausbildung besitzt, am besten mit Abschlussprüfung und verbandlicher bzw. staatlicher Anerkennung. Im wassersportlichen Bereich sind dies etwa Bootsführer oder Kanulehrer. Im forstlichen Umfeld entspricht dies einer waldpädagogischen oder forstwirtschaftlichen Ausbildung.

Zusammenfassung

Die Übungen in diesem Buch können helfen, der eigenen Spiritualität im Rahmen von erlebnispädagogischen Maßnahmen auf die Spur zu kommen. Durch das persönliche Erleben, aber auch in der Interaktion mit anderen kann es gelingen, sich selbst besser zu verstehen, Fragen zu stellen und „Ergebnisse" auf die eigene (Lebens-)Geschichte hin zu deuten. Ein qualifiziertes Leitungsteam, eine verantwortungsvolle Anleitung sowie günstige Rahmenbedingungen sind unverzichtbare Voraussetzungen für einen gelingenden Prozess. Peter Bleeser hat für die Rolle des Jugendleiters bei den katholischen Sankt-Georgs-Pfadfindern den Begriff des Sinndeuters gewählt: „Wer zum Erzähler und Sinndeuter wird, geht nicht aus der Wirklichkeit hinaus, sondern tiefer in sie hinein; letztlich um die Wirklichkeit besser zu begreifen und zu verändern, was anders werden muss." (Bleeser 1982, 9)

Anleitung von Übungen

Planung und Vorbereitung

Bei Übungen in der Natur mit spirituellem Bezug ist eine gründliche und durchdachte Vorbereitung sehr wichtig. Nicht selten – so unsere Beobachtung – unterliegen sogar erfahrene Gruppenleiter und professionelle Pädagogen der Gefahr, Übungen schablonen- und rezeptartig einer Gruppe überzustülpen.

Bereits die Wahl des Ortes für eine Übung prägt den Verlauf – das Gipfelplateau eines verwitterten Felsblocks, die Lichtung mit angenehmer Sonneneinstrahlung im dunklen Wald oder die kleine Halbinsel in einer Flussbiegung. Ebenso ist zu bedenken, mit welchen Störungen oder ungebetenen Zaungästen gerechnet werden muss. Im Zweifel kann sich ein ruhiger Raum besser eignen als ein lauter oder windiger Platz in der Natur.

Fast immer ist für Gruppen eine Aufstellung im Kreis die beste Wahl. Alle Teilnehmer können sich auf gleicher Höhe miteinander austauschen. Es macht in der Regel Sinn, dass sich eine Grupppe zur Informationsweitergabe und zum Austausch im Kreis aufstellt. Damit soll der Rahmen für Begegnung und Kommunikation auf gleicher Augenhöhe geschaffen werden.

Ein Blickfang in der Mitte des Kreises kann helfen, die Konzentration zu bündeln. Eine Blume oder ein Bergkristall kommen dafür ebenso in Frage wie ein Kletterseil oder andere Ausrüstungsgegenstände, die bei der Wanderung eingesetzt werden.

Zu bedenken ist weiterhin die Zeitplanung. Ist eher an einen kurzen, ruhigen Tagesabschluss ohne Nachbereitung gedacht oder soll die Übung zentral im Mittelpunkt eines Tages stehen? Sowohl die Interessen und Bedürfnisse der Teilnehmer als auch das gesamte Tagesprogramm sind dabei zu bedenken.

Sofern Zitate vorgetragen werden, ist die Form der Präsentation zu überlegen. Manchmal wirkt ein vorgelesener Text aus einem abgegriffenen Buch, manchmal werden die eingesetzten Texte für alle kopiert, und manchmal sind künstlerisch gestaltete Karten mit jeweils einem Zitat oder Sinnspruch am besten. Damit wird Interesse geweckt und die Konzentration in der Gruppe gestärkt.

Einstimmung

Zunächst gilt es, eine passende Atmosphäre zu schaffen. Ruhe und ausreichend Zeit sind Grundvoraussetzung, damit sich die Teilnehmer auf einen Impuls einlassen können. Niemals wird dies unter den Bedingungen von Hektik, Aktionismus oder Zeitdruck gelingen. Der verantwortliche Gruppenleiter sorgt für Rahmenbedingungen, die spirituelles Erleben ermöglichen. Dazu gehört beispielsweise die Auswahl eines geeigneten Ortes, der zur Ruhe und Konzentration einlädt.

Viele der Übungen sind für ein und dieselbe Gruppe nicht beliebig wiederholbar. Sie verlieren mit der Wiederholung ihren Reiz, weil sie auf neue, ungewohnte und überraschende Erfahrungen der Teilnehmer abzielen.

Zur Einstimmung sollten die Teilnehmer über den geplanten Verlauf einer Übung informiert werden, einen ungefähren Zeitplan bekommen und auf entsprechende Verhaltensregeln (Ruhe, mögliche Störungen) hingewiesen werden. Biblische Geschichten, Texte oder Zitate aus anderen Kulturkreisen erfordern eventuell eine Erklärung hinsichtlich ihrer Entstehungsgeschichte und ursprünglichen Verwendung.

Spirituelle Wegbegleiter sollten sich bereits vor Beginn der Übung auf die Gruppenarbeit einstimmen und sich mit den Zielen, dem geplanten Ablauf und möglichen Schwierigkeiten beschäftigen.

Moderation

Während der Übung gilt als wichtige Regel, den Teilnehmern möglichst viel Freiraum – auch für Aktivitäten und Ruhephasen – zu geben und als Leitung so wenig wie möglich einzugreifen. Abgesehen vom Einschreiten bei sicherheitsrelevanten Problemsituationen, wenn etwa auf einem Klettersteig nicht korrekt gesichert wird, sollte sich der Übungsleiter auf aktives Beobachten und kurze gezielte Hinweise beschränken. Ideal ist es, wenn notwendige Eingriffe des Übungsleiters „in der Sprache des Spiels" (Gilsdorf/Kistner 2001a, 29) formuliert werden. „Etwas in einen neuen Rahmen zu versetzen ist eine Gestaltungstechnik, worin eine bestimmte Erfahrung einen neuen Rahmen oder Hintergrund verliehen bekommt, so dass sie anders wahrgenommen wird. [...] Diese aufrüttelnde Form des Umdeutens befreit oft die Energien der Teilnehmer in einer Weise, die sowohl sie selbst als auch den Umdeutenden überrascht und erfreut." (Bacon 1998, 68–69)

Abschluss und Nachbereitung

Die Nachbesprechung von Übungen mit spirituellen Themen ist abhängig von der vorausgegangenen Aktion. Wird ein spiritueller Impuls als Ruhepunkt oder Abschluss einer größeren Aktion gewählt, kann oftmals auf eine Nachbereitung verzichtet werden. Ein gemeinsam gesungenes Lied, ein kurzer Text zum Nachdenken oder auch ein persönliches Gebet eines Teilnehmers reichen völlig aus. Die tiefen, oft sehr persönlichen Erfahrungen sollten nicht durch eine ausgiebige Besprechung der Aktion gestört oder zerredet werden.

Aufgabe der Leitungskräfte ist es, für eine ruhige Atmosphäre zu sorgen, in der Teilnehmer ihren Gedanken nachgehen können. Leitung sowie Teilnehmer sollten gleichermaßen behutsam, sparsam und vorsichtig mit eigenen Bewertungen umgehen. Aufgrund ihrer fachlichen Kompetenz als erfahrene Pädagogen, Kletterer oder Bootsführer wird Leitungspersonen zu Recht eine hohe Autorität zugewiesen, die genutzt, aber auch ausgenutzt werden kann. Leitungskräfte sollten sich dessen bewusst sein und sich beispielsweise mit stereotypen Bewertungen zurückhalten. Hier empfiehlt es sich, die Rolle des „teilnehmenden Leiters", wie sie im Konzept der Themenzentrierten Interaktion (TZI) nach Ruth Cohn formuliert ist, einzunehmen. Das heißt, dass das traditionelle hierarchische Gefälle von Leitung und Teilnehmer ersetzt wird durch ein lebendiges Miteinander-Lernen. Die Leitung bringt demnach Themen und Interventionen so in den Gruppenprozess ein, dass Gruppenmitglieder dazu motiviert werden, sowohl auf sich selbst zu schauen als sich auch aktiv am Gruppengeschehen zu beteiligen. Dadurch kann sich eine Gruppenatmosphäre entwickeln, die auf der einen Seite die Eigenverantwortlichkeit der Gruppenmitglieder fördert, und auf der anderen Seite ein offenes Interaktions- und Kommunikationsklima schafft.

Die Nachbereitung einer Übung mit spirituellem Akzent kann mit einem kurzen Rückblick auf die einzelnen Teile der vorausgegangenen Übung beginnen. Sodann sollten durch die Leitungsperson die wichtigsten Themen oder Lernerfahrungen benannt werden. Die anregenden Fragen, die an die Teilnehmer gestellt werden und mit denen diese an spirituelle Erfahrungsfelder herangeführt werden, müssen mit großer Sorgfalt gestellt werden. In einem Austausch ist es sodann wichtig, dass sich alle Teilnehmer ausdrücken können, sofern sie dies möchten. Am Ende sollte ein Ausblick auf weitere Herausforderungen stehen und ein Bezug zum Alltag in Familie, Schule/Beruf und Freizeit hergestellt werden.

Zum Weiterlesen: Gilsdorf/Kistner (2001): Kooperative Abenteuerspiele; Heckmair/Michl (2012): Erleben und Lernen; Reiners (2007): Praktische Erlebnispädagogik; Schad/Michl (2004): Outdoor-Training; Bleeser (1982): Geschichten für Sinndeuter.

Grenzen

Zum Einstieg zwei gegensätzliche Erfahrungen aus der Jugend- und Erwachsenenbildung:

Kurs 1: Katholische und evangelische Jugendleiter tauschen sich an einem Wochenende über ihre Konzepte zur Freizeitgestaltung, Bildungsarbeit und Jugendpolitik aus. Auch die gemeinsamen spirituellen Wurzeln sollen ergründet werden. Deshalb kommt extra ein Jugendseelsorger zum Tagungsort, um mit den Teilnehmern Gottesdienst zu feiern. Doch trotz aller gut gemeinten Anstrengungen und Impulse seinerseits springt kein Funke über. Die Gedanken sprechen die Jugendlichen nicht an, die religiösen Rituale wirken formelhaft, von spiritueller Tiefe ist wenig zu spüren.

Kurs 2: Ich bin mit einer Gruppe überregional tätiger Führungskräfte, allesamt hochrangige Kriminalisten, einige Tage in den Voralpen unterwegs. Ziel ist die Verbesserung des Team- und Führungsverhaltens. Herausfordernde Methoden sollen die Themen anschaulich machen: eine mit Funkgeräten geführte Orientierungstour zu einem Berggipfel, Übungen in einem Hochseilgarten und die Begehung eines Klettersteiges. Die Gruppe zeichnet sich dabei durch hohe Achtsamkeit im Umgang miteinander, mit der Natur und mit der Ausrüstung aus. Nach einzelnen Übungen und jeweils zum Tagesabschluss sprechen wir im Freien über unsere Trainingsziele. Bei der Auswertungsrunde am Ende der Veranstaltung fällt das Stichwort Spiritualität. Obwohl in den Tagen vorher nie über Gott, Religion oder spirituelle Dinge gesprochen wurde, stimmen plötzlich und überraschenderweise viele Teilnehmer zu: „Ja, die Veranstaltung war auch eine spirituelle Erfahrung: die Berge und Felsen, der Sternenhimmel, der Wald, der gemeinsame Weg, der Umgang miteinander, die neuen Erfahrungen und Erkenntnisse."

Offensichtlich ist es schwierig, spirituelle Erfahrungen zu planen, zu moderieren oder gar zu messen. Im ersten beschriebenen Beispiel wurde alles im Voraus arrangiert und mühsam vorbereitet. Trotzdem blieb die erhoffte Wirkung aus. Im zweiten Fall war spirituelles Erleben weder beabsichtigt noch überhaupt ein Gesprächsthema vor und während des Kurses. Doch haben viele Faktoren zur beschriebenen Wirkung beigetragen: Einstellungen und Verhaltensweisen der Leitungskräfte, sorgsam ausgewählte Wege und Orte in der Bergwelt, passende Einführungs- und Auswertungsmethoden, gemeinsame Erfolgserlebnisse bei herausfordernden Übungen, Ruhe und Achtsamkeit bei der Durchführung.

Spirituelles Erleben hat Grenzen und lässt sich nur bedingt planen. Probleme und Schwierigkeiten, die Erfolg und Wirkung der eingesetzten Methoden verhindern, können in Bezug auf die Leitungskräfte, die Teilnehmer und die Rahmenbedingungen, wie Wetter oder unvorhergesehene Störungen auftreten. Und interessanterweise sind unbefangene Menschen meist eher zu spontanen Erfahrungen von Spiritualität fähig als religiöse Profis, denen es schwerer fällt, sich auf Anregungen anderer einzulassen.

Schlechtes Wetter, Störungen

Beeinträchtigungen durch schlechtes Wetter kennt jeder, der in der Natur unterwegs ist. Wenngleich der Zusammenhang zwischen Wetter und Kurserfolg keineswegs zwingend ist – besonders intensive Gruppen- und Naturerfahrungen stellen sich manchmal gerade wegen der Unbilden des Wetters ein – so können Dauerregen, Schneechaos, Sturm und Gewitter doch erheblich die Stimmung drücken, im schlimmsten Fall auch Krankheiten oder Verletzungen von Teilnehmern verursachen. Im Zweifelsfall tragen die Leitungskräfte die Verantwortung für einen Abbruch der Veranstaltung oder eine Änderung des geplanten Programms, um das Wohlergehen der Teilnehmer zu sichern.

Störungen durch Lärm oder neugierige Zaungäste sind oft durch ungeschickte Ortswahl bedingt. Gerade für spirituelle Übungen ist eine ruhige Atmosphäre wichtig. Dies muss im Voraus überlegt und vorausschauend bedacht werden. An manchen Orten ist nur zu bestimmten Stoßzeiten mit

Abb. 2: Schlechtes Wetter kann Gruppen zu kreativen Lösungen anregen: Picknick-Pause bei einer Schlauchboot-Tour

Wanderern, Touristen oder Natursportlern zu rechnen. Oft empfiehlt es sich, lieber einen Berggipfel zu wählen, der eine Tausendergröße unterschreitet, an Feiertagen ausgetretene Wege zu verlassen oder einfach zu ungewöhnlichen Zeiten (am frühen Morgen oder am späten Abend) eine Höhle zu erkunden. Auch mitten im Lärm und den strengen Gerüchen eines übervölkerten Armenviertels von Bangkok ist es möglich, sich bei einem Gottesdienst zu besinnen, wenn sich die Gruppe in einen kleinen Bretterverschlag zurückzieht, so die eigene Erfahrung.

Schwierige Teilnehmer

Immer wieder finden sich in Gruppen Teilnehmer, die sich aufgrund ihrer Persönlichkeitsstruktur oder aufgrund von bisher gemachten Erfahrungen nur schwer auf spirituelle Übungen einlassen können. Die Ursachen dafür sind vielfältig, angefangen von einer unfreiwilligen oder durch sachfremde Erwägungen begründete Entscheidung zur Teilnahme an einem Programm, bis hin zu traumatischen Erlebnissen in der eigenen Biographie.

Während die Erklärung der Ursachen für schwieriges Verhalten manchmal noch einfach zu finden ist, so ist es für die Leitungskräfte oft sehr schwer, Leitungsstil und Methodenwahl auf diese Teilnehmer abzustimmen. In allen Fällen werden zunächst Einzel- und Gruppengespräche helfen, unangemessene Verhaltensweisen zu besprechen und gemeinsam nach Lösungen zu suchen. Manchmal kann bereits das Übertragen von Verantwortung durch die Zuweisung von kleinen oder großen Aufgaben das Problemverhalten verändern. Auch Erfolgserlebnisse bei Übungsaufgaben sind für schwierige Teilnehmer wie auch für Gruppen bestens geeignete Verstärker für angemessenes Verhalten. Dabei sind einfallsreiche Lösungswege gefragt, die sich die Leitungskräfte – im Idealfall in einem Team – überlegen, umsetzen und immer wieder auf Stimmigkeit hin weiter entwickeln müssen.

Aber noch grundsätzlicher stellt sich, insbesondere beim Scheitern aller noch so gut gemeinten Lösungsversuche, die Frage, wer für Erfolg oder Misserfolg verantwortlich ist: Leiter oder Teilnehmer? Liegt es an den Leitungskräften, denen es nicht gelingt, ein für die Situation und für alle Teilnehmer passendes Programm zusammenzustellen? Oder haben es letztlich doch ausschließlich die Teilnehmer selbst in der Hand, ob eine Übung wirkungsvoll ist? Nach dem Konzept der Themenzentrierten Interaktion (TZI) spricht man in diesem Zusammenhang vom „Chairperson-Prinzip". Das heißt, dass jeder Teilnehmer zunächst selbst verantwortlich ist für das Gelingen oder auch Misslingen einer Aktion und auch die Verantwortung für die Bewertung übernimmt. Stephan Bacon weist zu Recht darauf hin, dass diese Überlegung in ein unauflösbares Paradox mündet und Kursleiter in der Praxis immer schwanken: „Manchmal werden sie bei den besonders schwierigen Teilnehmern aufgeben und manchmal werden sie weiterhin versuchen, einen Teilnehmer zu ändern, obwohl er klar signalisiert hat, dass eine Veränderung unwahrscheinlich ist. [...] [Aber] jeder Versuch, dem einfachen Ausweg des ‚sie sind hoffnungslos' zu widerstehen, kann nur produktiv sein." (1998, 111–112)

Fragwürdige Ziele

Immer wieder kommen Übungen, die spirituelles Erleben zum Ziel haben, an ihre Grenzen. Die Ursachen dafür sind vielschichtig; sie können beispielsweise in der Unberechenbarkeit des Führungsstils liegen oder an der fehlenden professionellen Einstellung der Leitung, aber auch an der Zusammensetzung und Motivlage der Gruppe. Nicht selten, so unsere Beobachtung, steht die Besonderheit der erlebnispädagogischen Aktion zu stark im Vordergrund und bindet alle Aufmerksamkeit. Wer eine herausfordernde erlebnispädagogische Maßnahme wie eine Kletter- oder Wildwassertour leitet, sollte nicht nur die sportliche Aktion im Blick behalten, sondern ausreichend Zeit für spirituelle Erfahrungen einplanen.

Leitungspersonen wird innerhalb des Gruppengefüges eine herausgehobene Position und damit verbunden eine besondere Rolle zugewiesen, die leicht zum Missbrauch von Macht und Autorität benutzt werden kann. Folglich sollten Leitungskräfte immer wieder ihre Ziele und damit ihr Leitungsverhalten überprüfen. Wenn beispielsweise Mission oder weltanschauliche Überzeugung das Ziel einer Veranstaltung ist, sollte dies auch klar benannt und besprochen werden. Ob in diesem Fall erlebnispädagogische Aktionen mit einer hohen Beeinflussungskraft als Rahmen geeignet sind, muss im Einzelfall geklärt werden. Wir gehen davon aus, dass für religiöse oder politische Überzeugungsarbeit ein anderer, angemessener methodischer Rahmen gewählt werden sollte.

Unser Ansatz hat eine umgekehrte Zielrichtung. Wenn Einzelne oder Gruppen in der Natur oder an anderen erlebnispädagogisch interessanten Orten unterwegs sind, soll dabei neben dem persönlichen und sozialen Lernen auch Raum für spirituelle Erfahrungen geschaffen werden. Leitungskräfte sollten sich selbst zurücknehmen und auf die persönliche Erfahrung der Teilnehmer sowie die Wirkung der Orte und Aktivitäten in der Natur setzen.

Dass die Gefahr einer missbräuchlichen Anwendung erlebnispädagogischer Methoden keine theoretische Überlegung ist, zeigt etwa die Nutzung von Zeltlager, Fahrt und Lagerfeuerromantik in der Hitlerjugend zur Zeit der Schreckensherrschaft des Nationalsozialismus in den Jahren von 1933 bis 1945. Und nachdenklich stimmt es in diesem Zusammenhang auch, dass in den USA 1996 die Organisation Camp Quest gegründet wurde, die erstmalig die landesweit üblichen Sommerzeltlager ganz bewusst für Kinder und Jugendliche aus nicht-gläubigen Familien anbietet. Heranwachsende, deren Eltern etwa aus fundamentalistischen Christengemeinden ausgetreten sind oder die wegen ihrer fehlenden Kirchenbindung gehänselt wurden (Hansen 2005, Camp Quest 2011), können dort auch ohne religiösen Hintergrund an Aktivitäten wie Übungen im Hochseilgarten oder Überlebenstrainings im Wald teilnehmen.

Mangelhafte Vorbereitung

Schadensbegrenzung ist ebenfalls von Nöten, wenn sich im Verlauf einer Aktivität heraus stellt, dass sich die Leitungskräfte mangelhaft vorbereitet haben, wenn sie etwa die aufkommenden Fragen nicht klären können oder ihnen Kenntnisse über den Naturraum oder sicherheitstechnische Kompetenzen fehlen. Begrenzte Geldmittel, hohe Arbeitsbelastung oder Zeitdruck in der Planungs- und Vorbereitungsphase können dafür die Ursachen sein, mit denen selbst Profis in der Praxis immer wieder zu kämpfen haben. Auch hier gilt im Zweifel der Grundsatz „Weniger ist mehr."

Im Verlauf einer Übung kann sich heraus stellen, dass die Teilnehmer durch die gewählte Aufgabenstellung deutlich unter- oder überfordert sind. Im Idealfall ist eine Übung so anregend oder herausfordernd, dass die Teilnehmer auch gefühlsmäßig innerlich beteiligt sind. Langeweile oder Gleichgültigkeit sind Zeichen einer unpassenden oder ungeschickten Programmplanung. Leitungskräfte sind hier mit ihrer ganzen Kreativität und ihrem Methodenwissen gefordert, um eine möglichst hohe Intensität zu ermöglichen. Übungen haben „typischerweise ihre größte Wirkung, wenn ihnen die Qualität der Frische anhaftet" (Bacon 1998, 115).

Zum Weiterlesen: Eine nachdenklich machende Zusammenstellung fehlgeschlagener Übungen aus dem erlebnispädagogischen Aktionsspektrum mit sicherheitstechnischen Verbesserungsvorschlägen bieten Dewald/Kraus/Schwiersch (2003): Missgeschicke. Ein eigenes Kapitel zur Schadensbegrenzung bietet auch Bacon (1998, 109–118): Die Macht der Metaphern.

II
Natur erleben

Fluss

Zum Einstieg ein Erfahrungsbericht von einer Flusserkundung, die mehrmals mit Jugendgruppen durchgeführt wurde: Die Tour folgt dem Flussbett der Aufseß, einem kleinen Fluss mit rund fünfundzwanzig Kilometern Länge in der Fränkischen Alb. Nur ein kleiner Teil des schönen Tals ist durch eine öffentliche Straße erschlossen, eine Seltenheit in deutschen Mittelgebirgen. Zumeist führen unbefestigte Feld- und Wanderwege durch eine Wald- und Wiesenlandschaft, vorbei an Felsen, Burgen, Mühlen und Höhlen.

Der Weg beginnt an der Mündung der Aufseß in den Wiesentfluss. Zwei Gewässer unterschiedlicher Größe und Wasserfärbung vereinigen sich mit Gischt und lautem Tosen. Unmittelbar vor dem Zusammenfluss stürzen beide Flüsse über einen Wasserfall beziehungsweise eine Stromschnelle rund zwei Meter in die Tiefe. Gebannt von der einzigartigen und unvermuteten Stimmung lassen sich die Jugendlichen von der Szenerie ergreifen: lautes Tosen, hohe Luftfeuchtigkeit, kräftige und dynamische Wasserströmung. Der eine denkt an die Bindung von zwei Menschen, deren Lebensläufe zusammen fließen, der andere an die Urkraft der Natur, die in diesem Naturschauspiel deutlich wird. Der Unterlauf des Flusses folgt einem kleinen Tal. An vielen Stellen ist außerhalb der touristischen Hochsaison kein Geräusch der Zivilisation zu hören. Lediglich die Rufe von Vögeln und das Rauschen des Windes in den Bäumen ist zu vernehmen. Viele Plätze am Ufer laden zum Verweilen ein, ideal für ein erlebnispädagogisches Kurz-Solo, bei dem jeder Jugendliche ungestört für einige Stunden allein über sich oder eine mitgegebene Geschichte nachdenken kann.

Interessant sind im Mittelteil des Flusslaufs zahlreiche Grotten und kleine Höhlen, die das Wasser im Kalkgestein geschaffen hat. Pulverloch, Kühloch, die beiden Aufseßer Höhlen und die Höhle am Lindenbrunnen laden die Jugendlichen zum Erkunden eines zumeist völlig unbekannten Naturphänomens an den Talhängen der Aufseß ein. Das stete Wasser, das den Stein höhlt, wie der Volksmund weiß, wird besonders in der wasserführenden Höhle direkt an der Dorfstraße von Aufseß deutlich: Sich vertiefen, eine völlig neue Wahrnehmung von Natur und Welt. Die Jugendlichen sind fasziniert von Wasser und Fels, erkunden die Unterwelt, gehen in die Tiefe. Texte mit Impulsen lassen bei einer Brotzeit die Szenerie der Natur wirken.

Nach 23 Kilometern Anstrengung ist das Ziel erreicht, die Quelle der

Aufseß bei der Ortschaft Königsfeld. Kräftig sprudelt das Wasser aus dem Erdreich in einer Wiesensenke. Die Fragen, die sich hier möglicherweise stellen, lauten: Was sind meine Quellen? Wodurch wird mein Leben gespeist? Die Verbindung von körperlicher Anstrengung, gedanklichen Anregungen und Gesprächen während der langen Wanderung beziehungsweise Radtour schaffen eine dichte Atmosphäre, immer das Ziel des Weges im Blick. Freunde haben den Weg begleitet. Gemeinsam haben die Jugendlichen Gedanken über sich und ihr Leben ausgetauscht, Gemeinschaft gespürt. Ein Flusslauf dient als Symbol für den eigenen Lebenslauf.

Abgerundet wurden die Touren zumeist durch Gewässeruntersuchungen, selbst konstruierte Seilbrücken über den Fluss und frisch am Lagerfeuer gegrillte Forellen von einem Fischereibetrieb.

Naturraum Fluss

Flüsse sind markante Orientierungspunkte in der Landschaft. Sie können ganze Landschaften oder Länder prägen. Egal ob kleiner Bachlauf, der noch nicht einmal einen Namen hat, oder mehrere tausend Kilometer langer Strom, ihr Wasser ermöglicht Leben. Ob als Trinkwasser, Nutzwasser zur Bewässerung von Feldern, Energielieferant für Mühlen und Kraftwerke, Fischgewässer oder Fahrwasser für den Transport von Menschen und Gütern, Flüsse haben eine große Bedeutung für den Menschen. Es gibt Länder wie Ägypten, deren Wirtschaftskraft und Bevölkerungszahl zu einem Großteil von einem einzigen Fluss, dem Nil, abhängig ist. Flüsse dienen auch als Abgrenzung zwischen Ländern: die Oder-Neiße-Linie nach dem Zweiten Weltkrieg als Abgrenzung zwischen Deutschland und Polen oder der Rio Grande als über tausend Kilometer lange Schicksalsgrenze für Wirtschaftsflüchtlinge zwischen den USA und Mexiko.

Siedlungen und Städte sind auf Wasser angewiesen. Viele Großstädte haben ihren markanten Fluss: München die Isar, London die Themse, New Orleans den Mississippi oder Bangkok den Chaopraya. Unzählige Dörfer oder Städte begründen ihren Namen und ihre Identität durch den Fluss, an dem sie liegen. Der 466 Kilometer lange Main gibt fünfzehn Siedlungen seinen Namen, wie Maintal, Mainklein oder Mainberg, der Rhein mit 878 Kilometern in Deutschland 31 Orten wie Rheindorf, Rheinweiler oder Rheinhausen.

Die Geschichte von Dörfern und Städten ist oft eng mit Flussübergängen und der Flussfischerei verbunden. Flusswasser diente noch im Mittelalter als Trinkwasser für Mensch und Tier, die Hausfrauen wuschen die Wäsche noch bis zu Beginn des 20. Jahrhunderts in Flüssen und Bächen. Mühlen waren lebenswichtige Betriebe einer Siedlung. Sie dienten zur Elektrizitätsgewinnung aus der Wasserkraft, als Mahl-, Hammer-, Stampf- und Sägemühlen.

Abb. 3: Schlauchboot-Tour mit Jugendlichen auf der Wiesent im Fränkischen Jura

Fluss und Spiritualität

Flüsse spielen auch in vielen Religionen und Ritualen eine Rolle. Der Flussheilige Johannes von Nepomuk, der 1393 auf Grund einer Auseinandersetzung zwischen dem Erzbischof von Prag und König Wenzel in der Moldau ertränkt wurde, gilt Katholiken als Patron der Schiffer, Flößer, Müller und der Brücken sowie zum Schutz vor Wassergefahren. Wasser hat in der christlichen Religion insgesamt einen hohen symbolischen Wert. Der Beitritt zur Religionsgemeinschaft wird mit dem Ritual der Taufe vollzogen. Zu Zeiten des Religionsgründers wurden die Menschen dazu im Flusswasser untergetaucht, um Reinigung und neue lebensspendende Kraft auszudrücken. Heute reicht bei den meisten christlichen Konfessionen etwas Taufwasser aus, das über den Kopf des Täuflings geschüttet wird; bei den Zeugen Jehovas wird weiterhin die Ganzkörpertaufe durchgeführt. In der katholischen Tradition hat sich Weihwasser als rituelles Symbol erhalten. In der Osternacht wird die Jahresmenge an geweihtem Wasser für eine Kirchengemeinde mit Salz angereichert und gesegnet. Bei der Einweihung und Segnung von Gebäuden, Fahrzeugen und Menschen wird es ebenso versprengt wie am Grab eines Verstorbenen oder beim

Abb. 4: Mutiger Sprung über die Wehrkrone bei der Sachsenmühle: Kajaktour mit Jugendlichen auf der Wiesent im Fränkischen Jura

Betreten einer Kirche. Geweihtes Wasser von symbolträchtigen Orten, wie aus der Jordanquelle oder vom Marienerscheinungsort Lourdes, unterstreicht für viele Gläubige die Bedeutung des Rituals.

Heiliges Wasser und heilige Flüsse haben auch im Hinduismus eine starke spirituelle Ausstrahlung. Indien kennt sieben heilige Flüsse, die durch göttliche Schöpfung entstanden sind. Der Fluss Ganges ist für gläubige Hindus die lebensspendende Göttin Ganga selbst. Der körperliche Kontakt mit der Flussgöttin hat eine hohe symbolische Wirkung. Täglich tauchen unzählige Menschen in den Fluss, trinken das Wasser oder streuen die Asche von verbrannten Verstorbenen in die Strömung. Der Fluss hat für sie eine heilende Wirkung auf Körper und Seele; er stellt die direkte Verbindung zur göttlichen Welt dar. Millionen Gläubige pilgern jährlich zu den Wallfahrtsorten am Ufer, nehmen rituelle Bäder und füllen Flaschen mit Weihwasser für religiöse Zeremonien ab. Selbst Menschen, die sehr weit entfernt vom Fluss leben, haben Gangeswasser in kleinen Flaschen zu Hause (Malinar 2011).

Erlebnispädagogische Aktivitäten am Fluss

Bei erlebnispädagogischen Aktivitäten am Fluss bieten sich zahlreiche Metaphern, die im Sprachgebrauch verwurzelt sind, als Leitgedanken für Spiele und Besinnungen an: etwa Lebensfluss, „zurück zu den Quellen" oder „mit allen Wassern gewaschen".

Das spirituelle Potential natursportlicher Aktionsformen am Fluss zeigt Tabelle 1.

Tabelle 1: Aktionsformen am Fluss

	Charakter	Spiritueller Bezug
Ufer-wanderung	– einen Flusslauf zu Fuß erkunden	– den eigenen Weg auf den Lauf des Flusses abstimmen
Schlucht-begehung	– einen Flusslauf im Wasser erkunden	– sich mitten im Strom des Geschehens bewegen
Schlauch-boot	– Gemeinschaftsleistung durch klare Rollen-verteilung	– Gemeinschaft in der Gruppe als existentielle Erfahrung – aufeinander angewiesen sein
Kajak	– allein unterwegs in der Auseinandersetzung mit Wellen, Wind und Strömung	– Einheit von Fluss, Mensch und Boot
Kanadier	– als Team unterwegs	– Harmonie im Zusammenspiel von zwei Menschen und den Bewegungen des Flusses
Floß	– mit einem selbst gebauten Schwimmkörper in der Strömung	– sich treiben lassen von der Strömung der Natur – Hindernisse umgehen und Stromschnellen befahren

Zum Weiterlesen: Birzele/Hoffmann (2010): Mit allen Wassern gewaschen; Eck (2011): Deutsches Flusswanderbuch.

Übung 1: Zu den Quellen

Charakter: einem Flusslauf stromaufwärts folgen

Ort: Fluss oder Bach, dessen Quelle zu Fuß oder mit Fahrzeugen erreichbar ist; ideal ist ein Wasserlauf, der von der Mündung ins Meer oder in einen größeren Fluss bis zur Quelle begleitet werden kann

Gruppengröße: allein oder in Gruppen bis ca. 15 Personen

Alter: für jede Altersstufe geeignet

Material: –

Anleitung: Schauen Sie sich den Wasserlauf genau an. Erkennen Sie Strömung, Farbe und Temperatur des Wassers. Erspähen Sie typische Pflanzen und Tiere am Ufer und im Flussbett. Sofern Sie an der Mündung stehen, vergleichen Sie die unterschiedlichen Gewässer, die zusammen treffen.
 Folgen Sie dem Wasserlauf nun stromaufwärts. Bleiben Sie immer möglichst nah am Wasser. Beobachten und erkunden Sie natürliche Veränderungen des Flusslaufs wie Naturwehre oder Altwasser sowie künstliche Veränderungen wie Staustufen oder Uferbefestigungen.
 Gehen Sie dem Bach so lange nach, bis Sie zum Quellgebiet kommen. Erkunden Sie die Quelle und die Landschaft in der Umgebung. Betrachten Sie die Quelle und lassen Sie den Eindruck auf sich wirken.

Hintergrund: Quellen können sehr markante Formen haben. Im Fränkischen Jura gibt es bei Heiligenstadt die Tummlerquelle, die bis ins vorletzte Jahrhundert in periodischen Abständen eine mehrere Meter hohe Wasserfontäne nach oben sprudeln ließ. Offensichtlich speist ein großer unterirdischer Wasserspeicher diese Quelle, die durch ein natürliches Röhrensystem mit Druckunterschieden den Wasserausstoß der Quelle in zeitlichen Abständen stark anschwellen lässt. Leider haben Neugierige vor vielen Jahrzehnten die Quellöffnung künstlich erweitert, so dass die Fontäne seitdem nicht mehr zu sehen ist. Für Einheimische hatte die Quelle eine magische Ausstrahlung.

Anstöße zum Nachdenken:
- Wasserkreislauf: Woher kommt das Wasser? Wohin fließt es? In welchem Kreislauf stehe ich?
- Stromschnellen und Wehre: Was behindert mich? Was treibt mich an? Wo werde ich mitgerissen?

Abb. 5: Flussfahrt auf dem oberen Main in der Nähe des Zusammenflusses von Weißem Main und Rotem Main: Erlebnispädagogik-Projekt mit Studierenden

- Quellgebiet: Wodurch werden die Quellen gespeist? Welche regionalen Besonderheiten sind erkennbar?
- Wasser: Wie schmeckt das Quellwasser? Wie fühlt es sich an? Was passiert mit dem Wasser?
- Schutz der Quelle: Durch welche Vorkehrungen wird die Quelle geschützt?
- Quellen des Lebens: Was gibt mir Kraft im Leben? Wovon lebe ich? Woher komme ich?

Erfahrungen: Einem Wasserlauf von der Quelle bis zur Mündung oder in umgekehrter Richtung zu folgen, hat einen ganz besonderen Reiz. Der Weg muss nicht mit technischen Hilfsmitteln gesucht werden, sondern erschließt sich zu jedem Zeitpunkt ganz augenscheinlich. Zumeist befindet sich der Oberlauf in naturbelassenen Waldgebieten, die als natürliche Wasserspeicher fungieren und die Quelle speisen. In der Quellregion gibt es häufig mehrere Quellen, die es zu erkunden gilt.

Übung 2: Siddhartha am Fluss

Charakter: Besinnungen nach Impulsen des Buches „Siddhartha. Eine indische Dichtung" von Hermann Hesse, erschienen 1922

Ort: Bach oder Flusslauf, an dem man längere Zeit verbringt und dessen Lauf man mit Booten auf dem Wasser, barfuß im Flussbett watend, mit dem Fahrrad, wandernd oder einem Fahrzeug am Ufer entlang folgt

Gruppengröße: allein oder in Gruppen bis ca. 15 Personen

Alter: ab ca. 15 Jahren

Material: Karten mit jeweils einem Zitat

Anleitung: Suchen Sie sich einen ruhigen Ort im Flussbett oder am Ufer. Betrachten Sie den Fluss aufmerksam. Achten Sie auf Farben, Strömungen und Geräusche. Lesen Sie Texte des Buches in Ausschnitten durch und machen Sie sich Ihre eigenen Gedanken dazu. Wenn Sie etwas anspricht, sprechen Sie mit anderen darüber oder drücken Sie Ihre Gedanken in kreativer Form aus.

Wenn Sie dem Flusslauf weiter gefolgt sind, lesen Sie an einer geeigneten Stelle weiter.

Hintergrund: „Siddhartha" ist eines der meistgelesenen Bücher des zwanzigsten Jahrhunderts und erreichte weltweit eine Auflage von weit über zehn Millionen. Hermann Hesse wurde auch durch dieses Werk zum bekanntesten europäischen Schriftsteller seiner Zeit und 1946 mit dem Nobelpreis für Literatur ausgezeichnet. Nicht nur in Europa und in den USA, auch in Japan und Indien wurde es gelesen und in zahlreiche Sprachen übersetzt, darunter auch in zwölf verschiedene indische Dialekte. Zahllose Studien und Kritiker widmeten sich dem Werk, das 1972 von Conrad Rooks verfilmt wurde.

Hesse hat sich vor und während der Entstehung seines Romans intensiv mit östlichen Religionen beschäftigt. Buddhistische, hinduistische und weitere fernöstliche Weltanschauungen werden erkennbar, ohne dass sich der württembergische Missionarssohn deswegen von der christlichen Lehre abgewendet hätte. Der Welt und allen Lebewesen mit Bewunderung und Ehrfurcht zu begegnen, ist seine Grundhaltung.

Zitate aus Siddhartha

Die folgenden Zitate können auch unter www.gutenberg.org/ebooks/2499 »Read this ebook online eingesehen werden. Ideal ist es, wenn man jeweils kurze Texte anhand der Quellenangaben auf einzelne Karten schreibt und bei der Übung mitnimmt.

Der Fluss als Lehrmeister
Der Fährmann Vasudeva erklärt Siddhartha beim Übersetzen mit einem Bambusfloß, wie er dem Fluss zuhört und von ihm lernt, weil er dem Fluss in die Augen schaut (Hesse 2011, 24, Zeile 6–8).

Widerspiegeln der Seele im Fluss
Der lebensmüde Siddhartha fasst im Angesicht des Flusses neuen Lebensmut. Als er an einem Baum am Ufer lehnt, blickt er in das fließende Wasser und sieht sich selbst gespiegelt, sein Gesicht, aber genauso seine seelischen Stimmungen (Hesse 2011, 42, Zeile 12–40).

Abwärts wandern und fröhlich sein
Siddhartha denkt am Fluss über sein Leben nach. So wie der Fluss immerzu fröhlich abwärts fließt und dabei eine eigene Melodie ausstrahlt, so sieht er seinen eigenen Weg (Hesse 2011, 46, Zeile 30–33).

Stimmen des Wassers
In einer ruhigen Stunde sinniert Siddhartha am Flussufer und spürt die Ausstrahlung des dahinziehenden Wassers. Er hört auf die Stimme des Flusses und bemerkt, dass der Fluss noch tiefere Weisheiten bereit hält (Hesse 2011, 48, Zeile 24–32).

Farben des Wassers
Siddhartha betrachtet aufmerksam den Fluss und erkennt zahlreiche Farben und Strukturen auf der Wasseroberfläche und in der Tiefe des Flussbettes. In diesem Moment sieht er, welche Geheimnisse des Lebens in einem Fluss erkennbar sind, wenn man bereit ist, achtsam zu schauen, hinzuhören und zu lernen (Hesse 2011, 48, Zeile 40–50).

Immerzu laufen
Siddharta erkennt ein erstes Geheimnis des Flusses: Das Wasser läuft immerzu, zu jeder Zeit an jedem Ort des Flusslaufes. Es gibt keinen Anfang und kein Ende. Das Wasser ist immer neu und doch immer da (Hesse 2011, 49, Zeile 1–6).

Tiefe suchen
Der Fährmann erklärt Siddhartha ein weiteres Geheimnis des Flusses: Das Wasser läuft immer nach unten, in die Tiefe. Es sucht immerzu die Tiefe (Hesse 2011, 51, Zeile 15–19).

Ausstrahlung des Flusses
Der Fährmann Vasudeva über sein Berufsverständnis: Während die meisten Menschen einen Fluss als Hindernis wahrnehmen, der sie bei Reisen behindert, ist der Fluss für den Fährmann ein Lehrmeister. Der Fluss ist ihm heilig (Hesse 2011, 51, Zeile 31–39).

Zuhören können
Siddhartha über ein weiteres Geheimnis des Flusses: Am Fluss kann man das intensive Zuhören lernen, still und abwartend, ohne Wertung (Hesse 2011, 51, Zeile 46–50).

In der Gegenwart leben
Siddhartha erkennt das Wesen des Flusses: Der Fluss ist zu jeder Zeit an jedem Ort. Wer mit dem Fluss lebt, lebt in der Gegenwart (Hesse 2011, 52, Zeile 8–11).

Stimmen des Lebens
Als der Fluss Hochwasser führt, hört Siddhartha die zahlreichen Stimmen des Flusses, die lauten und mächtigen ebenso wie die leisen und gemächlichen, die Stimmen des Lebens (Hesse 2011, 52, Zeile 27–32).

Kreislauf des Lebens
Siddhartha betrachtet den Fluss und ergründet den Kreislauf des Lebens: So wie Wasser verdunstet, als Regen zur Erde fällt, als Bach und Fluss zum Meer fließt und wieder verdunstet, so folgt auch im Leben der Menschen ein Ziel dem nächsten Ziel (Hesse 2011, 65, Zeile 9–16).

Einheit alles Lebendigen
Siddhartha hört zusammen mit dem Fährmann auf die Stimmen des Flusses und spürt dabei, wie er mitten im Strom des Geschehens Teil einer großen Einheit ist (Hesse 2011, 65, Zeile 32–37).

Erfahrungen: Die Texte von Hermann Hesse haben alle Jugendlichen und Erwachsenen, mit denen wir unterwegs waren, angesprochen. Gerade bei längeren Touren bietet sich die Übung als Besinnung am Morgen oder am Abend an.

 Zum Weiterlesen: Die Sekundärliteratur ist sehr umfangreich, etwa Baumann (2003): Der Heilige und der Wüstling.

Übung 3: Flusserkundung

Charakter: Naturerfahrung

Ort: leicht zugängliche Stelle am Ufer eines Baches oder Flusses

Gruppengröße: allein oder in Gruppen bis ca. 25 Personen

Alter: ab ca. 6 Jahren

Material: Sieb, Gefäß, Bestimmungsbücher

Abb. 6: Flusserkundung: Studierende bei einer umweltpädagogischen Handlungseinheit im Fach Praxis- und Methodenlehre

Anleitung: Untersuchen Sie Boden und Ufer des Baches. Heben Sie Steine im Bach hoch und fangen Sie die kleinen Tiere und Pflanzen, die von der Strömung vom Stein weg getrieben werden, mit dem Sieb auf. Streifen Sie mit dem Sieb vorsichtig an Wasserpflanzen entlang. Untersuchen Sie Ihre Funde in einem mit Wasser gefüllten Gefäß. Bestimmen Sie die Lebewesen mit Hilfe eines Naturführers. Unterscheiden Sie die verschiedenen Arten von Insektenlarven, kleinen Fischen, Schnecken und anderen Tierfamilien. Setzen Sie die Lebewesen danach wieder im Wasser aus.

Hintergrund: Ein ungeschultes Auge braucht etwas Zeit, um die vielen verschiedenen Tierarten zu erkennen, die mit dem Sieb selbst in verschmutzten Bächen in kurzer Zeit gefunden werden können. Viele Lebewesen haben eine besondere Tarnung in Form und Farbe, die sich nur wenig von der Umgebung unterscheidet: Köcherfliegen leben als Larven im Hohlraum von abgestorbenen Grashalmen und sind erst mit etwas Geduld zu erkennen, wenn sie sich bewegen. Der Bachröhrenwurm lebt in selbstgebauten Röhren und zieht sich bei Erschütterungen sofort zurück. Die Larven von Steinfliegen sind auch in verschmutzten Gewässern zahlreich zu finden und erst nach genauer Beobachtung sind die verschiedenen Arten zu unterscheiden. Wasserassel, Bach-Flohkrebs, Schneckenegel, Tauchkäfer und andere Kleintiere sind ebenso zu finden wie Jungfische oder Kaulquappen.

Anstöße zum Nachdenken:
- Bedeutung des Wassers für das Leben
- Vielfalt der Organismen
- Anpassung der Lebewesen an ihren Lebensraum
- Einflüsse des Menschen auf heimische Gewässer: technische Verbauungen, wasserwirtschaftliche Nutzungen, Wasserverschmutzung, Einsetzen standort-untypischer Pflanzen und Tiere in Gewässer, z. B. durch Angler

Erfahrungen: Die Übung erscheint auf den ersten Blick wenig ergiebig. Wenn sich aber die ersten Fang-Erfolge einstellen und der Blick geschult wird, entwickelt sich häufig eine intensive Forschertätigkeit.

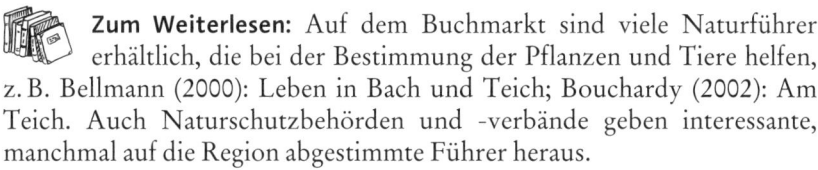

Zum Weiterlesen: Auf dem Buchmarkt sind viele Naturführer erhältlich, die bei der Bestimmung der Pflanzen und Tiere helfen, z. B. Bellmann (2000): Leben in Bach und Teich; Bouchardy (2002): Am Teich. Auch Naturschutzbehörden und -verbände geben interessante, manchmal auf die Region abgestimmte Führer heraus.

Übung 4: Biblische Flüsse

Charakter: Besinnungen zu Bibeltexten

Ort: ruhiger Platz an einem Gewässer

Gruppengröße: allein oder in Gruppen bis ca. 15 Personen

Alter: ab ca. 15 Jahren

Material: Karten mit jeweils einem Zitat

Anleitung: Suchen Sie sich ein ruhiges Ufer und lesen Sie die Bibeltexte langsam und bewusst. Lassen Sie die Gedanken auf sich wirken. Bedenken Sie zeitgeschichtliche und geografische Bedingungen zur Zeit der biblischen Geschichten. Ergründen Sie die Bedeutung des Elements Wasser und die Aussagen, die mit den jeweiligen Gewässern verbunden sind.

Hintergrund: Wasser ist im Nahen Osten ein kostbares Gut. Die Landschaft ist insgesamt sehr wasserarm, abgesehen von wenigen Ausnahmen in den Tälern des Nils und des Jordans sowie im Umfeld des libanesischen Hermon-Gebirges. Die Geschichten der Bibel handeln zumeist zwischen den Ausläufern der Sahara-Wüste im Westen und der Arabischen Wüste im Osten. Steinwüsten und Steppenlandschaften prägen einen Großteil des

Landes. Umso größere Bedeutung haben heute ebenso wie vor Jahrtausenden die wenigen Flüsse und Bäche für die hier lebenden Menschen. So verwundert es nicht, dass mit jedem Gewässer wichtige biblische Erzählungen verbunden sind.

Zitate aus der Bibel

Moses im Nil
Ein Hebräerkind wird aus Angst vor der Strafe des Pharao im Nil ausgesetzt:
„Die Tochter des Pharao […] nannte ihn Mose und sagte: Ich habe ihn aus dem Wasser gezogen." (Ex 2, 5–10)

Das Volk Israel zieht durch das Rote Meer
Der Auszug der Israeliten aus Ägypten durch das Rote Meer:
„Mose streckte seine Hand über das Meer aus, und der Herr trieb die ganze Nacht das Meer durch einen starken Ostwind fort. […]" (Ex 14, 21–22)

Gott schenkt Wasser
Gott führt das Volk Israel durch die Wüsten Palästinas und sorgt für Wasser:
„Beer […] ist der Brunnen, von dem der Herr zu Mose gesagt hat: Versammle das Volk, damit ich ihnen Wasser gebe." (Num 21, 16)

Über den Fluss ins gelobte Land
Gott teilt Josua mit, welchen Weg er ins gelobte Land einschlagen soll:
„Mach dich auf den Weg und zieh über den Jordan mit dem ganzen Volk in das Land, das ich ihnen geben werde." (Jos 1, 2)

Trockenen Fußes durch den Jordan
Das Volk Israel überquert den Jordan auf seinem Weg ins gelobte Land:
„Als die Füße der Priester […] das Wasser berührten […], da blieben die Fluten des Jordan stehen. […]" (Jos 3, 15–17)

Raben am Fluss
Elija prophezeit dem ungläubigen König Ahab eine große Trockenheit, die Gott als Strafe für dessen Unglauben über das Land kommen lässt. Elija versteckt sich am Bach Kerit:
„Der Prophet Elija […] begab sich zum Bach Kerit östlich des Jordan und ließ sich dort nieder. Die Raben brachten ihm Brot und Fleisch am Morgen und ebenso Brot und Fleisch am Abend und er trank aus dem Bach. […]" (1 Kön 17, 1–7)

Wunder an der Quelle von Jericho
Der Prophet Elischa wirkt ein Wunder an der Quelle:
„[…] Elischa befahl: Bringt mir eine neue Schüssel und schüttet Salz hinein! Man brachte sie ihm und er ging zur Wasserquelle und warf das Salz hinein […]." (2 Kön 2, 19–22)

Taufe im Jordan
Jesus lässt sich von Johannes im Jordan taufen:
  „Die Leute von Jerusalem und ganz Judäa und aus der ganzen Jordangegend zogen zu Johannes hinaus; sie bekannten ihre Sünden und ließen sich im Jordan von ihm taufen. [...] " (Mt 3, 5–16)

Anstöße zum Nachdenken:
- persönliche Erlebnisse, die mit Flüssen verbunden sind
- biblische Orte mit besonderer Ausstrahlung
- symbolische Bedeutung des Wassers
- traditionelle und moderne Rituale mit Wasser
- Wasser in religiösen Zusammenhängen

Erfahrungen: Die Übung sollte nicht allein stehen, sondern in einen größeren Rahmen eingebunden werden, z. B. in einen Besinnungstag oder in einen Gottesdienst.

 Zum Weiterlesen: Die Bibelgesellschaften geben lesenswerte Materialien heraus, die die Hintergründe der biblischen Geschichten erklären, etwa Kath. Bibelwerk (2004): Welt und Umwelt der Bibel.

Übung 5: Lichterfluss

Charakter: Besinnung bei Nacht, in der Regel nur für Gruppen

Ort: langsam fließender Bach oder kleiner Fluss, an dessen Ufern keine Brandgefahr besteht

Gruppengröße: gut für sehr große Gruppen geeignet

Alter: ab ca. 5 Jahren

Material: Teelichter oder kleine Kerzen, Rindenstücke, Kork oder ähnliche schwimmfähige Naturmaterialien zum Schnitzen von kleinen Booten

Anleitung: Basteln Sie möglichst viele kleine Boote, die eine kleine Kerze tragen können. Setzen Sie die Boote mit angezündeten Lichtern an einer günstigen Stelle in die Strömung ein. Folgen Sie den Booten am Ufer. Beobachten Sie die Strömung, die die Lichter treibt: Stromzunge, Kehrwasser, Wirbel und Stromschnellen. Lassen Sie die Szenerie auf sich wirken.
  Sammeln Sie die Schwimmkörper an einer geeigneten Stelle wieder ein. Zwei in den Fluss gelegte und miteinander verbundene Holzbalken können dabei helfen.

Hintergrund: Die Übung wird in hiesigen Breiten auch als Lichterserenade bezeichnet und hat eine beeindruckende Wirkung durch das Zusammenspiel von Wasserströmung, Licht und Dunkelheit. In katholischen Orten, in denen der Brückenheilige Johannes Nepomuk verehrt wird, ist dieser Brauch des Lichterschwimmens verbreitet. Nach einer Legende sollen an der Stelle in der Moldau, an der der Heilige ertrunken ist, blinkende Lichter erschienen sein (vgl. Bistum Würzburg 2003).

Kennen gelernt haben wir die Aktion in Thailand in der Vollmondnacht des zwölften Mondmonats. Beim Loy-Kratong-Fest werden zahlreiche kleine Boote aus Bananenblättern oder Bananenbaumholz, wunderschön dekoriert mit exotischen Blumen, Räucherkerzen und Lichtern in allen Flüssen des Landes ausgesetzt. Mit Liedern über Fluss und Licht, Tänzen, Essen und Trinken ist das gesellige Fest zugleich der farbenprächtigste Feiertag in der thailändischen Kultur. Das Lichterfest wird seit rund siebenhundert Jahren in diesem südostasiatischen Land gefeiert. Es geht auf die Legende einer schönen und talentierten Frau zurück, die die Göttin des Wassers ehren wollte und dem König ein kleines Boot in der Form einer Lotusblüte mit Kerzen überreichte. König Maha Thammaraja entzündete die Kerze und setzte das Schiffchen in den Fluss. Seitdem vereinen sich viele kulturelle und religiöse Traditionen in diesem Feiertag.

Anstöße zum Nachdenken:
- Licht und Dunkelheit im Lebensfluss
- Lichtquellen, die kommen und gehen
- Strömungen im Leben
- Wünsche und Gedanken, die ich mit einem angezündeten Licht verbinde

Erfahrungen: Bei dieser stimmungsvollen Übung muss unbedingt darauf geachtet werden, dass jegliche Brandgefahr am Ufer ausgeschlossen wird. Außerdem sind Nachbarn und Grundstücksbesitzer vorher zu informieren und gegebenenfalls um Erlaubnis zu fragen. Bei Wind werden die Teelichter leicht ausgeblasen; dann sind größere Kerzen, evtl. mit Windschutz notwendig.

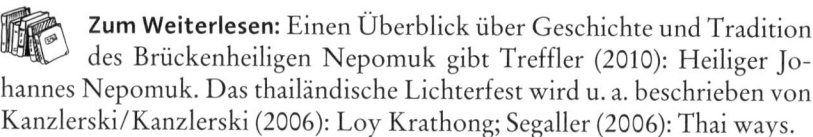

Zum Weiterlesen: Einen Überblick über Geschichte und Tradition des Brückenheiligen Nepomuk gibt Treffler (2010): Heiliger Johannes Nepomuk. Das thailändische Lichterfest wird u. a. beschrieben von Kanzlerski/Kanzlerski (2006): Loy Krathong; Segaller (2006): Thai ways.

Übung 6: Symbolsprache Fluss

Charakter: Assoziationsübung

Ort: an einem beliebigen Ort, z. B. in der Nähe eines Baches oder Flusses

Alter: ab ca. 15 Jahren

Gruppengröße: bis ca. 15 Personen

Material: große Papierblätter zum Zeichnen, Farben und Stifte, Zusammenstellung der Sinnsprüche auf einem Plakat oder auf Blättern

Anleitung: Vergleichen Sie Ihr bisheriges Leben mit einem Fluss. Überlegen Sie, welche Quellen ihr Leben speisen, wo es Stromschnellen, Wasserfälle oder gemächliche Flussabschnitte gab. Denken Sie auch an künstliche Bauten wie Wehre, Kanäle, Schleusen oder Brücken.

Lesen Sie die Stichworte auf den ausgelegten Karten. Suchen Sie eventuell weitere passende Wortspiele aus der Umgangssprache.

Zeichnen Sie Ihren Lebensfluss mit den bereit gelegten Farben und Stiften. Markieren Sie wichtige Stationen oder Abschnitte im Lebensfluss. Tauschen Sie sich mit Anderen aus.

Hintergrund: Die einprägsame Wirkung von Bächen und Flüssen auf das menschliche Wahrnehmen und Empfinden zeigt sich deutlich in der Vielzahl sprachlicher Symbole, sogenannter Metaphern, im Alltag. In allen Lebensbereichen tauchen diese symbolischen Redewendungen auf.

Sinnsprüche Fluss
ausufern
Brücke (zwischen Generationen, Kulturen)
Brücken bauen, überbrücken
Brückenkopf
einbuchten
fließen, abfließen, dahin fließen
Fließtext, Fließgeschwindigkeit
Flow (psychologischer Fachbegriff für selbstvergessenes Tun)
Fluss (des Lebens), Abfluss, Spielfluss, Zahlungsfluss
im Trüben fischen
in einem Boot sitzen
Kanal, Fernsehkanal
kanalisieren
Kaskade (von Vorwürfen)
mitreißend, sich mitreißen lassen
Mühle, Tretmühle, Zwickmühle
münden
Mündung, Einmündung, Gewehrmündung
Pegel
plätschern, dahinplätschern
Quelle (der Freude, der Hoffnung)
quellen, überquellen
reden wie ein Wasserfall
rinnen, zerrinnen (zwischen den Fingern)

Rinnsal
schleusen, einschleusen
Schleuser, Schleuserbande
Schwemme
schwemmen, überschwemmen (mit E-Mails, Anrufen)
seicht
sich treiben lassen
sich wehren
Strom, elektrischer Strom, Geldstrom
strömen, zusammenströmen
Strömungen, politische Strömungen
tauchen, abtauchen, eintauchen
trocken (ohne Alkohol), austrocknen (der Kehle)
uferlos
versickern (des Geldes)
versumpfen
verwässern
Wasserstandsmeldung
Wehr (der Demokratie)
wehrhaft, Wehrmacht

Anstöße zum Nachdenken:
- gedankliche Verbindungen zu Flüssen
- persönliche Erinnerungen und Erlebnisse
- Wirkungen der Symbolsprache

Erfahrungen: Die Übung kann heftige Gefühle auslösen – wie übrigens alle Methoden, bei denen man über markante Erlebnisse in der eigenen Vergangenheit nachdenkt. Die Wirkung der Sprachsymbole kann sehr stark sein. Bei traumatisierten Menschen kann es passieren, dass ins Unterbewusste verdrängte Erinnerungen an schlimme Erlebnisse aus der Vergangenheit plötzlich wieder bewusst werden. Aus diesem Grund sollten sich alle, die diese Übung einsetzen wollen, selbstkritisch fragen, ob sie mögliche heftige Reaktionen auch angemessen und verantwortungsbewusst aufgreifen und bearbeiten können.

Meer

Erlebnis bei einer Jugendgruppenreise nach Gozo, der zweitgrößten Insel Maltas: An einem schönen Sommerabend erkunden wir zu viert eine Bucht an der felsigen Nordküste. Gemächlich durchstreifen wir die Klippen und kommen plötzlich in eine halbkugelförmige Grotte, die zum Meer hin geöffnet ist. Die Brandung hat eine beeindruckende Aushöhlung des Gesteins geschaffen. Gebannt verharren die Jugendlichen in der Grotte. Das mächtige Rauschen des Meeres, der gleichbleibende Rhythmus der Wellen, die auf dem Wasser vielfach reflektierten Sonnenstrahlen, die erfrischenden Wassertröpfchen in der Luft und der markante Geruch der Küste schaffen eine außergewöhnliche Stimmung. Die Zeit scheint still zu stehen. Niemand spricht ein Wort. Jeder sucht sich einen Platz, um dieses kraftvolle Naturphänomen auf sich wirken zu lassen. Erst nach langer Zeit lösen sich die Jugendlichen einzeln und schweigend von diesem Ort und seiner Ausstrahlung. So intensiv war niemand zuvor vom Meer in seinen Bann gezogen worden. Und bei jedem hat dieses überraschende Naturerlebnis ganz eigene Empfindungen ausgelöst: ein Gefühl des Einsseins mit dem Meer, eine andere Sichtweise auf menschliche Größenverhältnisse und Zeitspannen angesichts der übermächtigen Naturgewalten, eine spirituelle Vertiefung und für einige auch eine Gotteserfahrung.

Naturraum Meer

Das Meer und seine Küste ist in der heutigen Zeit für zahllose Menschen der Inbegriff für Urlaub schlechthin: Am Strand entlang laufen und entspannen, baden, barfuß in den Wellen stehen, Wind und Meeresstürme spüren, den Blick über das Meer zum weit entfernten Horizont schweifen lassen, Schiffen nachschauen und von fernen Ländern träumen. Das Meer hat eine große symbolische Aussagekraft. Es steht für Freiheit und Weite, für Naturgewalt und Gefahr, aber auch für Fernweh und für die Sehnsucht nach neuen Ufern. Der weite Blick hilft, klarer zu denken und in Gedanken freier auszuschweifen als in einem engen Tal oder in einer umtriebigen Stadt. Auf viele Menschen, ob Küstenbewohner oder nicht, übt das Meer eine Faszination aus und vermittelt das Gefühl einer inneren Verbundenheit.

In allen Religionen, die eine Vielzahl von Göttern oder Geistern kennen, steht das Meer für etwas Göttliches. Dem Meer wird eine besondere Ausstrahlung in religiöser und spiritueller Hinsicht zugeschrieben. Die Begegnung mit dem Meer regt die Menschen seit Urzeiten dazu an, über Sinn und Wesen des Lebens nachzudenken. Für seefahrende Völker, sofern sie nicht als Juden, Christen oder Muslime an einen einzigen Gott glauben, ist das Meer von einem Meeresgott beherrscht. Diese Gottheit wird von Fischern angerufen, um für einen guten Fang zu beten, von Seefahrern, um für eine sturmfreie Überfahrt zu bitten, und von Küstenbewohnern, um vor den Gewalten des Meeres wie Springfluten oder Orkanen bewahrt zu bleiben.

Erlebnispädagogische Aktivitäten am Meer

Die Urform erlebnispädagogischer Aktivitäten am Meer und auf dem Meer ist das Segeln. Die Erfahrung von grenzenloser Weite und direkter Nähe zu den Naturgewalten, verknüpft mit intensiven gruppendynamischen Effekten an Bord eines Segelschiffs, macht das Segeln zum klassischen Medium der Erlebnispädagogik. In den Kurzschulen Kurt Hahns in den vierziger Jahren in Großbritannien standen sowohl Seenot-Rettungsdienste als auch Expeditionen mit Segelbooten entlang der Küsten im Mittelpunkt der erlebnistherapeutischen Programme mit jungen Menschen. Und auch bei der Wiederentdeckung der Erlebnispädagogik im deutschsprachigen Raum ab Anfang der achtziger Jahre standen Segelprojekte im Blickpunkt der Öffentlichkeit: die Projekte „Outlaw", „Das Schiff Noah" mit verhaltensauffälligen Jugendlichen oder das Segelschulschiff „Thor Heyerdahl", das seinen Schwerpunkt seit Jahrzehnten in der Bildungsarbeit hat.

Seit langem nutzten auch kirchliche und religiöse Gruppen das erlebnisorientierte Segeln für die eigenen Ziele. So berichtet der evangelische Pfarrer Günter Kettenbach bereits in seinem 1984 erschienenen Büchlein mit dem programmatischen Titel „Das Segelschiff – Ursymbol der Kirche" von seiner 25-jährigen Erfahrung bei Segeltörns mit sozialtherapeutischen, religionspädagogischen und persönlichkeitsbildenden Zielen. Ausgangspunkt ist für Kettenbach wie für viele andere Religionspädagogen die biblische Erzählung von der Sturm- und Seestillung, bei der die ersten Jünger in einem Fischerboot auf dem See Genesareth unterwegs sind und Jesus ihnen bei einem Sturm seine Macht über die Geschehnisse auf Erden und im Himmel demonstriert. Diese Urerfahrung taucht in der zweitausendjährigen Kirchengeschichte immer wieder auf. Vom Kirchenlied „Es kommt ein Schiff" aus dem vierzehnten Jahrhundert über das Schiffssymbol im Logo des Weltkirchenrats, der weltweiten Vereinigung christlicher Kirchen, bis hin zu Altar- und Kirchenbildern in allen Stilrichtungen und Epochen. Die christliche Gemeinde steht zusammen wie die Besatzung auf einem Schiff und ist auf sich selbst wie auf den überirdischen Weltenlenker angewiesen. Das neue geistliche Lied „Ein Schiff, das sich Gemeinde nennt" von Martin Gotthard Schneider aus dem Jahr 1962 drückt diese Beziehung sinnbildlich aus: „Ein Schiff, das sich Gemeinde nennt, fährt durch das Meer der Zeit. Das Ziel, das ihm die Richtung weist, heißt Gottes Ewigkeit. Das Schiff, es fährt vom Sturm bedroht durch Angst, Not und Gefahr, Verzweiflung, Hoffnung, Kampf und Sieg, so fährt es Jahr um Jahr …".

Eine weitere interessante, weniger spektakuläre Aktionsform ist die Erkundung einer Küstenlandschaft zu Fuß, mit Seekajak oder anderen einfachen Fortbewegungsmitteln. Die Übergänge zwischen Land und Meer bieten aufschlussreiche Einblicke in das Wesen und in die Naturgeschichte beider Elemente: sanfte Wellen mit ihrem ewig fortwährenden Rhythmus auf einem Sandstrand, heftige Brecher in der Brandung an einer Steilküste, bizarre vom Meer geschaffene Steinformationen oder die an Land geschwemmten Muschelschalen, Meerestiere und anderes Strandgut.

Die biblische Schöpfungsgeschichte, nach der Gott am dritten Tag der Erschaffung der Welt das Land vom Ozean scheidet, wird bei einer Küstenerkundung augenscheinlich. An vielen Stellen sind die Übergänge im eigentlichen Wortsinne fließend: im Mündungsbereich eines Flusses ins Meer oder im großflächigen Watt, dem Überschwemmungsbereich zwischen Ebbe und Flut.

Zahlreiche Rhythmen und Bewegungen des Lebens werden an der Meeresküste sichtbar:

- die Bewegung der Wellen, die in ihrer Frequenz dem menschlichen Atem ähnelt
- Ebbe und Flut, die in menschlichen Zeitkategorien dem täglichen Wechsel von Arbeiten und Ausruhen nahe kommen
- die jahreszeitlich bedingten Meeresstürme und Flauten, die dem Wechsel zwischen Arbeit und Urlaub im Jahreslauf ähneln, ebenso wie den Polen von hoher Aktivität und passiven Phasen, von Schicksalsschlägen, Krisen und Krankheiten einerseits und Erholung oder erzwungener Passivität andererseits. Das spirituelle Potential natursportlicher Aktionsformen am Meer zeigt Tabelle 2.

Tabelle 2: Aktionsformen am Meer

	Charakter	**Spiritueller Bezug**
Segeln	– Kraft des Windes nutzen – Meere überqueren – intensive gruppendynamische Effekte	– grenzenlose Weite erleben – unmittelbare Nähe zu den Naturgewalten
Küstenerkundung	– dem Küstenverlauf folgen – einfache Fortbewegungsmittel nutzen	– Übergänge zwischen den Elementen – Rhythmen und Bewegungen des Lebens

Übung 7: Trocken fallen im Watt

Charakter: Naturerfahrung mit dem Schiff

Ort: Wattenmeer, insbesondere im südöstlichen Küstenbereich der Nordsee zwischen Den Helder in Holland und der dänischen Stadt Esbjerg

Gruppengröße: abhängig von der Schiffsbesatzung

Alter: egal

Material: –

Anleitung: Suchen Sie sich in einer Wattenregion ein Plattbodenschiff mit einem erfahrenen Schiffsführer. Steuern Sie bei Flut mit dem Schiff eine etwas höher gelegene Wattfläche an und ankern Sie dort. Lassen Sie das Schiff von der einsetzenden Ebbe langsam auf dem Wattboden aufsetzen.

Verfolgen Sie die Wege des fließenden Wassers in den sogenannten Prielen und in den Senken. Erkunden Sie den Meeresboden, die Tier- und Pflanzenwelt. Je nach Region und Jahreszeit treffen Sie dabei auf typische Wattbewohner wie Muscheln, Schnecken und Würmer, aber auch auf Meeresvögel, Robben und sogar Schweinswale.

Lassen Sie die charakteristische Szenerie des Wattenmeeres auf sich wirken, möglicherweise weitab jeglicher menschlicher Zivilisation. Tauchen Sie ein in den Rhythmus von Ebbe und Flut.

Kehren Sie rechtzeitig zu Ihrem Schiff zurück, um von der aufkommenden Flut wieder emporgehoben zu werden und um Ihre Schiffsreise fortzusetzen.

Hintergrund: Das Wattenmeer ist eine Amphibienlandschaft, die jeden Tag zweimal vom Meerwasser überflutet wird und ebenso oft trocken liegt. Die geringe Wassertiefe und der Wechsel von Ebbe und Flut prägen diese einzigartige Landschaft. Im südöstlichen Küstenbereich der Nordsee entstanden zwischen den vorgelagerten Inseln und dem Festland sehr große Wattflächen, die vom Gesetzgeber unter Naturschutz gestellt wurden. Diese ökologisch empfindlichen Regionen sind ein außergewöhnlicher Übergangsraum zwischen Land und Meer, der zum Erkunden einlädt.

Für den ungeübten Wanderer birgt das Watt einige Gefahren. Die aufziehende Flut kann den Rückweg von weiter draußen liegenden, höheren Wattflächen zum Ufer abschneiden, da Senken und Wasserläufe oft in Landnähe verlaufen. Seenebel kann die Orientierung im Watt massiv erschweren, da er sich auch überraschend bei Sonnenschein und Windstille bilden kann. Ein Kompass hilft in diesem Fall, den richtigen Rückweg zu finden. Gefährlich sind Gewitter im Watt, da ihr Weg nicht genau vorhersehbar ist und es keine natürlichen Schutzräume gibt. Da Blitze häufig am höchst gelegenen Punkt einschlagen, ist der Wanderer auf freier Fläche besonders gefährdet. Auf Wattwanderungen sollte deshalb bei Gewittergefahr verzichtet werden.

Anstöße zum Nachdenken:
- Übergange vom Festland ins Meer, Übergänge im Lebenslauf
- Gefahren im Watt, Gefahren bei Übergängen
- Orientierung in gleichförmiger oder unbekannter Landschaft
- Strömungen und Wege des Wassers; die Tiefe suchen
- den Rhythmus des Lebens hautnah erleben
- sich auf extreme Lebensbedingungen einstellen

Erfahrungen: Das Trockenfallen ist ein beeindruckendes Erlebnis im extremen Lebensraum Watt. Ratsam ist es in jedem Fall, sich einem erfahrenen Schiffs- und Wattführer anzuschließen.

Übung 8: Symbolsprache Meer und Schiff

Charakter: Assoziationsübung

Ort: auf einem Schiffsdeck, in einem Boot oder an einem markanten Platz am Ufer eines größeren Gewässers

Alter: ab ca. 15 Jahren

Gruppengröße: bis ca. 15 Personen

Material: kleine Karten mit jeweils einem Sinnspruch zu Meer und zu Schifffahrt

Anleitung: Lesen Sie die Stichworte auf den ausgelegten Karten. Suchen Sie weitere passende Wortspiele aus der Umgangssprache.
Überlegen Sie, was Sie mit Ihren persönlichen Erfahrungen auf diesem Gewässer verbinden. Suchen Sie ein Stichwort, das Ihre Erfahrung am besten ausdrückt. Suchen Sie sich ggf. ein weiteres Stichwort aus, das Ihre derzeitige Lebenssituation umschreibt. Tauschen Sie sich mit Anderen aus.

Hintergrund: Die einprägsame Wirkung von Meer und Seefahrt auf das menschliche Wahrnehmen und Empfinden zeigt sich deutlich in der Vielzahl sprachlicher Symbole, sogenannter Metaphern, im Alltag. In allen Lebensbereichen, ob Politik, Sport, Kunst oder Wirtschaft, tauchen diese symbolischen Redewendungen auf. Laut Günter Kettenbach (1987, 68) zeigt sich anhand dieser Häufung die persönlichkeitsbildende und therapeutische Wirkung des Segelns.

Sinnsprüche Meer
abflauen, Flaute
an Land ziehen
ausufern
eintauchen, auftauchen
Flut von (Anrufen, Briefen)
Hoheitsgrenze
Horizont erweitern
in den Sand setzen
Insel der (Glückseligen)
Land in Sicht
Meer der (Tränen, Fahnen)
raue See
rettendes Ufer
Rückenwind haben, Gegenwind haben
schwere See, unruhige Gewässer
seicht
sich treiben lassen
Sintflut
stranden
Sturm der (Entrüstung)
sturmerprobter (Mensch)
untergehen, absaufen, absacken
Welle der (Begeisterung)
Wellen schlagen hoch
Wind bläst ins Gesicht
Zyklon

Sinnsprüche Schiff
abschotten, Schotten dicht machen
abdriften
am Riemen reißen
anpeilen
anheuern
Armada
aufgetakelte (Person)
aufhalsen
auflaufen
aus dem Ruder laufen
ausbooten
ausklamüsern
ausloten
Bauch des Schiffes
bemannen

Besatzung
Billigflagge
blinder Passagier
Bollwerk
das Ruder in die Hand nehmen/an sich reißen
den Kurs angeben/halten/ändern
den Wind aus den Segeln nehmen
die Brücke verlassen
dümpeln
Flagge zeigen/hissen
Flaggschiff, Luftschiff, Staatsschiff
flott machen
halbmast
(herum) gondeln
hieven
in den Hafen der (Ehe) einlaufen
in einem Boot sitzen
ins Fahrwasser geraten
Jungfernfahrt
kielholen
Klarschiff machen
Klippen umschiffen
lavieren
Leck schlagen
lotsen, Lotse geht von Bord
(menschliches) Wrack
Oberwasser
rettender Anker
roter Faden
Schiffbruch erleiden
Schlagseite kriegen
Schuss vor den Bug
Segel setzen/streichen
Steuermann (der Partei, des Vereins)
topp sein
tuckern
umschiffen
verankern
Volldampf
von Bord gehen/über Bord gehen/über Bord werfen
vor Anker gehen
zu Grunde gehen
zu neuen Ufern aufbrechen

Anstöße zum Nachdenken:
- gedankliche Verbindungen zu Meer und Schiff
- persönliche Erinnerungen und Erlebnisse
- Wirkungen der Symbolsprache

Erfahrungen: Die Zusammenstellung der seemännischen Begriffe überrascht viele Menschen, da sie verdeutlicht, wie oft diese Sprachsymbole im Alltag verwendet werden. Wer hätte etwa gedacht, dass der Begriff des roten Fadens aus der Seefahrt kommt? Im Tauwerk der britischen Kriegsmarine wurde nämlich ein roter Faden eingearbeitet, durch den Diebstahl vermieden werden sollte. Den roten Faden konnte man nicht herauslösen, ohne das Ganze aufzulösen.

Zum Weiterlesen: Kurze Erklärungen seemännischer Begriffe bietet Weber (2012): Maritimes Lexikon. Die Symbolsprache aus biblischer Sicht erläutert Kettenbach (1994): Einführung in die Schiffahrtsmetaphorik der Bibel.

Übung 9: Meer in der Bibel

Charakter: Besinnungsübung

Ort: auf einem Schiff oder an einem markanten Platz am Ufer eines größeren Gewässers

Alter: in altersgerechter Gestaltung geeignet für alle Altersgruppen

Gruppengröße: bis ca. 20

Material: Karten mit jeweils einem Zitat

Anleitung: Nehmen Sie sich Zeit, eine biblische Geschichte in Ruhe zu lesen. Denken Sie über die Kernaussagen nach. Überlegen Sie, welche Wirkung die Natur bei diesem Geschehen ausübt. Tauschen Sie sich mit Anderen über Ihre Gedanken aus.

Zitate aus der Bibel

Die Erschaffung der Welt
„Finsternis lag über der Urflut und Gottes Geist schwebte über dem Wasser. Gott sprach: […] Ein Gewölbe entstehe mitten im Wasser und scheide Wasser von Wasser. […]" (Gen 1, 1–9)

Die große Flut
„Noah ging mit den Seinen […] in die Arche, bevor das Wasser der Flut kam. […] Am siebzehnten Tag brachen alle Quellen der gewaltigen Urflut auf und die Schleusen des Himmels öffneten sich. […] Das Wasser war auf der

Abb. 7: Wind und Wellen, Sonne und Wolken: Schiffsreise im Mittelmeer

Erde gewaltig angeschwollen und bedeckte alle hohen Berge, die es unter dem ganzen Himmel gibt." (Gen 7, 7–8, 22)

Gott führt auch am äußersten Meer
„Nehme ich die Flügel des Morgenrots und lasse mich nieder am äußersten Meer, auch dort wird deine Hand mich ergreifen und deine Rechte mich fassen." (Ps 139, 9–10)

Der Prophet Jona im Bauch des Fisches
„Die Seeleute […] nahmen Jona und warfen ihn ins Meer. Der Herr schickte einen großen Fisch, der Jona verschlang. Jona war drei Tage und drei Nächte im Bauch des Fisches und er betete im Bauch des Fisches zum Herrn, seinem Gott." (Jona 1, 3–2, 11)

Seesturm auf dem See Genesareth
„Plötzlich brach ein gewaltiger Sturm los, sodass das Boot von den Wellen überflutet wurde. Jesus […] sagte zu ihnen: Warum habt ihr solche Angst, ihr Kleingläubigen? Dann stand er auf, drohte den Winden und dem See und es trat völlige Stille ein." (Mt 8, 23–27)

Der Gang Jesu auf dem Wasser
„Die Jünger bestiegen ein Boot und fuhren über den See. […] Da wurde der See durch einen heftigen Sturm aufgewühlt. Da […] sahen sie, wie Jesus über den See ging und sich dem Boot näherte; und sie fürchteten sich. Er aber rief ihnen zu: Ich bin es; fürchtet euch nicht!" (Joh 6, 16–21)

Seesturm auf der Fahrt nach Rom
„Mehrere Tage hindurch zeigten sich weder Sonne noch Sterne und der heftige Sturm hielt an. Schließlich schwand uns alle Hoffnung auf Rettung. Niemand wollte mehr essen; da trat Paulus in ihre Mitte und sagte: Verliert nicht den Mut! Niemand von euch wird sein Leben verlieren. […] Habt also Mut, Männer! Denn ich vertraue auf Gott, dass es so kommen wird, wie mir gesagt worden ist." (Apg 27, 2–26)

Schiffbruch im Mittelmeer
„Paulus […] sagte: […] Esst etwas; das ist gut für eure Rettung. Denn keinem von euch wird auch nur ein Haar von seinem Kopf verloren gehen. Nach diesen Worten nahm er Brot, dankte Gott vor den Augen aller, brach es und begann zu essen. Da fassten alle Mut und aßen ebenfalls." (Apg 27, 27–44)

Anstöße zum Nachdenken:
- Wo war ich schon einmal den Naturgewalten ausgeliefert?
- Vertraue ich im Leben auf himmlische Hilfe?
- Wurde ich schon jemals aus Seenot – aus Not – gerettet?
- Wie stelle ich mir die Urflut vor?

Erfahrungen: Ob bei einer Schiffsreise oder nur bei einem Ferienaufenthalt an der Küste, die Erzählungen sprechen Menschen jeden Alters an. Denn die biblischen Geschichten greifen menschliche Grunderfahrungen auf: die Frage nach dem Ursprung der Welt, die Angst vor Fluten und Meeresstürmen, den Respekt vor den Naturgewalten des Meeres, das Angewiesensein auf Schutz vor höherer Gewalt.

Übung 10: Meeresgottheiten

Charakter: künstlerischer Ausdruck

Ort: markanter Ort an einem Gewässer, zum Beispiel Flussmündung, Stromschnelle, Steilküste oder Meeresbucht

Alter: geeignet für alle Altersgruppen

Gruppengröße: beliebig

Material: Karten mit jeweils einem Zitat, Papier, Mal- und Zeichenutensilien

Anleitung: Lesen Sie die Beschreibungen der bekannten Meeresgötter aus den alten Sagen. Überlegen Sie, wie Sie selbst das Meer darstellen würden, wenn Sie es als Person mit menschlichen Zügen gestalten würden. Suchen Sie sich dafür eine künstlerische Ausdrucksform.

Bekannte Meeresgottheiten

Neptun, der römische Meeresgott, wird häufig mit einem Dreizack dargestellt, mit dem er Felsen spalten und Quellen entspringen lassen konnte. Ursprünglich war er der Gott der fließenden Gewässer, ab dem fünften Jahrhundert auch der Gott des Meeres. Er galt als Schutzherr über die Seefahrer und Herr über Sturm und Flaute. Er wohnte in einem prächtigen unterseeischen Palast, der Schutz vor den Göttern auf dem Olymp bot. Die meisten seiner Kinder waren Meeresungeheuer, die über Zauberkräfte verfügten. In der Kunst wird er häufig als nackter bärtiger Mann dargestellt, der auf einem Pferd oder Meeresungeheuer reitet. 1846 wurde der achte Planet des Sonnensystems nach ihm und die Monde nach seinen Kindern benannt.

Ozeanos, der älteste griechische Meeresgott, zeugte nach der Überlieferung mit der Göttin **Tethys** die Flussgötter und Quellnymphen, von denen alle Gewässer abstammen. Eine Statue von Ozeanos schmückt den wohl berühmtesten Brunnen der Welt, den barocken Trevi-Brunnen in Rom. Dargestellt ist der Meeresgott auf einer Muschel stehend, die von zwei Pferden gezogen wird. Flankiert wird er von zwei Statuen, die den Überfluss und die Heilkraft des Wassers darstellen.

Poseidon, der oft auf einem Streitwagen dargestellt wird, der von Pferden oder überdimensionalen Seepferdchen gezogen wird, ist der bekannteste griechische Meeresgott. Seine Brüder sind der Himmelsgott Zeus, sowie Hades, der Gott der Unterwelt. Bei guter Laune erschuf Poseidon neue Inseln und sorgte für ruhiges Seewetter, war er grimmig, ließ er Erdbeben, Seestürme und Überschwemmungen über die Menschen kommen. Um sein Wohlwollen zu erlangen, wurden ihm zumeist Pferde geopfert. Nach seiner Frau, der schönen Meeresnymphe **Amphitrite**, ist der 1854 entdeckte Asteroid mit der Nummer 29 benannt. Sie galt als Herrscherin des Meeres.

Ägir, ein Riese, war in der germanischen und nordeuropäischen Sagenwelt sowohl der Gott des Meeres wie auch das Meer selbst. Ägir galt als Freund der Götter, während seine Frau **Ran** über das Totenreich der Ertrunkenen am Grund des Meeres herrschte. Nach nordischem Brauch mussten ihnen Seefahrer vor jeder Reise ein Stück Gold opfern, um vor Unglücken bewahrt zu werden. Zusammen hatten Ägir und Ran neun wilde und unzähmbare Töchter, die jeweils eine besondere Meereswelle darstellen: Himinglära, die Himmelsglänzende, Duffur, die Tiefe, Blodighalla, die mit blutigem Haar, Hefring, die sich Hebende, Unnur, die wehende Welle, Hrönn, der Wellensog, Bylgja, die große Welle, Dröfn, die Welle und Kolga, die Kalte. Dargestellt werden sie als wilde Meerjungfrauen, ihre Mutter Ran mit einem Fischernetz umschlungen.

Anstöße zum Nachdenken:
- menschliche Züge in der Natur
- das Meer in künstlerischen Darstellungen
- Ursprung und Wirkungen alter Sagen und Legenden
- Grenzen zwischen Ein-Gott- und Viel-Gott-Glaube
- Verbindungen zwischen Himmel und Erde, Meer und Sternen

Erfahrungen: Der Phantasie sind bei dieser Übung keine Grenzen gesetzt. Gerade Kinder stellen Gegenstände oder Naturphänomene gerne als Personen dar. Wichtig ist es in jedem Fall, zwischen den überlieferten Legenden und religiösen Überzeugungen zu unterscheiden.

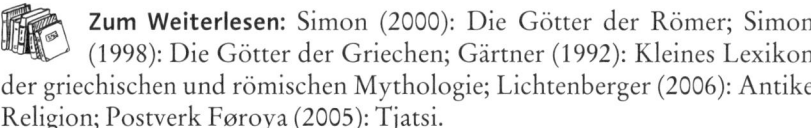 **Zum Weiterlesen:** Simon (2000): Die Götter der Römer; Simon (1998): Die Götter der Griechen; Gärtner (1992): Kleines Lexikon der griechischen und römischen Mythologie; Lichtenberger (2006): Antike Religion; Postverk Føroya (2005): Tjatsi.

Übung 11: Sagen des Seelandes

Charakter: Besinnungsübung

Ort: markanter Platz an der Meeresküste

Gruppengröße: bis ca. 15 Personen

Alter: ab ca. 15 Jahren

Material: Karten mit jeweils einem Zitat

Anleitung: Lesen Sie die Texte in Ruhe. Überlegen Sie, welcher Gedanke Sie aus dieser fremdartigen Lebenswelt besonders anspricht. Tauschen Sie sich mit Anderen aus.

Hintergrund: Die Bewohner der Inseln in der Torres-Straße, der Meerenge zwischen der Nordostspitze Australiens und Papua-Neuguinea, bilden eine eigene Bevölkerungsgruppe. Die rund 8000 Menschen sind vorwiegend melanesischer Herkunft, ihre Vorfahren wanderten zum Großteil aus dem Südseeraum ein. Archäologen haben in jüngster Zeit 2500 Jahre alte menschliche Siedlungen nachgewiesen. Ihren Namen hat die Inselgruppe vom spanischen Seefahrer Luis Vaez de Torres, der 1606 als einer der ersten Europäer die Meeresstraße befuhr. Insgesamt sind heute siebzehn Inseln der Torres- Straße bewohnt.

Weltweit bekannt wurden die Menschen in den achtziger Jahren durch ihren Kampf für die Rechte an ihrem Land. Wobei sie unter Land nicht nur die Inselgrundstücke verstehen, sondern das gesamte Seeland. Dies schließt neben den Inseln auch riesige Gewässerflächen zwischen den Inseln mit ein, insgesamt rund 42.000 Quadratkilometer. Nach der spirituellen Überlieferung der Insulaner gehört ihnen nicht nur das Land, sondern zu ihrem Eigentum gehören auch die Riffe und Sandbänke, das Wasser und der Wind, das Seebett und der Untergrund. Im Jahr 1993 entschied der Oberste Gerichtshof Australiens, den Insulanern sämtliche Rechte an ihrem angestammten Land samt großer angrenzender Gewässerflächen zu übertragen. Damit wurde einer Gruppe Ureinwohnern des Kontinents in der australischen Rechtsprechung zum ersten Mal überhaupt ein sehr weit reichendes Eigentumsrecht zugestanden.

Über die Meerenge zwischen Asien und Australien, die in der Frühgeschichte noch eine Landbrücke bildete, wanderten die Vorfahren der Aborigines auf den fünften Kontinent ein. Im Laufe der Jahrtausende senkte sich das Land ab, große Flächen wurden überflutet, nur einige Inseln ragen seither aus der See. Die Mythologie der Insulaner ist geprägt von der Beobachtung, wie Land zu Meer wurde. Achtzig verschiedene Begriffe gibt es in ihrer Sprache für die feinen Unterschiede zwischen Ebbe und Flut, wie die australische Anthropologin Nonie Sharp berichtet, die seit mehr als 25 Jahren die Sprache und Kultur der Torres-Strait-Insulaner studiert (Kennedy u. a. 2002).

Im Volksglauben dieser Region spielen spirituelle Wesen eine wichtige Rolle. Jeder Mensch hat ein sogenanntes mári. Dieses Geistwesen ist sichtbar im Schatten und bei einer Spiegelung im Wasser. Es kann nachts im Traum weite Reisen unternehmen. Wenn ein Mensch gestorben ist, bleibt sein mári noch eine Weile in der bisherigen Umgebung und geht nach einer Weile auf einer Insel im Westen, in Richtung Sonnenuntergang, ins Totenreich ein. Gelegentlich zeigt es sich den Lebenden und ist an unerklärlichen Geräuschen in der Natur erkennbar.

Legenden des Seelandes

Steine im Meer

Auf den Inseln des Seelandes und im Meer um sie herum stehen viele bizarre Felsen. Viele Legenden ranken sich um diese Steinformationen, die als verstorbene Menschen oder andere Lebewesen gedeutet werden.

Kamutnab war die erste und wichtigste Frau des Chefs der kleine Felseninsel Pulu nahe der Hauptinsel Mabuiag. Weil sie ihrem Mann Kaumain beim Rasieren das Doppelkinn abgeschnitten hatte, befahl er ihr, die Insel zu verlassen. Sie nahm ihre Kinder und schritt mit ihnen hinaus ins flache Wasser. Nicht weit vom Strand verwandelten sie sich in große Steinblöcke. Genauso erging es Kaumain und seinen restlichen Frauen, die steinern an der Südküste der Insel stehen und zu Kamutnab und ihren Kindern hin blicken, die sich im Meer niedergelassen haben.

Reise im Bauch des Fisches
Ein in vielen Kulturen wiederkehrendes Motiv ist die Reise eines Menschen im Bauch eines gewaltigen Fisches. Offensichtlich spiegelt sich darin der Respekt der Menschen vor den großen Lebewesen des Meeres.

Mutuk, ein ausgezeichneter Jäger und Fischer von der Insel Badu, fischte eines Tages auf dem Riff. Als ein großer Fisch an der Angelschnur zog, fiel er wegen des Rucks ins Wasser, geradewegs in das Maul eines riesigen Tigerhais. Im Bauch des Fisches war es sehr dunkel und Mutuk konnte nichts sehen. Als der Hai ins tiefe Wasser schwamm, wurde es Mutuk kalt, als er über Korallenriffe schwamm, wurde es ihm warm. Nach einigen Tagen strandete der Hai auf einer Sandbank und wälzte sich in Todesangst hin und her, um sich wieder zu befreien. Mutuk nahm eine scharfe Muschelschale und schnitt sich aus dem Magen heraus. Bald erblickte er das Tageslicht und konnte sich aus dem Bauch des Riesenfisches befreien. So landete er auf der Insel Boigu.

Das Kreuz des Südens
Sternbilder werden von den Menschen des Seelandes vielfach als verwandelte Lebewesen oder Gegenstände gedeutet. So bildet das Kreuz des Südens nach der Überlieferung ein Zauberkanu, das samt Besatzung aus einer aufs Meerwasser geblasenen Feder entstanden ist.

Tagai, ein Mann von einer unbekannten Insel in der Torres-Straße, ist am südlichen Nachthimmel zu sehen. Er steht mit einem Speer in der Hand im Kanu und hält Ausschau nach Fischen. Seine linke Hand ist das Kreuz des Südens.

Erschaffung des Seelandes
Durch die räumliche Nähe zu Papua-Neuguinea haben viele Legenden der Bewohner der Torres-Straße mit der großen nördlichen Nachbarinsel zu tun. Sogar Gott selber kam in ihrer Vorstellung von dort.

Der Meeresgott Malo kam von Neuguinea in das Seeland zur Insel Maer. Er hatte unterschiedliche Gestalten, zuletzt die eines Tintenfisches. Die acht Klans der Insel wuchsen aus seinen Tentakeln. Seine Augen leuchten als Sterne am Himmel und helfen bei der Orientierung auf dem Meer.

Schutz des Ahnenwesens auf dem Meeresboden
Das mächtigste Schöpferwesen der Traumzeit in der Vorstellungswelt der australischen Ureinwohner ist die Regenbogenschlange. Sie verkörpert viele Phänomene in der Natur wie Regenbogen, Blitz, Strudel oder die Milchstraße. In vielen Legenden gilt sie als Erschafferin des Wassers, der Landschaft, der Lebewesen und der Sterne.

Die Regenbogenschlange lebt im Wasser, am Meeresgrund oder in Wasserlöchern. Der Zorn der Regenbogenschlange wird erregt, wenn jemand unerlaubterweise in ihr Territorium eindringt oder es verschmutzt. Verbotenerweise aus einem ihrer Wasserlöcher zu trinken oder rituell Unreines wie Knochen und Fleisch ins Meer zu werfen, reicht aus, damit die Regenbogenschlange einen mächtigen Sturm entfacht und sich die Seele des Übeltäters holt. Jeder hat die Pflicht, das Territorium der Ahnen zu bewahren. Fremden wird deshalb der Zugang zu den spirituellen Orten verwehrt.

Meer als Urgrund allen Lebens
Ähnlich dem christlichen Schöpfungsglauben (Gen 1, 2) steht auch bei den Bewohnern der Torres-Straße das Meer am Anfang der Schöpfung.

Aus dem Meer ist alles Leben entstanden. Es ist die Schöpferin allen Lebens und die Quelle des Glaubens. Das Seeland gehört dem Volk. Wasser, Wellen, Winde, Tiere, Pflanzen und Geschichten gehören zu den Bewohnern der Torres-Straße.

Geistfrauen des Meeresgrundes
Die Erfahrung, dass sich die Landbrücke zwischen Australien und Neuguinea im Laufe vieler Jahrtausende absenkte, spiegelt sich in den Legenden der Inselbewohner wider. Sie sind überzeugt, dass auch am Meeresgrund menschenähnliche Geister leben, die mit den Landbewohnern in Kontakt treten.

Ein Mann auf der Insel Ugar wurde eines Tages bei der Gartenarbeit von zwei Geistfrauen besucht und sie liebten sich. Die Frauen luden ihn ein, mit ihnen zu ihrem Haus unter Wasser in der Meerenge der Crab Passage zu gehen und dort zu leben. Der Mann sagte zu und so liefen die drei auf eine Sandbank hinaus und tauchten am Rand des Riffes ins tiefe Wasser ein. Die Frauen nahmen ihn mit zu einem unterseeischen Wäldchen mit Kokospalmen, in dem sich riesige Klaffmuscheln befanden, die für die Menschen Gesundheit und Wohlbefinden darstellen. Die Inselbewohner suchten den Mann überall, und als sie ihn nirgends fanden, beleidigten sie die Geister, die ihn fortgebracht hatten. Eine alte und weise Frau lief zur Meerenge, um mit den Geistfrauen über die Heimkehr des Mannes zu verhandeln. Und so brachten sie ihn auf dem gleichen Weg wieder zurück. Er hatte Muscheln, Korallen und Seeanemonen an seinen Füßen (vgl. Lawrie 1969).

Anstöße zum Nachdenken:
- Festland – Seeland
- Einheit von Menschen, Land, Meer, Wind, Legenden und Ahnen
- Leben im Zwischenraum, zwischen Kontinenten, Völkern und Religionen
- für scheinbar aussichtslose Rechte kämpfen
- Respekt vor fremden Kulturen, Religionen und Lebensgewohnheiten
- die Enden der Welt im Blick haben

Erfahrungen: Wichtig ist bei dieser Übung, genauso wie bei anderen Übungen mit Gedanken aus fremden Kulturen, dass die Leitungspersonen die Vorstellungswelt der Ureinwohner kennen oder sich zumindest einige Zeit damit beschäftigt haben.

Zum Weiterlesen: Interessierte werden fündig auf der Internet-Homepage der Inselverwaltung Torres Strait Regional Authority (2006): Welcome to the Torres Strait. Lesenswerte Reportagen über die aktuelle Lebenssituation der Bewohner der Torres-Straße liefern Wiedemann (2005): Wir sind Seeland; Kennedy (2002): Seadreaming. Umfangreiche Sammlungen von Legenden bieten Lawrie (1969): Myths and Legends of Torres Strait; Laade (1974): Das Geisterkanu; Löffler (1994): Australische Märchen; Sharp (2002): Saltwater People. Details und Hintergründe über das zentrale Wesen der Traumzeit, die Regenbogenschlange, beschreibt Kahler (1998): Die Regenbogenschlange.

Fels

Beim Unterwegssein in der Natur sind Felsen klare Wegpunkte; deshalb voraus zwei Erlebnisse von einer Wanderung mit einer Jugendgruppe in Schweden:

Am Ende einer langen Tagesetappe bricht langsam die Dämmerung herein. Die Gruppe ist nach einer Woche wandern erschöpft. Nur noch einen See gilt es bis zum Tagesziel zu umrunden. Da wird der Weg am Ufer plötzlich durch ein Felsmassiv versperrt. Steil fällt die Felswand in den See. Zu Fuß gibt es kein Durchkommen. Schwimmend erkunde ich zusammen mit einem Jungen den weiteren Uferverlauf. Aber ein Umsetzen der schweren Rucksäcke mit Proviant und technischen Geräten ist über das Wasser zu riskant. Enttäuscht muss die ganze Gruppe weit außen um das Felsmassiv herumlaufen. Erst nach Einbruch der Dunkelheit erreichen wir den angepeilten Bauernhof jenseits des Felsmassivs. Eine überraschte Bäuerin empfängt uns gastfreundlich und erzählt uns von ihrem Leben mit See und Felsen.

Zum Schluss der mehrwöchigen Wanderung erreicht unsere Gruppe die schwedische Schärenküste. Unschlüssig suchen wir einen günstigen Lagerplatz für die letzten Tage bis zur Heimfahrt. Nach kurzer Beratung fällt die Entscheidung auf einen großen Granitfelsblock mit wunderbarem Blick aufs Meer. Der Fels hat die Sonnenwärme des Tages noch lange gespeichert und fühlt sich auch noch nach Einbruch der Dämmerung warm an. Ohne Zelt campieren wir einige Tage auf diesem Felsen, betrachten stundenlang den sternenklaren Nachthimmel, schauen am Morgen weit hinaus aufs Meer und die vorgelagerten Inseln, feiern und beten gemeinsam auf unserem Felsen. So wie uns ein Fels zu Beginn der Wanderung neue Wege aufgezwungen hat, so beendet eine Begegnung mit einem Felsen unsere Reise. Obwohl sehr verschieden in ihrer Wirkung haben uns beide Felsen geprägt. Und jeder der beteiligten Jugendlichen erinnert sich noch Jahrzehnte später an diese beiden Felsen und seine eigenen Empfindungen.

Naturraum Fels

Felswände, Felstürme, Gesteinsformationen von eindrucksvoller Masse und Gestalt sind Symbole für gewaltige Macht. Ob Mittel- oder Hochgebirge, jede Region hat für Kletterer und Bergsteiger ihre markanten Felsen: die Eiger-Nordwand in den Berner Alpen, den El Capitan im kalifornischen Yosemite Valley, die Colodri-Ostwand im norditalienischen Klettergebiet von Arco unweit des Gardasees oder den Röthelfels im nördlichen Frankenjura. Wanderer suchen die Nähe schöner Felsen und umrunden sie. Kletterer suchen die schönsten Linien vom Felsfuß zum Felskopf. Vogelschützer beobachten und überwachen die hoch gelegenen Niststätten von Greifvögeln. Touristikmanager führen Felsfreilegungen in Mittelgebirgen durch, um Gästen einen Blickfang zu bieten.

Im Sprachgebrauch ist ein Fels eine feste Gesteinsmasse, die einen Menschen überragt. Kleine Gesteinsbrocken werden als Steine bezeichnet, sehr große Gesteinsmassen als Berg oder Gebirge. Felsen sind also Gestalten der Natur, die der Mensch durch das Verhältnis zu seiner eigenen Größe bestimmt. In offener Landschaft freiliegende Felsen bilden einen markanten Blickfang und werden als Findlinge bezeichnet.

Mit Felsen verbinden Menschen häufig Stärke, Beharrlichkeit und unerschütterliche Festigkeit. Das Wort kommt in vielen Redewendungen vor. Auch die Bibel und die Schriften anderer Weltreligionen kennen Felsen als Schauplatz von Handlungen oder im übertragenen Sinne als Sinnbild für Stärke. Im Griechischen bedeutet „petra" Fels. Jesus nennt den Apostel Petrus den Felsen, auf dem er seine Kirche aufbauen wird.

Einige Pflanzenarten haben sich im Laufe der Evolution in ihrer Lebensweise auf den extremen Lebensraum an Felsen eingestellt. Algen, Moose und Flechten kommen mit geringen Mengen Wasser aus, das sie auch aus Morgentau und Nebel aufnehmen können. Farne, Felsenblumen und Felsgräser nutzen kleinste Mengen Feinerde, um sich mit ihren Wurzeln zu verankern und Mineralien aufzunehmen. Felsenbirne und Kletterpflanzen wie der Efeu besiedeln auch höhere Felswände. Eine außergewöhnliche Erscheinung ist auf die letzte Eiszeit zurückzuführen. Typische Hochgebirgspflanzen wie stahlblaues Berggras oder sehr selten auch das Edelweiß sind auch an freistehenden Mittelgebirgsfelsen erhalten geblieben. Die eiszeitlichen Gletscher drängten die hochalpine Pflanzen- und Tierwelt in tiefer liegende Regionen. Nach dem Rückzug der Gletscher ins Hochgebirge kom-

ten sich einige Arten auf freistehenden Felsen halten, wo sie nicht vom Wald und standorttypischen Pflanzen überwuchert werden konnten. Nicht wenige Kletterer glauben zunächst an eine Sinnestäuschung, wenn sie im Fränkischen Jura plötzlich ein Edelweiß vor ihrer Nase erblicken.

Die Anpassungsmechanismen der felstypischen Pflanzen sind vielfältig. Weißer Mauerpfeffer und stahlblaues Berggras haben eine dicke, wachsartige Oberfläche und eine stäbchenartige Blatt- bzw. Grasform mit geringer Verdunstungsfläche, um Flüssigkeitsverlust zu vermeiden. Der kleine Streifenfarn und das immergrüne Felsenblümchen siedeln in kleinen Spalten mit geringsten Mengen Feinerde. Die Krustenflechte kann bei Trockenheit ihre Vitalfunktionen auf ein Minimum reduzieren und übersteht so heiße Sommer und trockene, kalte Winter. Zudem kann sie bestimmte Gesteinsarten auflösen und sich dadurch mit Mineralien versorgen. Sie wächst in den Fels hinein.

Der Lebensraum Fels lässt sich, bezogen auf die Tierwelt, kaum von der natürlichen Umgebung getrennt betrachten. Der Siebenschläfer etwa, der seine Nester auch in Spalten und Löchern an steilen Felswänden baut, bewohnt ebenso Obstgärten und Parkanlagen. Einige Vogelarten bevorzugen Felsen als ihren Lebensraum, brüten aber auch auf Bäumen, Türmen oder in Ruinen. In den deutschen Mittelgebirgen sind dies besonders Wanderfalke, Uhu, Dohle und Kolkrabe. Im Hochgebirge kommen weitere Arten wie Steinadler und Bergkrähe hinzu. Fledermäuse nutzen Felsspalten häufig als Sommerquartiere.

Der vermehrte Besucherandrang in Felsgebieten führte besonders ab den achtziger Jahren vielerorts zu heftigen Auseinandersetzungen zwischen Naturschützern und Nutzern, allen voran den Kletterern. Inzwischen haben sich die Betroffenen auf Zonenregelungen verständigt, die Felsen in Bereiche einteilt, in denen der Zugang entweder völlig verboten, teilweise gestattet oder frei möglich ist.

Steine und Felsen erscheinen auf den ersten Blick als unbelebte Materie. Aber beim genauen Betrachten fällt sofort auf, dass viele Pflanzen und Tiere das Gestein besiedeln. Selbst unwirtliche Zonen sind keinesfalls frei von Organismen. Algen und Flechten können sogar die Unterseite von Überhängen besiedeln, an denen nie ein Tropfen Wasser hingelangt. Die Luftfeuchtigkeit reicht aus, um ihren Flüssigkeitsbedarf zu decken. Aber auch das Gestein selbst ist bei genauerer Betrachtung vielfach aus lebenden Organismen entstanden. Kalkstein ist eine Ablagerung von Schwämmen, Korallen, Schnecken, Tintenfischen und anderen Kleinstlebewesen der Vorzeit. Im Laufe von Jahrtausenden haben sich die abgestorbenen Organismen am Boden bzw. Meeresgrund abgesetzt. Nur noch die Kalksubstanz blieb erhalten. Viele Meter dicke Schichten verfestigten sich zum Kalkgestein. Wird der naturgeschichtliche Bogen weiter gespannt, ist auch daran zu denken, dass das Kalkgestein durch Erosion wieder abgetragen wird.

Feine Mineralienreste verbinden sich mit organischem Material. Neues Leben, auch Menschliches, kann daraus entstehen. Der Kreis schließt sich. Felsen sind in keinem Fall tote Materie. Sie stehen in einem erdgeschichtlich sehr langen Kreislauf.

Erlebnispädagogische Aktivitäten am Fels

Erfahrungen im Naturraum Fels – sportliche, ökologische und auch spirituelle – kann man auf vielerlei Weise sammeln. Eine perfekte Sicherheitsausrüstung vom Zwillingskletterseil bis zum Karabinersortiment und eine bergsportliche Ausbildung mögen hilfreich sein, sind aber keinesfalls zwingende Voraussetzung für die Erkundung dieses markanten Naturraums. Wissbegieriges Erkunden und das klassische Medium Wandern können ungeahnte Einblicke bieten. Vor einem Wärme abstrahlenden Felsen an einem Sommerabend zu lagern oder auf einem Findlingsblock unter freiem Himmel zu schlafen, kann tiefere Erfahrungen ermöglichen, als ein hartes Durchreißen einstudierter Kletterbewegungen, das den Felsen zum austauschbaren Sportgerät reduziert. Bewusstes Wahrnehmen der Gesteinsstrukturen sowie achtsames Umgehen mit Pflanzen und Tieren sind entscheidend, soll der Naturraum in seiner Ganzheit erlebt werden. Andererseits eröffnen bergsportliche Spielformen, sinnvoll und behutsam eingesetzt, gerade auch Unerfahrenen neue Dimensionen der Wahrnehmung.

Klettern ist eine angeborene Urform des Fortbewegens, wie Laufen oder Schwimmen. Wer Kindern beim Klettern auf Felsblöcken, in Bäumen oder auf Gerüsten zusieht, kann die Grundtechniken der Reibungs-, Riss- und Gegendruckkletterei erkennen, die Erwachsene in Kursen langsam wieder erlernen. Mit Gurt, Karabiner und Seilsicherung eröffnen sich neue Naturräume im steilen, unwegsamen Gelände. Ziel ist eine Anpassung der Körperbewegung an die vorgefundene Felsstruktur. Technische Hilfsmittel wie Haken oder Trittleitern sind nur zur Absicherung erlaubt, nicht für die Fortbewegung des Kletternden. Das Schlagen künstlicher Griffe oder Tritte ist selbstverständlich tabu.

Spirituelles Potential hat das Klettern mit Sicherungspartner durch die persönlichen Grenzen, an die der Mensch stößt. Körperliche Kraft und koordinatives Geschick müssen mit Mut und psychischer Stärke in Einklang gebracht werden. Die Ausgesetztheit in luftiger Höhe, der ungewohnte Anblick eines Abgrunds, Angst vor großer Höhe, die potentielle Gefahr, sich bei einem Sturz zu verletzen oder gar zu Tode zu kommen, können existentielle Ängste und Gedanken zum Vorschein bringen. Eine umso stärkere Intensität und Erlebnisqualität hat diese Verbindung von sportlicher und psychischer Herausforderung. Flow hat der amerikanische Psychologe Mihaly Csikszentmihalyi (2005) dieses Glücksgefühl genannt, das sich bei einer sehr intensiven Tätigkeit einstellen kann: das Vergessen von Zeit und Raum, die bedingungslose Konzentration auf das Unterwegssein in der Vertikalen. Von dieser Erlebnisqualität ist es nur ein kurzer Weg zur spirituellen Erfahrung, wenn ein Mensch offen dafür ist.

Während das Klettern zunächst eine individuelle Erfahrung ist, angereichert durch das bedingungslose Vertrauensverhältnis zum Sicherungspartner, bietet die Begehung eines Klettersteigs in einer Gruppe weitere Dimensionen des Erlebens. Die Stellung jedes Einzelnen zur Gesamtgruppe kommt ins Spiel. Am Stahlseil des Klettersteigs entlang ist die Gruppe auf das Leistungsvermögen und Tempo ihres schwächsten und langsamsten Glieds angewiesen. Der natürliche Gruppendruck kann heilsam und befreiend, aber auch entmutigend und belastend sein, und zwar sowohl für den Einzelnen wie für die Gruppe.

Für das Abseilen an Felsen oder künstlichen Wänden ist im Gegensatz dazu fast gar keine sportliche Begabung erforderlich. Es zählen nahezu ausschließlich Überwindung, Mut und Selbstvertrauen. Da die körperliche Anstrengung kaum eine Rolle spielt, kommen die inneren Vorgänge im Menschen in einer ganz anderen Intensität und Qualität zum Vorschein. Überwiegt die Lust an der Herausforderung häufig noch bis wenige Minuten vor dem Abseilen, so wächst das Fluchtbedürfnis mit jedem Meter, mit dem man sich dem Abgrund, der Abseilstelle nähert. Viele Menschen erleben einen großen inneren Zwiespalt, sind hin und her gerissen in einer Art Angst-Lust. Interessant ist besonders die Phase vor der eigentlichen Aktion des Abseilens. Abgesehen von erfahrenen Kletterern oder Hochseilarbeitern unterscheiden sich Menschen in erster Linie durch die persönlich sehr unterschiedliche Art der Verarbeitung dieser Situation. Wobei sich die Anspannung nach dem Scheitelpunkt des Zurücklehnens über den Abgrund in aller Regel kontinuierlich abbaut. Nach einigen Abseilmetern stellt sich oftmals ein Gefühl der Kontrolle über die zunächst beängstigend erscheinende Situation ein. Die Selbstsicherheit wächst mit jedem Stück in Richtung sicherer Grund. Tiefe Empfindungen der Befreiung und Erfolgserlebnisse, den „inneren Schweinehund" überwunden zu haben, können zu Tage kommen. Zeit und Raum werden relativ.

Eine eher gegensätzliche Spielform dazu ist das Klettern an kleinen Felsen ohne Seil und andere Sicherungsgeräte, das sogenannte Bouldern. In Absprunghöhe, höchstens von einem aufmerksamen Partner im Rücken oder einer kleinen Matte abgefedert, steht ausschließlich die Lust an der Bewegung am Fels im Mittelpunkt. Von Kindern seit jeher spielerisch praktiziert, hat sich diese Form des Felskletterns zunächst als Trainingsform für Sportkletterer etabliert. Inzwischen gibt es eigene Wettkämpfe und Meisterschaften, zumeist noch in Anbindung an klassische Wettkämpfe im Schwierigkeitsklettern. Die Ausrüstung besteht bei versierten Sportlern lediglich aus Kletterschuhen und Magnesia-Beutel; Anfänger wie Kinder

Abb. 8: Abseilen am Staffelberg. Der Berg ist seit dem 6. Jahrhundert v. Chr. besiedelt und zieht die Menschen in der Umgebung seit jeher in besonderer Weise an.

kommen ohne alles aus. Bevorzugtes Ziel europäischer Boulder-Begeisterter ist die Kleinstadt Fontainebleau südlich von Paris. Eine riesige Zahl an Felsblöcken überschaubarer Größe in einer sandigen Gegend laden ein, der Schwerkraft zu trotzen und das persönliche Bewegungsbedürfnis in vollen Zügen auszuleben. In Deutschland haben sich die Anhänger dieser Kletterdisziplin in einer gemeinsamen Übereinkunft selbst verpflichtet, auf die Veröffentlichung der Boulder-Felsen zu verzichten. Hintergrund ist die vorausschauende Vermeidung von Konflikten mit Bauern, Jägern und Naturschützern. In der Freikletterszene konnten sich die Beteiligten vielerorts erst nach jahre- und jahrzehntelangen mühseligen Verhandlungen auf einen von allen Seiten getragenen Kompromiss verständigen. Das spirituelle Potential natursportlicher Aktionsformen am Fels zeigt Tabelle 3.

 Zum Weiterlesen im Internet: Eine Informationssammlung zu deutschen Klettergebieten bietet www.dav-felsinfo.de.

Tabelle 3: Aktionsformen am Fels

	Charakter	Spiritueller Bezug
Felsklettern	– angeborene Urform des Fortbewegens – Anpassung der Körperbewegung an die vorgefundene Felsstruktur	– existentielle Ängste und Gedanken aufgrund der Gefahr in großer Höhe – Konzentration auf eine sehr intensive Tätigkeit; Vergessen von Zeit und Raum
Klettersteig	(zusätzlich zum Klettern:) – dem Druck der Gruppe standhalten – schwächstes Mitglied als Maßstab für die ganze Gruppe	– Urform einer Gemeinschaft, die sich auf einem teils beschwerlichen Weg gegenseitig stützt
Abseilen	– Mut, Selbstvertrauen, Überwindung – Angst-Lust spüren – psychische Herausforderung annehmen	– äußere und innere Abgründe bewältigen – Tiefe ausloten
Bouldern	– Klettern an kleinen Felsen ohne Sicherung – Freude an der Bewegung – Kraft und Koordination	– Einheit von Körper und Felsstruktur – Bewegungsfluss, Kraftströme – Sicherheit durch innere Kraft

Übung 12: Vom Felsfuß zum Felskopf

Charakter: Wahrnehmungsübung, Form und Gestalt des Felsens auf sich wirken lassen

Ort: auffallende Felsformation, wie freistehender Findlingsblock, Felslabyrinth, markanter Felsturm oder steile Schlucht

Alter: mit altersgerechter Anleitung geeignet für alle Altersgruppen

Gruppengröße: bis ca. 15

Material: –

Anleitung: Betrachten Sie die Felsformation genau. Lassen Sie den Gesamteindruck auf sich wirken. Nehmen Sie nach einiger Zeit auch Einzelteile bewusst wahr. Lassen Sie Ihre Phantasie spielen. Woran erinnert Sie die Gestalt in Form, Farbenspiel, Lichtreflexen, Flächen, Linien und Schattierungen? Welche inneren und äußeren Bilder verbinden Sie mit diesen Formen? Welche Namen würden Sie diesem Fels geben?

Hintergrund: In allen Zeiten und Kulturen haben Menschen Felsformationen mit Namen versehen oder ihre besondere Form genutzt: den Rabenstein oder den Hohenfels als Fundament für Burgen und Klöster, einzelne Felsblöcke als Tauf- oder Opferstein. Mythische Geschichten und Lebenserfahrungen ranken sich um Orte wie Totenstein oder Walpurgisberg. Felsen wirken als Symbole von Macht und Stärke.

Anstöße zum Nachdenken:
- Mythische Ausstrahlung: Hat der Fels eine emotionale Wirkung auf mich?
- Innere Bilder: Woran erinnert mich der Fels? Sehe ich spielerische, literarische, religiöse Bezüge?
- Namen: Welchen Namen würde ich dem Felsen geben?
- Eindruck und Ausdruck: Lassen sich meine inneren Bilder kreativ ausdrücken? In einem Gedicht, einem Bild, einem Musikstück oder einem Landschaftskunstwerk?

Erfahrungen: Besonders Kinder haben bei dieser Übung viel Phantasie, da sie sich Gegenstände oder Naturphänomene oftmals als Personen vorstellen.

Übung 13: Felsklettern im Flow

Charakter: Körper- und Bewegungsübung; eine unbekannte Kletterroute in der Nähe der eigenen Leistungsgrenze „on sight" klettern, das heißt in einem Zug ohne Ruhepausen

Ort: landschaftlich reizvolle Kletterroute, im Schwierigkeitsgrad eher unterhalb der persönlichen Leistungsgrenze

Alter: mit altersgerechter Anleitung geeignet für alle Altersgruppen

Gruppengröße: bis ca. 8 Personen

Material: Kletterausrüstung

Anleitung: Suchen Sie sich eine Kletterroute an einem Felsen, der Sie persönlich anspricht. Als Anfänger brauchen Sie dazu natürlich einen erfahrenen Seilpartner. Als Fortgeschrittener werden Sie keine Mühe haben, eine herausfordernde Route auszuwählen.

Versuchen Sie, die Route ganz bewusst zu klettern. Berühren Sie den Stein ganz vorsichtig. Setzen Sie Füße und Hände auf jeden Griff und jeden Tritt einzeln und behutsam. Achten Sie auf Form und Beschaffenheit des Gesteins, auf Pflanzen und Tiere auf dem Weg nach oben. Spüren Sie in Ihren Körper hinein. Achten Sie auf Anspannung und Entspannung Ihrer Muskeln und Ihrer Psyche. Atmen Sie bewusst. Stellen Sie den Fluss Ihrer Bewegungen auf die Gegebenheiten der Kletterroute ab.

Hintergrund: Klettern am Limit erfordert maximale Konzentration und Mobilisierung aller Kraftreserven. Gerade für wenig Erfahrene ist die Angst vor der ungewohnten Höhe und Ausgesetztheit, das mangelnde Vertrauen in Sicherungspartner und Ausrüstung ein großer Hemmschuh. Aus diesem Grund empfiehlt sich ein Schwierigkeitsgrad, der noch Muße für eine bewusste Wahrnehmung der Umgebung lässt.

Anstöße zum Nachdenken:
- Angst-Lust wahrnehmen
- ungewohnte Muskeln und Kraftreserven spüren
- sich ganz auf den Fels einstellen, seine Oberflächenstrukturen erfassen und in Einklang mit den eigenen sportlichen Fähigkeiten bringen

Abb. 9: Vertrauen in sich selbst und das Material am Höhenglücksteig im östlichen Frankenjura

- volle Konzentration, voller Krafteinsatz, Koordination von Muskeln, Sinnesorganen und Psyche
- tiefe Befriedigung spüren, „Leben in Fülle"

Erfahrungen: Auch für geübte Kletterer kann diese Form der langsamen und behutsamen Fortbewegung in einer Kletterroute eine neue Erfahrung sein.

 Zum Weiterlesen: Csikszentmihalyi (2002): Flow; Csikszentmihalyi (2005): Das Flow-Erlebnis; Csikszentmihalyi/Jackson (2000): Flow im Sport.

Übung 14: Felsgedanken

Charakter: Assoziationsübung

Ort: leicht zugänglicher Fels, an dem keine direkte Absturzgefahr droht

Alter: mit altersgerechter Anleitung geeignet für alle Altersgruppen

Gruppengröße: bis ca. 15

Material: Karten mit jeweils einem Sinnspruch

Anleitung: Lesen Sie sich die Sinnsprüche in Ruhe durch. Wählen Sie einen Text aus, der Sie besonders anspricht. Lassen Sie den Text auf sich wirken. Machen Sie sich die Eindrücke bewusst, die in Ihnen an diesem Ort in der Natur geweckt werden.

Eindruck und Ausdruck stehen in einem engen Zusammenhang. Erzählen Sie anderen Menschen von Ihren Gedanken oder suchen Sie eine kreative Ausdrucksform dafür.

Für Gruppen empfiehlt es sich, die kurzen Texte auf jeweils eine Karte zu schreiben und an einem Fels zu platzieren. Zusätzlich sollten einige leere Karten bereit liegen, um eigene Assoziationen aufzuschreiben.

Sinnsprüche

Petrus, der Fels
„Du bist der Fels, auf dem ich aufbauen werde." (Jesus über die Rolle des Apostels Petrus; Mt 16, 8)

Gott, mein Fels
„Mein Gott, mein Fels, bei dem ich mich berge, mein Schild und meine Feste." (Danklied König Davids; 2 Sam 22, 3)

Quellen aus dem Felsen
„Schlage mit deinem Stock auf den Fels! Da sprudelte das Wasser aus zwölf Quellen hervor." (Koran, 2. Sure, Vers 61)

Fels in der Brandung
„Standhaft wie ein Fels in der Brandung" (Redewendung im Deutschen)

Abweisender und faszinierender Fels
„Der Fels ist zugleich abweisend und anziehend. Er hat sozusagen ein Tremendum, vor dem man zurückweicht und zittert, und ein Faszinosum, das lockt und einlädt. Der Fels schenkt dieser Erde die Dimension des Ragenden und Himmelsstürmenden, aber auch des Trotzenden und Bleibenden." (Reinhold Stecher, Alt-Bischof von Innsbruck, 1994, 48)

Lebenserfahrung Fels
„Wir brauchen das Erlebnis Fels in unserem Leben. Wir brauchen den Felsen gültiger Wahrheit, der nicht zerbröselt und zerbricht, und wir brauchen den festen Griff der Überzeugung, mit dem wir uns an dieser Wahrheit festhalten. Das ist für das eigene Weiterkommen nötig, es wird aber besonders wichtig, wenn man andere sichern will." (Reinhold Stecher, Autor des Buches „Botschaft der Berge", 1994, 48)

Liebe und Respekt zur Natur
„Die alten Grundideen des Kletterns: die Liebe und der Respekt zur Natur, die Harmonie und das Verständnis zwischen den Menschen, das Gesamterlebnis Fels." (Michael Meisl und Martin Lochner, Autoren des Kletterführers „Arco", 2005, 8)

Innere Glasvitrine
„Wenn ich von den Felsen der Fränkischen Schweiz oder aus den Dolomiten zurückkomme, abgekämpft, habe ich auch etwas für meine innere Glasvitrine. Dann fühle ich mich unheimlich reich." (Jürgen Kremer, Autor des Buches „Kletterführer für die nördlichste Fränkische Schweiz", 1994, 230)

Kletterparadies
„An herrlichen Felsstrukturen klettern, die Verschmelzung von Kletterer und Fels, das Kletterparadies." (Jürgen Kremer 2004, 6)

Klettern in der Abenddämmerung
„Am Abend mit Freunden die letzten Strahlen der untergehenden Sonne nutzen, noch eine schwere Tour klettern, oben (auf dem Gipfel) sitzen […] Erlebnisse, die ich in meine geistige Glasvitrine lege. Die Bitterkeit fällt dann wie welke Blätter und wird von der heraufsteigenden Nacht eingesogen, bis nur noch das Gefühl unendlicher Dankbarkeit bleibt." (Jürgen Kremer 1994, 246)

Anstöße zum Nachdenken:
- Welche Gedanken verbinde ich mit diesem Naturraum?
- Warum spricht mich ein Sinnspruch besonders an?
- Weckt der Fels bei mir spirituelle Bezüge?

Erfahrungen: Die Sinnsprüche sind nach einem intensiven Klettertag besonders ansprechend.

Zum Weiterlesen: Lesenswert sind die spirituellen Gedanken des Alt-Erzbischofs Stecher (1994): Botschaft der Berge. Die Zitate aus Kletterführern stammen von Meisl/Lochner (2005): Arco; Depretto/Eisendle (1999): Arco Falesie; Kremer (1994; 2004): Kletterführer für die nördlichste Fränkische Schweiz.

Übung 15: Auf die Welt herunterblicken

Charakter: Wahrnehmungsübung, einen erhöhten Standpunkt einnehmen und über die Welt nachdenken

Ort: Felsblock oder Felsmassiv, das sich über die umgebende Landschaft erhebt

Alter: ab ca. 15 Jahren

Gruppengröße: bis ca. 20

Material: –

Anleitung: Suchen Sie sich einen Felsblock oder einen größeren Felsen, dessen Gipfel ohne technische Sicherungsmittel erreichbar ist. Besteigen Sie den Felsen nur mit Hilfe Ihrer eigenen Kraft. Suchen Sie sich einen geeigneten Platz im Gipfelbereich, von dem Sie die Landschaft überblicken können. Nehmen Sie sich Zeit. Lassen Sie die Szenerie auf sich wirken.

Hintergrund: Felsen sind in vielen Religionen heilige Orte, die Kraft und Macht ausstrahlen. Menschen können in dieses Kraftfeld eintauchen und „auftanken". Der erhöhte Standpunkt eröffnet neue Perspektiven und verhilft zu mehr Überblick über die Alltagswelt. Die Nähe zum Himmel schafft zumindest ansatzweise einen Status zwischen Himmel und Erde.

Die islamischen Gläubigen gedenken am Heiligen Felsen im Jerusalemer Felsendom der Himmelfahrt ihres Propheten Mohammed. Spätere Generationen haben ein reich verziertes und weltberühmtes Gotteshaus um den Felsen herum gebaut, sodass der Blick auf die Umgebung nur vor den Toren wahrgenommen werden kann.

Für die australischen Ureinwohner, die Aborigines, haben alle Teile der Natur eine Seele. So sind auch die Felsen des Landes mit Geschichten und Traditionen dieses Volkes verbunden. Der mächtige Felsmonolith Ayers Rock, von den Aborigines Uluru genannt, ist laut den Mythen der Aborigines am Ende der Traumzeit und damit vor Entstehung der heute sichtbaren Welt aus Sand entstanden und beherbergt eine riesengroße Regenbogenschlange. Der Aufstieg auf den Felsen ist nur mit Genehmigung der Aborigines gestattet und für die Ureinwohner eine rituelle Lebenserfahrung. Auch um andere markante Felsen des australischen Kontinents, etwa die Three Sisters in den Blue Mountains nahe Sydney oder die Olgas in Zentralaustralien, ranken sich Legenden der Ureinwohner, die hier leben und gelebt haben.

Anstöße zum Nachdenken:
- die Begrenztheit eines einzelnen Menschen im Universum wahrnehmen
- kleine und große Gedanken und Probleme neu bewerten
- eine andere Perspektive einnehmen
- das eigene Leben erden, in Verbindung mit dem Erdkreis bringen
- Stärke und Macht der Naturgewalten spüren

Erfahrungen: Ein erhöhter Ausblick von einem Felsen in die umgebende Landschaft spricht viele Menschen an, besonders nach einem Wander- oder Klettertag. Unbedingt ist bei absturzgefährdeten Felsköpfen für eine entsprechende Sicherung zu sorgen.

 Zum Weiterlesen: Löffler (1994): Australische Märchen; Kahler (1998): Die Regenbogenschlange.

Übung 16: Felsflora und Felsfauna

Charakter: Naturerfahrungsübung: Organismen erkunden, die am Fels leben und ihre spezifische Anpassung an den unwirtlichen Lebensraum erkennen

Ort: gut zugängliche, am besten freistehende Felswand

Alter: mit altersgerechter Anleitung geeignet für alle Altersgruppen

Gruppengröße: bis ca. 25 Personen

Material: Bestimmungsbücher, Lupen

Anleitung: Erforschen Sie den Felsen genau. Suchen Sie Pflanzen und Tiere, die am Felsen leben. Auch das Gestein kann Hinweise auf Leben geben. Finden Sie heraus, welche besonderen Anpassungsmechanismen die Lebewesen entwickelt haben, um in diesem Lebensraum zu bestehen. Nehmen Sie sich Zeit, beobachten Sie genau. Nutzen Sie ein Bestimmungsbuch, Lupen oder andere Hilfsmittel. Suchen Sie sich eine ganz bestimmte Pflanze oder ein Tier und beschreiben Sie diese/s.

Hintergrund: Zahlreiche Pflanzen und Tiere besiedeln Felsen und haben sich in ihren Körperfunktionen auf die extremen Umweltbedingungen abgestimmt. Sie trotzen starken Temperaturschwankungen und hoher Sonneneinstrahlung an exponierten Stellen und kommen mit minimaler Wasserversorgung sogar an überhängenden Stellen aus. Spezialisierte Pflanzen nutzen kleinste Mengen vom Wind angewehter Feinerde in Ritzen und Spalten zur Versorgung mit Mineralien. Und auch die felstypische Tierwelt, vom Siebenschläfer bis zu den Greifvögeln, hat sich auf das steile Gelände eingestellt und besiedelt unzugängliche Stellen.

Anstöße zum Nachdenken:
- lebensfeindliche – lebensspendende Umweltbedingungen
- Anpassung und Widerstand der Lebewesen
- belebte – unbelebte Materie

Erfahrungen: Die Übung ist für alle Altersgruppen interessant. Je genauer man die Pflanzen und Tiere betrachtet (und als Leitungskraft erklärt), umso besser versteht man, wie sie sich an die vermeintlich feindlichen Lebensbedingungen am Fels angepasst haben.

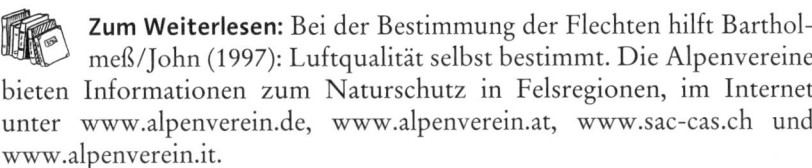

Zum Weiterlesen: Bei der Bestimmung der Flechten hilft Bartholmeß/John (1997): Luftqualität selbst bestimmt. Die Alpenvereine bieten Informationen zum Naturschutz in Felsregionen, im Internet unter www.alpenverein.de, www.alpenverein.at, www.sac-cas.ch und www.alpenverein.it.

Berg

Ein Gipfelerlebnis in einer anderen Kultur: Bei einer Reise nach Thailand reizt unsere kleine Gruppe auch der höchste Berg des südostasiatischen Landes, der 2565 Meter hohe Doi Inthanon an den Ausläufern des Himalaja. Bergwandern nur zum Vergnügen, wandern überhaupt, ist in dieser Kultur nicht üblich. Wer bei den hohen Temperaturen nicht zu Fuß gehen muss, tut dies auch nicht freiwillig. So kommen wir auf landestypische Weise zum Gipfel; wir fahren mit einem Sammeltaxi. In langen Serpentinen führt eine mehr als 40 Kilometer lange Teerstraße auf den Berg, vorbei an Reisplantagen auf mühsam angelegten Bergterrassen und durch feuchtwarme Regenwälder. Die Vegetation wechselt kaum merklich beim Erklimmen der vielen Höhenmeter. Auch oben auf zweieinhalbtausend Metern wachsen Bäume und Büsche. Die buddhistische Kultur, vermischt mit dem Geisterglauben der Thais, versteht den Berg als heiligen Ort und Sitz besonderer Berg- und Schutzgeister. Dementsprechend wurde er mit kulturelle Symbolen markiert. Ein kleiner Tempel mit Buddha-Statue, Räucherkerzen, Früchte und Lotusblumen als Opfergaben an kleinen Geisterhäuschen zeigen die religiöse Bedeutung des Berges. Wie im Christentum haben auch in dieser fernöstlichen Kultur herausragende Orte in der Natur eine spirituelle Ausstrahlung. Und als sich einige deutsche Mitreisende über Geisterbeschwörung lustig machen wollen, sucht die Gruppe Parallelen zu christlichen Traditionen und findet sie auch. Sind nicht auch die Schutzengel, die von Katholiken angerufen werden, Verbindungen zu einer höheren Instanz, genau wie die weit verbreiteten Maskottchen oder Glücksbringer ohne religiösen Bezug? Auf europäischen Bergen stehen Gipfelkreuze, hier in Fernost Buddha-Statuen und Geisterhäuschen. So wird der Berg zu einem Ort des Nachdenkens über spirituelle Wege. Stephen Bacon (1998) nennt diese Magie heiliger Orte in der Natur einen Archetypus, das heißt eine Grunderfahrung, die sich durch alle Völker und Kulturen gleichermaßen zieht.

Berge und Spiritualität

Berge haben zu allen Zeiten und in allen Kulturen eine besondere Ausstrahlung auf Menschen ausgeübt. Ob Gipfelkreuze in christlich geprägten Regionen, Bergtempel mit Buddha-Statuen in Südasien, Gebetsfahnen in den Bergen Tibets oder Symbole der Geisterbeschwörung an herausgehobenen Landschaftspunkten in Afrika oder Australien, überall werden Menschen offensichtlich in ihrem Innern von Bergen angesprochen. Berge werden mit religiösen Gedanken und Überzeugungen verbunden, Geschichten des Glaubens in dieser besonderen Landschaft verortet. Viele Dinge sind ausschlaggebend: die Ursprünglichkeit der Natur, die Entfernung von Siedlungen und Städten, die Ruhe und Abgeschiedenheit, die enormen Dimensionen, die extreme Abhängigkeit von Wind und Wetter, die besondere Tier- und Pflanzenwelt, die körperlichen und seelischen Grenzen, an die Menschen beim Unterwegssein in den Bergen kommen können. Alles Bedingungen, die Menschen zu spirituellen Erfahrungen bringen können. „Es gibt viele Wege zu Gott. Einer davon führt über die Berge." Dieser alte Spruch aus einem Gipfelbuch steht für eben diese Erfahrung. Reinhold Stecher, der katholische Alt-Bischof von Innsbruck, drückt diese Lebenserfahrung in einem lesenswerten Buch mit dem programmatischen Titel „Botschaft der Berge" aus. Berge ziehen an, sie faszinieren. Gleichzeitig schrecken sie mit ihren nie ganz abschätzbaren Naturgewalten ab. Stecher (1994; 1999) nennt es das „Faszinosum und Tremendum der Berge".

Es stellt sich die Frage, wie Menschen spirituelle Erfahrungen in den Bergen machen, wie sie Tiefendimensionen erleben können. Grundvoraussetzung ist sicher die Offenheit und Aufgeschlossenheit gegenüber dieser Art von Erfahrung. Wer sich nicht darauf einlassen will, spirituelle Erlebnisse grundsätzlich nicht wahrnimmt oder wahrnehmen will, wird auch seltener darauf stoßen. Vielleicht erst durch eine Extremsituation, bei der er an seine körperlichen oder psychischen Grenzen kommt, etwa wenn er sich in den Bergen verirrt hat, ein heftiger Wetterumschwung eine Übernachtung in der Natur erzwingt oder eine Bergbesteigung die eigenen Kräfte maßlos übersteigt.

Auch die Art des Unterwegsseins in den Bergen spielt eine große Rolle. Nicht jeder Pistenskifahrer, der sich im touristisch bestens erschlossenen Skigebiet zwischen Snowboard-Arena und Panorama-Restaurant bewegt, hat göttliche Eingebungen. Andererseits ist es auch nicht ausgeschlossen, dass Skifahrer trotz gut präparierter Skigebiete die Atmosphäre der Ruhe, den Einklang von Körper, Ski, Schnee und Berg zutiefst genießen und damit spirituelle Gedanken verbinden.

Erlebnispädagogische Aktivitäten in den Bergen

Ruhige Orte und Wegstrecken, maßvolle Bewegung, die weder unter- noch überfordert, und gedankliche Einstimmung schaffen günstige Bedingungen für spirituelle Bergerfahrungen. Wenngleich auch extreme Grenzerfahrungen oder überraschende Ereignisse stark ergreifen, so sind es doch eher die besinnlichen Momente und schöpferischen Pausen, die vor, während oder nach einer Aktivität die Seele ansprechen können. Gerade der Wechsel von Aktion und Ruhe schafft Raum für die seelische Verarbeitung persönlicher Eindrücke. Auch gedankliche Anstöße können zu spirituellen Erfahrungen führen: Gemälde, Fotos und Musikstücke von Künstlern, die ihre Erfahrungen in den Bergen ausdrücken, Märchen, Sagen und Legenden von Bergbewohnern, Erlebniserzählungen von Bergsteigern, biblische oder andere religiös gefärbte Erzählungen, die in den Bergen handeln. Es gibt viele Möglichkeiten, sich von Werken anderer Menschen anregen zu lassen.

Urform der Bewegung in den Bergen ist das Wandern: den eigenen Rhythmus des Gehens bestimmen, eine Landschaft zu Fuß erkunden, Höhenunterschiede überwinden. Wandern ist nicht spektakulär, aber einprägsam. Während des Gehens ist es bestens möglich, die Gedanken schweifen zu lassen, mit anderen zu reden und die Umgebung mit der eigenen Geschwindigkeit bewusst wahrzunehmen.

In den winterlichen Bergen entsprechen Schneeschuhwanderung und Skitour am ehesten dem sommerlichen Bergwandern. Das spirituelle Potential natursportlicher Aktionsformen am Berg zeigt Tabelle 4.

Zum Weiterlesen im Internet: Umfangreich gestaltet sind die Internet-Auftritte der deutschsprachigen Alpenvereine: für Deutschland: www.alpenverein.de, für Österreich: www.alpenverein.at, für Südtirol: www.alpenverein.it und für die Schweiz: www.sac-cas.ch

Tabelle 4: Aktionsformen am Berg

	Charakter	Spiritueller Bezug
Bergwandern	– Wegen und Pfaden folgen – Orientierung in den Bergen – Pflanzen- und Tierwelt am Weg bewusst wahrnehmen	
Skitouren	– unterwegs abseits des Trubels – persönliche Auswahl des Weges – langer Aufstieg, genussvolle Abfahrt	– Ruhe und Beschaulichkeit – Achtsamkeit – behutsames Eindringen in die Bergwelt
Schneeschuh-Wandern	– Reiz der Winterlandschaft – Schnee in all seinen Erscheinungsformen erspüren	
Bergsteigen	– sportliche Herausforderung suchen – Gipfelziele planen und konsequent anstreben	– Gipfelerfahrung, Grenzerfahrung – das Höchste als Ziel – den Himmel über sich haben
Ski fahren alpin	– Rausch der Geschwindigkeit – Anmut der Bewegung	– Einheit von Körper, Ski, Schnee und Berg
Skilanglauf	– Erlaufen der Landschaft – Dahingleiten im Schnee – unterwegs in der Ebene, maßvolle Steigungen und Abfahrten	– Vorwärtsstreben als Lebenshaltung – Maß halten – Erspüren des Schnees, der trägt und führt

Abb. 10: Klettern mit Kindern als Teil einer Bergwanderung in den Urner Alpen (Schweiz)

Übung 17: Gipfelmeditation

Charakter: Besinnungsübung

Ort: Gipfel eines Berges oder Hügels, von dem aus die umgebende Landschaft überblickt werden kann. Besonders geeignet sind ruhige Berge, die nicht durch Straßen oder Seilbahnen erschlossen sind, sowie keine Tausendergrenze überschreiten und deshalb weniger Besucher anziehen.

Alter: ab ca. 15 Jahren

Gruppengröße: bis ca. 20

Material: –

Anleitung: Suchen Sie sich einen herausgehobenen Platz am Gipfelplateau mit möglichst weitem Panoramablick zum Verweilen. Spüren Sie den Boden unter sich. Berühren Sie Steine, Erde und Pflanzen. Lassen Sie Ihren Blick über die Landschaft schweifen. Schauen Sie herab auf andere Berge, Hügel und Täler. Entdecken Sie menschliche Spuren im Landschaftsbild, wie etwa Straßen, Siedlungen und herausgehobene Bauten. Achten Sie auf den Horizont, seine Linien, Erhebungen und markanten Blickpunkte. Spüren Sie die

Abb. 11: Pilger beim Sonnenaufgang auf dem Mosesberg auf der Halbinsel Sinai

Luftbewegung. Beobachten Sie den Himmel über sich: Wolken, Flugzeuge, den Mond und nachts auch Sterne.

Lassen Sie die Szenerie auf sich wirken. Schauen Sie herab auf die Welt zu Ihren Füßen. Betrachten Sie auch Spuren Ihres eigenen Lebens aus der Perspektive eines Berggipfels.

Anstöße zum Nachdenken:
- Wie fühle ich mich an diesem Berührungspunkt von Himmel und Erde?
- Kann ich erspüren, warum Berge und ihre Gipfel für Menschen auf der ganzen Welt eine sagenumwobene, mythische oder heilige Ausstrahlung haben?
- Welche anderen Gipfel will ich noch erreichen? Welche Mühen will ich noch auf mich nehmen, um einen weiteren Berg zu besteigen?
- Welche markanten Orte und Horizonte gibt es in meinem Leben? Zu welchen Horizonten will ich noch aufbrechen?
- Zu welchen Orten unten im Tal habe ich eine besondere Beziehung? Verbinde ich sie mit bestimmten Situationen, Menschen oder Gefühlen?

Erfahrungen: Die Übung will zum bewussten Verweilen auf einem Berggipfel anregen. Aber auch kleine Hügel eignen sich für diese Art der Besinnung; ein etwas erhöhter Standpunkt reicht aus.

Übung 18: Bergstrecken – Bergstationen

Charakter: besinnliche Wanderung

Ort: Berg mit unterschiedlichen Vegetationszonen, markanten Wegpunkten oder geologischen Formationen

Alter: mit altersgerechter Anleitung geeignet für alle Altersgruppen

Gruppengröße: bis ca. 20

Material: Bergwanderausrüstung

Anleitung: Laufen Sie vom Bergfuß zum Gipfel oder eine interessante Teilstrecke.

Betrachten Sie das Gestein des Untergrunds. Sie sehen es auf Wegen, im Bachbett oder an Geländebrüchen. Welche Farben und Formen sind zu sehen? Versuchen Sie, Gesteinsarten zu unterscheiden und die Schichten des Untergrunds bewusst wahrzunehmen.

Achten Sie auf die Veränderungen der Pflanzen- und Tierwelt. Verschiedene Wald- und Landschaftsformen aber auch unterschiedliche Höhenlagen bei großen Bergen haben ihre charakteristische Vegetation.

Machen Sie Halt an markanten Wegpunkten. Dies können Aussichtspunkte sein, Steinbrüche oder Felsen, Baumriesen oder Waldlichtungen, Wegkreuzungen oder Feldkreuze. All diese Orte, ob Quelle, Abgrund oder Hohlweg haben eine eigene Ausstrahlung. Sehen Sie Parallelen zu Stationen Ihres Lebens?

Geben Sie jeder Teilstrecke Ihres Weges ein eigenes Motto. Lassen Sie sich von den Wegpunkten und Strecken anregen.

Am Ende Ihres Weges, ob am Gipfel oder im Tal, gehen Sie Ihren Weg mit den verschiedenen Strecken und Stationen noch einmal in Gedanken ein zweites Mal. Suchen Sie jeweils einen typischen Namen für die Teilstrecken.

Hintergrund: Mit zunehmender Höhe eines Berges verändern sich Klima und Wetterbedingungen und somit auch die Pflanzen- und Tierwelt. Ebenso beeinflusst die Landschaftsform den jeweiligen Lebensraum. Südseitige Hänge mit starker Sonneneinstrahlung beherbergen andere Pflanzen und Tiere als steil abfallende Bergflanken mit Geröllfeldern oder dichtem Wald.

Jeder Berg bietet auf seine Weise unterschiedliche Strecken und Stationen. In christlich geprägten Ländern haben die Menschen deshalb nicht selten an ihren Hausbergen einen Kreuzweg errichtet. Kreuze, Kapellen oder Bilder erinnern an die Stationen der biblischen Erzählung. Während des Weges bergauf denken die Menschen an den Weg, den Jesus von seiner Verurteilung bis zu seiner Kreuzigung auf dem Hügel Golgota gehen musste. Die vierzehn Stationen des katholischen Kreuzwegs greifen Grunderfahrungen der Menschen aller Zeiten auf: Aufbruch, Mitleid, gegenseitige

Hilfe und Unterstützung, Begegnung mit vertrauten Menschen, Achtung und Mut, Schwäche, Leid und Zusammenbruch, Trauer und Tod, aber auch Neuanfang und Auferstehung.

So wie diese Kreuzwege an Berghängen auf Stationen und Grunderfahrungen des Lebens verweisen, so können auch Natur- und Landschaftsbilder symbolisch zum Nachdenken anregen. Der Austausch mit anderen Menschen, die für Erfahrungen in der Natur empfänglich sind, kann dabei hilfreich sein.

Anstöße zum Nachdenken:
- Wegkreuze – Kreuzwege – Wegkreuzungen
- Strecken und Stationen des Lebens
- Begleiter und Beschützer auf dem Weg
- gemächliche und beschwerliche Wegstrecken
- Höhe gewinnen, Überblick gewinnen

Erfahrungen: Für diese Übung ist es wichtig, Muße zu haben und sich nicht von ehrgeizigen Gipfelzielen leiten zu lassen. Eine entsprechende Streckenwahl und passendes Wetter wird vorausgesetzt.

Übung 19: Berggottesdienst

Charakter: religiöse Feier in der Bergwelt

Ort: ruhiger Platz an einem Berg mit Blick ins Tal und auf die umliegenden Berge

Alter: in altersgerechter Gestaltung geeignet für alle Altersgruppen

Gruppengröße: beliebig

Material: evtl. Musikinstrumente und Liedblätter, religiöse Symbole wie Kreuz oder Altardecke, Bibel oder besinnliche Textsammlung

Anleitung: Blicken Sie auf Ihre Eindrücke und Erlebnisse am Berg zurück. Überlegen Sie, was für Sie in diesem Moment wichtig ist. Das können sehr unterschiedliche Dinge sein: der Respekt vor den gewaltigen Dimensionen des Berges, die Gemeinschaft in der Gruppe am Berg oder eine einzelne Situation während der Bergtour. Suchen Sie dazu passende Lieder, Geschichten, Bibeltexte und künstlerische oder natürliche Ausdrucksformen, zum Beispiel eine Steinskulptur, ein Bergkreuz oder eine markante Wurzel. Bringen Sie diese Elemente gedanklich in einen Ablaufplan.

Suchen Sie sich einen ruhigen Platz, an dem Sie möglichst wenig gestört werden. Nehmen Sie sich Zeit, um Ihre Gedanken auszutauschen, Hintergründiges und religiöse Dimensionen gemeinsam zu entdecken.

Folgender Ablauf ist sinnvoll:
(1) Einstimmung: Musik sowie Gedanken über den Ort und die aktuelle Situation der Beteiligten stimmen auf die Feier ein.
(2) Besinnliche Worte: Lesen Sie gemeinsam einen Text, der zum Nachdenken anregt und religiöse Dimensionen aufzeigt. Denken Sie darüber nach. Tauschen Sie sich darüber aus. Formulieren Sie Ihre Gedanken, wenn möglich, in einem Gebet.
(3) Rituelle Handlung: Drücken Sie Ihre Gedanken in einem Ritual aus, das zu Ihren Glaubensvorstellungen passt. Zum Beispiel können Sie ein Kreuz legen oder ein Brot bewusst miteinander teilen.
(4) Abschluss und Ausblick: Musik sowie ein Segensgebet, Dankesworte oder ein Blick in die Zukunft beenden die Feier.
Für die thematische Gestaltung von Berggottesdiensten bieten sich die biblischen Berggeschichten an.

Anstöße zum Nachdenken:
- Berggipfel als Berührungspunkt von Himmel und Erde
- religiöse Traditionen, die mit Bergen verbunden sind
- heilige Berge in den Kulturen der Erde
- Gottesdienst als Ausdrucksform von Bitte und Dank, Trost und Segen

Erfahrungen: Diese Feier ist besonders dann sinnvoll, wenn man schon längere Zeit am Berg unterwegs war und bereits viele Eindrücke gesammelt hat.
Als praktizierende Katholiken haben wir viele Berggottesdienste gestaltet oder mitgefeiert, sowohl als besinnlichen Wortgottesdienst als auch als heilige Messe mit Kommunion. Starke Bilder bleiben von diesen Feiern im Gedächtnis. Berge üben offensichtlich eine große Faszination aus. Sie bieten einen markanten äußeren Rahmen für die religiöse Feier. Der Eindruck, dass sich auf Bergen Himmel und Erde besonders nahe kommen, drängt sich vielen Besuchern auf. So haben Berggottesdienste oft eine lange Tradition wie etwa die Gatterlmesse der Bayerischen Polizei auf der Zugspitze oder der Berggottesdienst zum Fest der Heiligen Walpurgis auf dem Walberla-Berg in der Fränkischen Schweiz.

Übung 20: Berge der Bibel

Charakter: Besinnungsübung

Ort: ruhiger Platz auf einem Hügel oder Berg, am besten mit Blick in die Landschaft

Alter: mit altersgerechter Anleitung geeignet für alle Altersgruppen

Gruppengröße: bis ca. 20

Material: Karten mit jeweils einem Zitat

Anleitung: Nehmen Sie sich Zeit, eine biblische Geschichte in Ruhe zu lesen. Denken Sie über die Kernaussagen nach. Überlegen Sie, warum diese Geschichte auf einem Berg handelt, welche Wirkung die Natur bei diesem Geschehen ausübt. Tauschen Sie sich mit Anderen über Ihre Gedanken aus.

Berge der Bibel

Mosesberg, 2285 Meter, auch Berg Sinai, Horeb (hebräisch) oder Dschebel Musa (arabisch), im südlichen Teil der Halbinsel Sinai in Ägypten:

Gott teilt Moses, dem Anführer des Volkes Israel, die Zehn Gebote auf dem Berg Sinai mit (Ex 19, 2). Gott, der Herr steigt vom Himmel „auf den Gipfel des Berges herab" (Ex 19, 20) und ruft Moses zu sich hinauf. Den Berg soll Moses zum heiligen Ort erklären (Ex 19, 23). Beeindruckende Naturschauspiele ereignen sich am Berg. Durch ein mächtiges Gewitter mit Blitz und Donner wird Feuer am Berg gelegt. Der Berg bebt gewaltig (Ex 19, 18), eine Wolke verhüllt den ganzen Berg sechs Tage lang (Ex 24, 16). Gott steigt aus einer Wolke und stellt sich neben Moses auf den Berggipfel, um ihm seine Gebote mitzuteilen (Ex 34, 5).

Nebo, 802 Meter, in Jordanien:

Auf dem Berg östlich des Jordans, zwischen den Hauptstädten Amman und Jerusalem, zeigt Gott dem Moses das gelobte Land der Israeliten (Dtn 34, 1–5), bevor Moses auf dem Berg stirbt. Der Blick vom Gipfel auf das Tote Meer, den Jordangraben und die Oase Jericho fesselt auch heute noch die Besucher.

Zion, 765 Meter, auch Har Ziyyon (hebräisch), in Jerusalem, Israel:

Dieser Hügel im Südosten der heutigen Altstadt Jerusalems war während der Zeit des Alten Testaments mit einer Burg bebaut. Nach der Anerkennung des Propheten Davids als König von ganz Israel zieht dieser mit seinen Soldaten nach Jerusalem, erobert die Burg Zion und errichtet auf dem Berg seinen Königspalast (2 Sam 5, 6). Dreiunddreißig Jahre lang regiert er Israel von diesem Berg aus. Mehrere Jahrhunderte später dient der Berg Zion beim Aufstand der Makkabäer als Ausgangspunkt für die Belagerung des benachbarten Tempelberges (1 Makk 4, 37).

Tempelberg, 744 Meter, auch Har Ha-Moriyya (hebräisch), in Jerusalem, Israel:

Auf dem Berg Morija in Jerusalem, unweit nördlich vom Berg Zion, bauten die Juden unter König Salomon ihren Tempel, den zentralen Ort ihrer Religion (2 Chr 3, 1). Zuvor bereits war dieser Berg von Gott für eine dramatische Probe des Stammvaters Abrahams ausgewählt worden (Gen 22, 2). Im Neuen Testament spielen sich auf diesem Berg die Konflikte zwischen

Jesus und den mächtigen Männern der jüdischen Gesellschaft ab (Mt 21, 10), die schließlich zu seinem Todesurteil führen.

In der islamischen Überlieferung ist der Tempelberg der Ort, von dem der Prophet Mohammed in den Himmel aufgefahren ist. Der prächtig ausgestattete Felsendom auf dem Tempelberg erinnert noch heute an dieses Ereignis und macht den Berg nach Mekka und Medina zu einer der wichtigsten Stätten des Islam.

Ölberg, 809 Meter, auch Dschebel Et Tur (arabisch) oder Har Ha-Zetim (hebräisch), bei El Eizariya, Palästina:

Unmittelbar an der östlichen Stadtgrenze Jerusalems, im Blickfeld des Tempelberges und des Berges Zion, liegt der Ölberg auf heute palästinensischem Gebiet. Bereits im Alten Testament spielen sich an diesem Berg wichtige Ereignisse ab: So steigt etwa König David barfuß auf den „Gipfel des Ölbergs, auf dem man sich vor Gott niederwirft" (2 Sam 15, 32). König Salomon richtet auf dem Berg eine Kultstätte für die heidnischen Götter seiner Geliebten ein (1 Kön 11, 7). Bei Visionen in den Büchern der Propheten Ezechiel (Ez 11, 23) und Sacharja (Sach 14, 4) zeigt sich Gott auf dem Ölberg. Im Neuen Testament betet Jesus während seiner letzten Nacht vor der Gefangennahme auf dem Ölberg. Dabei erscheint ihm ein Engel und schenkt ihm Kraft (Lk 22, 39– 43) in seiner Verzweiflung.

Tabor, 588 Meter, auch Dschebel el-Tor (arabisch), in Galiläa, Israel:

In der christlichen Überlieferung ist der Berg Tabor in Galiläa der hohe Berg, auf den Jesus drei Jünger führt, um mit ihnen zu beten. Am Gipfel geraten sie in eine Wolke und hören prophetische Stimmen (Lk 9, 28– 36). Der Berg war bereits im dreizehnten Jahrhundert vor Christus besiedelt. Heute erinnert dort eine große Kirche an die biblischen Ereignisse.

Karmel, 546 Meter, auch Kerem El (hebräisch), bei Haifa, Israel:

An der nordwestlichen Mittelmeerküste Israels erhebt sich auf einer Landzunge der fruchtbare Bergrücken Karmel. Auf ihm spricht Gott nach biblischer Überlieferung vor einer großen Versammlung mit mehreren hundert Propheten sein Urteil über heidnische Götzenkulte (1 Kön 18, 19– 46). Der Karmel ist einer der ältesten Kultberge der Erde. Schon die Ägypter verehrten hier ihre Gottheiten. Später errichteten Griechen ein Zeus-Heiligtum auf dem Berg. Nach dem Rückzug der Kreuzritter siedelten christliche Einsiedler auf dem Berg und gründeten hier den Orden der Karmeliter.

Garizim, 881 Meter, und **Ebal**, 940 Meter, auch Dschebel Abu Ghanem, Dschebel el-Kibli beziehungsweise Dschebel Islamiyeh, Dschebel esch-Schimali (arabisch), in Samaria, Israel:

Gott befiehlt, dass die Israeliten nach ihrem Einzug ins gelobte Land von diesen Bergen aus ihr Land segnen beziehungsweise verfluchen und einen

Altar bauen sollen (Dtn 27, 4–12), an dem Gott verehrt werden soll. Ein Brauch, der auch heute noch in Gipfelkreuzen und ähnlichen religiösen Kultstätten auf Bergen fortlebt.

Unbekannte Berge der Bibel: Neben den genannten Bergen handeln biblische Erzählungen auch auf geografisch nicht klar bezeichneten Bergen. Am bekanntesten ist die Bergpredigt (Mt 5–7), bei der Jesus auf einen Berg steigt und zu einer großen Menschenmenge spricht. Seine Gedanken sind dabei grundlegend für die christliche Religion. Er spricht von Gewaltlosigkeit und von Nächstenliebe in einer Radikalität, die auch andere Gestalten der Weltgeschichte von Mahatma Gandhi bis Leo Tolstoi beeinflusste. Durch die Verbindung der Worte des Religionsgründers mit einem Berg werden vom Evangelisten Matthäus gedankliche Bezüge zu den zentralen Botschaften des Alten Testamentes hergestellt, wie etwa zur Verkündung der Zehn Gebote auf dem Berg Sinai.

Ein weiterer Berg ohne Ortsbezeichnung ist der Berg der Versuchung. Im Gleichnis wird Jesus vom Teufel auf einen sehr hohen Berg geführt. Dort zeigt ihm der Satan „alle Reiche der Welt mit ihrer Pracht" (Mt 4, 8). Der Teufel will Jesus auf dem Gipfel auf die Probe stellen, um zu ergründen, ob Macht über Länder und Menschen für ihn wichtiger sind als seine Religion.

Berge werden in der Bibel insgesamt als Ort der Verbindung von Himmel und Erde gesehen. Beispielhaft dafür ist der Psalm 121, der auch als Bergsteigerpsalm bezeichnet wird: „Ich hebe meine Augen auf zu den Bergen: Woher kommt mir Hilfe? Meine Hilfe kommt vom Herrn, der Himmel und Erde gemacht hat. Er lässt deinen Fuß nicht wanken. […] Der Herr gibt dir Schatten, er steht dir zur Seite. Bei Tag wird dir die Sonne nicht schaden, noch der Mond in der Nacht. […] Der Herr behüte dich, wenn du fortgehst und wiederkommst" (Ps 121, 1–8).

Anstöße zum Nachdenken:
- eigene Vorstellungen von den biblischen Erzählungen
- persönliche Erfahrungen bei Bergtouren
- Wirkungen der Bergwelt
- Berge als Verbindung von Himmel und Erde

Erfahrungen: Die Höhe des Berges spielt keine Rolle; auch die meisten biblischen Berge sind eher Hügel als alpines Gelände.

Übung 21: Land Art – Kunst in der Natur

Charakter: Kreativübung

Ort: Platz in der Bergwelt, der viele Anregungen für künstlerische Gestaltungen bietet, zum Beispiel ein Steinbruch, und der unter ökologischen Gesichtspunkten unbedenklich erscheint

Alter: in altersgerechter Gestaltung geeignet für alle Altersgruppen

Gruppengröße: bis ca. 20

Material: evtl. Land-Art-Bücher, evtl. Schaufeln, Sägen und anderes Werkzeug

Anleitung: Betrachten Sie die Materialien, die in der Natur für eine künstlerische Gestaltung zu finden sind. Dies können etwa Steine in einem Geröllfeld, Blätter oder abgestorbene Äste eines Baumes sein. Kunst in der Natur, auch als Land Art bezeichnet, ist auch mit Materialien am Wegesrand möglich und braucht keine aufwändigen Farben oder Werkzeuge. Ob Steinbogen, balancierter Steinturm oder mit leuchtenden Blättern verkleideter Baumstumpf, der Phantasie sind keine Grenzen gesetzt.

Überlegen Sie sich eine Gestaltungsform, die Sie mit einem Naturmaterial umsetzen können. Je weniger verschiedene Materialien Sie einsetzen, umso markanter wirkt ein Kunstwerk.

Abb. 12: Kunst in der Natur: aufeinander getürmte Steine

Sie können sich auch von den fotografisch dokumentierten Naturkunstwerken von Andy Goldsworthy (1991; 1994; 1996) anregen lassen. Seine reich illustrierten Fotobände sind im Buchhandel oder in Bibliotheken erhältlich.

Fotografieren Sie die Entstehung Ihres Kunstwerkes. Naturkunstwerke sind sehr vergänglich und oft schon nach kurzer Zeit nicht mehr erkennbar.

Hintergrund: Von jeher haben Berge mit ihren übermenschlichen Dimensionen eine besondere Ausstrahlung auf Menschen gehabt. Was liegt näher, als diese Eindrücke durch ein Naturkunstwerk zum Ausdruck zu bringen? Ob Maler, Schriftsteller, Fotografen, Filmemacher oder Bildhauer, alle Kunstrichtungen haben sich von der Kulisse der Berge anregen lassen und charakteristische Werke geschaffen.

Anstöße zum Nachdenken:
- bewusste Wahrnehmung der Natur
- Schöpfer und Schöpfung
- Kunst und Natur
- Gott und Mensch als Gestalter der Welt

Erfahrungen: Bei einer Bergwanderung stellt sich die Frage nach dem Ziel, das sowohl die Zeiteinteilung als auch die Wegstrecke bestimmt: Soll ein Gipfel bestiegen oder ein Kunstwerk errichtet werden? Bei jeder Tour in den Bergen sollte dies unbedingt im Voraus geklärt werden.

Die Bergwelt bietet überall vielfältige Anregungen und künstlerische Gestaltungsmöglichkeiten. Naturmaterialien sind in den Bergen im Überfluss zu finden.

 Zum Weiterlesen: Güthler/Lacher (2005): Naturwerkstatt Landart.

Übung 22: Mythen und Legenden der Berge

Charakter: Besinnungsübung

Alter: ab ca. 15 Jahren

Gruppengröße: beliebig

Material: Karten mit jeweils einem Zitat

Anleitung: Suchen Sie sich in Ruhe ein Zitat aus, das Sie besonders anspricht. Überlegen Sie, was Sie persönlich mit dieser Aussage verbinden. Tauschen Sie sich mit Anderen über Ihre Gedanken aus.

Zitate

Dem Himmel nahe sein
„Wenn man oben von Berggipfeln über weites Land schaut, kann man spüren, wie nahe man dem Himmel ist. Diese Urerfahrung des Menschen zwischen Himmel und Erde liegt der besonderen Anziehungskraft heiliger Berge zugrunde." (Hans Küng, Theologe, in: Albus 2002, 7)

Ehrfurcht vor Heiligen Bergen
„Heilige Berge, auch Wohnungen der Götter genannt, besitzen eine geheimnisvolle Anziehungskraft, ziehen Glaubende aller Religionen in ihren Bann. Allerdings sind sie nicht leicht zu haben. Sie erfordern das Einverständnis zur Pilgerschaft. Auch den zeitweiligen Verzicht auf manche Annehmlichkeit. Und eine geistige Haltung, die mit dem Begriff der Ehrfurcht nur unzureichend beschrieben ist." (Michael Albus, Autor des Buches „Wohnungen der Götter", 2002, 9)

Frauenexpedition
„A woman's place is on the top." (deutsch: der Platz einer Frau ist auf dem Gipfel, Motto einer Frauenexpedition zur Annapurna)

Berge mit Augen eines Pilgers betrachten
„Um die volle Bedeutung des Berges und seiner außergewöhnlichen Umgebung zu verstehen, müssen wir ihn nicht nur vom geographischen, kulturellen oder historischen Standpunkt aus betrachten, sondern vor allem durch die Augen eines Pilgers." (Lama Anagarika Govinda, über den Berg Kailash, 6714 Meter, in Tibet, in: Albus 2002, 25)

Weite und Ferne
„Es ist hilfreich, sich an einen Ort zu begeben, an dem man eine große leere Weite vor sich hat. Von einem Berg aus ist es leicht, in die Ferne zu sehen." (Dalai Lama, geistliches Oberhaupt der Tibeter, in: Albus 2002, 29)

Berührung von Himmel und Erde
„Viele Mythologien haben ihren heiligen Berg. Allen Himmelsgöttern werden auf Anhöhen Kultorte vorbehalten. Oft wird ein Berg als Punkt der Berührung von Himmel und Erde angesehen, also als Mitte […], eine Zone, in der sich das Heilige verdichtet, ein Ort, wo der Übergang zwischen getrennten Bereichen des Kosmos möglich ist." (Mircea Eliade, in: Albus 2002, 43)

Gott in der Natur
„Gottheiten werden in ganz einfachen Formen verehrt: im Wind, in der Sonne, in den Felsen und Bergen, im Holz und in den Wolken, in den Bäumen und Blumen. Diese Naturgottheiten sind überall wirksam, auch im Menschen selber." (Michael Albus über die Ursprünge des japanischen Shintoismus, 2002, 105)

Neue Perspektiven
„Berge gestalten das Verständnis unser selbst, unserer inneren Landschaften, wieder neu. Die Abgeschiedenheit der Bergwelt – mit ihren Rauheiten und ihren Schönheiten – kann uns eine wertvolle Perspektive auf die vertrautesten Bereiche unseres Lebens verschaffen." (Robert Macfarlane, Autor des Buches „Berge im Kopf", 2005, 304– 305)

Spirituelle Wanderungen in den Bergen
„Gehen ist eine alte christliche und biblische Form religiöser Ausdrucksweise. Nicht der Sprechakt, wie im Gottesdienst, oder die Versenkung, wie in der Meditation, drücken hier das religiöse Bedürfnis aus, sondern die Bewegung." (Ulrike Dittmar und Christian Dittmar über spirituelle Wanderungen, die sie in den bayerischen Voralpen leiten, 2004, 382)

Staunen lernen
„Berge geben uns die unschätzbare Fähigkeit des Staunens zurück, die uns die moderne Lebensweise unmerklich entzieht, und sie drängen uns, dieses Staunen auf unsere alltägliche Welt anzuwenden." (Robert Macfarlane 2005, 305)

Anziehungskraft der Berge
„Ein Berg kann dieselbe unwiderstehliche Anziehungskraft ausüben wie ein Abgrund." (Théophile Gautier, in: Macfarlane 2005, 8)

Grundbedürfnis Bergsteigen
„Das Bedürfnis, den Raum zu erforschen – [auf Berge] hinaufzusteigen –, ist dem menschlichen Geist angeboren." (Robert Macfarlane 2005, 162)

Respekt vor der Natur
„In den Bergen habe ich immer großen Respekt vor der Natur." (Ottilie Dörrich, Besteigerin des 8046 Meter hohen Shisha Pangma)

Mut
„Mut ist Voraussetzung für eine Bergtour." (Ottilie Dörrich)

Spiritualität der Bergvölker
„Religion und Spiritualität der Tibeter haben mich sehr beeindruckt." (Ottilie Dörrich)

Kontemplatives Glück der Berge
„Das Erfolgserlebnis ist nicht das einzige Vergnügen, das in der Höhe liegt. Mit dem sinnlichen Erlebnis ist eine Freude verbunden: eine Glückseligkeit, die […] kontemplativer Natur ist. Höhe sorgt dafür, dass einem der vertrauteste Anblick völlig fremd erscheint." (Robert Macfarlane 2005, 164)

Anstöße zum Nachdenken:
- Berg – Heiliger Ort in der Natur
- Gipfel – Berührung von Himmel und Erde
- Aufstieg – ein Ziel vor Augen; beharrlich nach oben streben
- Abstieg – Rückkehr in den Alltag
- Gipfelkreuz – Symbol für Dank, Mahnung, Ehrfurcht

Erfahrungen: Die Zitate sprechen viele Menschen an, denn Berge wurden zu allen Zeiten als besondere – als heilige – Orte betrachtet. Stephen Bacon spricht in Anlehnung an die Psychologie Alfred Adlers von einem Archetypus menschlichen Erlebens, der in jedem von uns steckt (vgl. Bacon 1998).

 Zum Weiterlesen: Francia (1999): Der untere Himmel; Albus (2002): Wohnungen der Götter; Macfarlane (2005): Berge im Kopf.

Wald

Von einem Erlebnis im Wald: Wir hatten uns an einem Tag im Hochsommer mit einer 15-köpfigen Jugendgruppe eine besondere Waldwanderung vorgenommen: von der südwestfranzösischen Metropole Bordeaux durch das großflächige Waldgebiet Les Landes immer Richtung Westen bis zur Atlantikküste und anschließend südlich bis zur Spitze der Halbinsel um Cap Ferret, achtzig Kilometer durch weite Kiefernwälder, ohne ein Dorf oder eine Stadt zu erreichen. Für die erste Etappe von rund zwanzig Kilometern hatten wir uns zwei Häuser im Wald, offensichtlich ein einsam gelegener Bauernhof, als Ziel ausgewählt. Dort wollten wir Trinkwasser auffüllen und in der Nähe der Siedlung übernachten. Guten Mutes ging es mit vollem Gepäck bei dreißig Grad viele lange Kilometer durch die Kiefernwälder, ohne auch nur einem Menschen zu begegnen. Als es Abend wurde, erreichten wir die beiden Häuser. Überrascht stellten wir fest, dass die Häuser unbewohnt und einsturzgefährdet waren. Erschrocken wurde uns unsere Situation bewusst: ganz allein, mitten in einem unbekannten Waldstück in einem fremden Land, viele Stunden Fußmarsch entfernt von den nächsten Menschen, und nur noch wenig Wasser in den mitgeführten Trinkflaschen. Mit Hereinbrechen der Dunkelheit bereiteten wir uns einen Platz zum Biwakieren – mitten in einem Wald, der uns unendlich fremd und dunkel erschien. Was wäre, wenn man hier auf gefährliche Tiere wie Skorpione trifft oder ein Unwetter aufzieht oder wenn es am nächsten Rastplatz kein Trinkwasser gibt oder im schlimmsten Fall, sich jemand aus der Gruppe verletzen würde? Jedes mehr oder weniger unheimliche Geräusch des Waldes ließ jemanden aufhorchen. Wir legten uns mit unseren Schlafsäcken unter einen großen Baum. Um uns Mut zu machen, legten wir uns eng nebeneinander und sangen Lieder. Einer aus dem Leitungsteam erzählte die Fabel vom Adler, der in einem Hühnerstall aufwächst und schließlich in der Natur zu seinem eigentlichen Wesen als Adler zurückfindet. Alle hörten gespannt zu. Singen und Erzählen, miteinander unterwegs, ausgesetzt und aufeinander angewiesen sein, verbreitete eine besondere, heilig anmutende Stimmung. Im Schutz des mächtigen Baumes verflog die Angst und wir fühlten uns eng verbunden mit diesem Baum, mit diesem Wald, mit dem Sternenhimmel über uns, mit dem ganzen Universum. Und bald löste sich die Beklemmung.

Am nächsten Etappenziel, einem bewirtschafteten Bauernhof, konnten wir unsere Wasservorräte bei hilfsbereiten Einheimischen wieder auffüllen und der Weg zur Küste konnte fortgesetzt werden. Und die Geschichte vom Adler wird wahrscheinlich jeder aus der Gruppe sein Leben lang in Erinnerung behalten und mit dieser Nacht im Wald in Verbindung bringen.

Naturraum Wald

Mitteleuropa wäre ohne Eingriffe des Menschen eine geschlossene Waldlandschaft. Lediglich Moore, Felsen, Küstendünen und hohe Berggipfel würden in der mitteleuropäischen Laubwaldzone waldfrei bleiben. Seit der letzten Eiszeit vor rund zwölftausend Jahren verbreiteten sich zunächst Birke und Hasel, später auch Eiche, Linde und Esche, seit etwa zweitausend Jahren auch die Buche. Erst durch das Vordringen der Menschen in diese Landschaft wurden große Flächen für Ackerbau, Siedlungen und Verkehrswege gerodet. Im Mittelalter wurden dann ganze Wälder für die Glasherstellung und die Metallverarbeitung regelrecht verheizt. Auch für den Bau von Schiffen und Gebäuden sowie später für die Industrie wurden enorme Mengen Holz verbraucht. Heute sind noch etwa 30 Prozent des Landes in Deutschland von Wald bedeckt.

Der Naturraum Wald ist durch eine Vielzahl an Pflanzen, Tieren und Mikroorganismen gekennzeichnet, wie sie kaum ein anderer natürlicher Lebensraum in unseren Breiten aufweist. Die Lebewesen des Waldes stehen in engen Wechselbeziehungen zueinander. Nirgendwo sonst lassen sich ökologische Regeln anschaulicher verstehen. Käfer, Spinnen, Schnecken, Mäuse, Vögel, Säugetiere und viele andere Lebewesen sind in vielfältigen Nahrungsketten miteinander vernetzt. Je höher zum Beispiel der Bestand an Rehwild ist, umso mehr junge Baumknospen werden abgebissen, um nur ein Beispiel zu nennen, das immer wieder zu Konflikten zwischen Waldbauern und Jägern führt.

Wald ist ökologisch betrachtet viel mehr als eine Ansammlung von Bäumen. Ab einer gewissen Fläche entwickelt sich ein eigenes lokales Klima, da Wald sehr viel Wasser speichern kann, sowie ein einzigartiger Boden, in dem in riesigen Mengen pflanzliche Stoffe abgebaut werden. Die Fähigkeit der Bäume zur Photosynthese macht den Wald als grüne Lunge zum wichtigsten Sauerstoffproduzenten. Ebenso wirkt er als Filter für Staubpartikel aller Art. Zahlreiche beeindruckende Dinge sind im Wald zu entdecken. So gibt es Bäume, die tausend Jahre und älter sind, so erreicht der Wanderfalke im Sturzflug eine Geschwindigkeit bis zu 290 Stundenkilometern, und allein in Mitteleuropa sind mehr als siebentausend verschiedene Tierarten im Wald zu finden.

Der Mensch braucht den Wald in vielfältiger Weise, sei es zur Produktion des nachwachsenden Rohstoffes Holz, als Wasserspeicher, Sauerstoffspender und Staubfilter, als Schutzwald zur Stabilisierung von Berghängen und als Erholungsgebiet. Die Beziehung des Menschen zum Wald ist von diesem hohen Nutzwert geprägt. Doch auch in emotionaler Hinsicht berührt der Naturraum Wald die Menschen. Stille und Einsamkeit umfangen den Wanderer im Wald und schärfen seine Sinne. Eine besondere „Aura" kann der Besucher des Waldes in der Dämmerung und in der Nacht empfinden. In der Dunkelheit werden Geräusche und Schatten anders wahrgenommen als bei Tageslicht. Die Sinne lassen sich leichter täuschen. Unbewusstes, Ängste und Phantasien kommen zum Vorschein.

Erlebnispädagogische Aktivitäten im Wald

Wald ist aus erlebnispädagogischer Sicht zunächst ein unspektakulärer Naturraum. Die Berge, das Meer oder Wüsten üben auf den Menschen eine besondere Faszination aus. Aufgrund der räumlichen Entfernung ist eine Erkundung dieser Naturräume in der Regel mit einem großen Aufwand verbunden. Beim Wald verhält es sich anders. Ein Waldstück befindet sich meist in der Nähe zum Wohnort und ist problemlos zu erreichen.

Sich im Wald zu bewegen heißt in erster Linie, sich zu Fuß fortzubewegen, sich auf Waldwegen, Pfaden oder weglos zu orientieren. Interessant wird es besonders dann, wenn die Orientierung ausschließlich an natürlichen Gegebenheiten erfolgt, an Waldformen wie Hochwald mit Nadelbäumen oder Jungwald mit gemischten Baumbestand, die in Forstkarten farblich markiert sind, oder an Geländeformen, wie Hangkanten oder Tal-Einschnitten, die besonders gut in topografischen Karten ersichtlich sind. Aber auch Wanderkarten mit bunten Wegmarkierungen in touristisch erschlossenen Regionen können eine Orientierung bieten, wenngleich an von Menschenhand geschaffenen Linien und Wegen.

Zum Weiterlesen: Bayerische Staatsforstverwaltung (2004): Forstliche Bildungsarbeit; Cornell (1986): Mit Kindern die Natur erleben; Cornell (1991a): Auf die Natur hören; Cornell (1991b): Mit Freude die Natur erleben; Jagenlauf/Michl (2004): Der Wald als Lernraum.

Abb. 13: Spiegelgang im Wald: die Kronenwelt der Bäume aus einer anderen Perspektive sehen

Spiritualität im Wald

In zahllosen Kulturen und Religionen ist der Wald beseelt und bevölkert von übersinnlichen Wesen, von Baum-Gottheiten, Geistern oder hilfsbereiten Wesen mit magischen Kräften. Heilige Bäume und heilige Wälder gibt es in vielen Religionen. Bereits seit der Frühzeit der Menschheitsgeschichte sind Bäume ein starkes religiöses Symbol. Sie stehen für Unsterblichkeit, da sie mit einem Lebensalter von hundert Jahren, bei einigen Baumarten sogar einem Vielfachen davon, Menschengenerationen überleben. Noch bis vor wenigen Jahrhunderten betrug die durchschnittliche Lebenserwartung der Menschen gerade einmal dreißig bis vierzig Jahre. Auch hierzulande gibt es Bäume, die mehr als tausend Jahre alt sind. In den Weißen Bergen in Kalifornien gibt es sogar Borstenfichten, die mehr als 4600 Jahre alt sind, eine für Menschen unvorstellbare Zeitspanne, völlig außerhalb des persönlichen Zeitempfindens.

In der keltischen Kultur, deren Blütezeit in Europa im ersten Jahrtausend vor Christus war, hatten die Druiden eine herausragende Stellung. Albert Uderzo und René Goscinny machten sie mit ihren Geschichten von Asterix, Obelix und Miraculix einem breiten Publikum bekannt. Für die Druiden hatte jeder Baum, jede Quelle, jedes Lebewesen eine Seele. Sie sammelten Kräuter im Wald, Rinde, Wurzeln und Samen von Bäumen und bereiteten daraus Heilmittel. Die Druiden pflegten besondere Bäume, wie die Eibe und die Eiche, denen sie magische Kräfte zuschrieben und legten heilige Haine an. Der Druidenhain bei Wohlmannsgesees in der Fränkischen Schweiz nördlich von Nürnberg fasziniert auch heute noch viele Menschen.

Mit der Ausbreitung des Christentums in Europa wurden die heidnischen Kulte zurück gedrängt. Der Glaube an einen Gott vertrug sich nicht mit der Vorstellung von vielen Göttern und übersinnlichen Wesen, die in Bäumen oder im undurchschaubaren und dunklen Wald hausen. Heilige Bäume wurden vielfach gefällt, Wälder oder Haine gerodet, sofern sie dem Anschein nach mit heidnischen Ritualen in Verbindung standen. An ihrer Stelle wurden Kreuze, Kapellen oder Klöster errichtet. Bis ins fünfte Jahrhundert war Christen die Darstellung von Bäumen verboten (Limacher 2004, 11; Eggmann/Steiner 1995). Allerdings hat sich die tief verwurzelte Überzeugung, dass Bäume und Wälder eine spirituelle Ausstrahlung haben können, nie völlig ausmerzen lassen. Besonders in katholischen Gegenden gibt es viele Wegkreuze neben markanten Bäumen, Kreuzsteine, in Bayern auch als Marterl bezeichnet, und ähnliche religiöse Symbole an beeindruckenden Plätzen in Wald und Flur. Feldgottesdienste, Wallfahrten oder Flurprozessionen sind einprägsame Ausdrucksformen religiösen Lebens, die wahrlich alle Sinne ansprechen. So verwundert es nicht, dass zum Beispiel alle Orte im katholischen Bistum Bamberg, an denen Heilige auf übernatürliche Weise Menschen erschienen sein sollen, ob Vierzehnheiligen, Gößweinstein oder Heroldsbach, in einer ruhigen Wald- und Wiesenlandschaft liegen. Und immer mehr gibt es auch Waldfriedhöfe, auf denen Menschen begraben werden, die näher mit der Natur, ihrem Kreislauf von Wachsen und Vergehen verbunden sein wollen.

Zum Weiterlesen: Limacher (2004): Von heiligen Bäumen und Wäldern; Eggmann/Steiner (1995): Baumzeit; Kreszmeier (2004): Lustig ist es im grünen Wald …?

Übung 23: Einsamer Weg

Charakter: Naturwahrnehmung, Einsamkeit

Gruppengröße: allein oder in Gruppen bis ca. 15 Personen

Alter: ab ca. 10 Jahren

Ort: Weg in einem abwechslungsreichen oder markanten Waldgebiet, zum Beispiel mit außergewöhnlichen Bäumen, auffälligen Steinen oder besonderen Tieren

Zeit: bei Tag, in der Dämmerung und bei Nacht durchführbar

Anleitung: Gehen Sie alleine eine vorher festgelegte Wegstrecke. Lassen Sie sich Zeit. Betrachten Sie die Umgebung ruhig und aufmerksam. Suchen Sie sich etwas in der Natur, das Ihnen besonders auffällt. Das kann ein alter Baum, ein glitzernder Stein oder die Feder eines Vogels sein. Nehmen Sie, wenn möglich, dieses Naturmaterial mit zum Zielpunkt des Weges. Überlegen Sie sich einen Satz oder eine andere Ausdrucksform zu diesem Naturgegenstand. Tauschen Sie sich mit Anderen aus.

Anleitung für Gruppen: Gehen Sie die Wegstrecke nacheinander mit jeweils einigen Minuten Abstand, so dass Sie keinen Kontakt mit Anderen haben. Bei einer kurvenreichen Strecke oder bei Dunkelheit kann der Abstand etwas geringer sein als am helllichten Tag.

Variation: Suchen Sie auf dem Weg die auf den ausgeteilten Fotos abgebildeten Naturgegenstände. Zur Vorbereitung wurden dafür markante Punkte auf dem Weg fotografiert und als Suchbilder jedem Teilnehmer mit auf den Weg gegeben.

Anstöße zum Nachdenken:
- persönlich bedeutsame Gegenstände in der Natur
- Ruhe und Achtsamkeit bei der Wahrnehmung
- Weg als Symbol für einen Lebensabschnitt
- überraschende Entdeckungen

Erfahrungen: Die Wahrnehmung eines Naturraums hängt sehr stark von der Bereitschaft einzelner und der Gruppe ab, sich auf Übungen einzulassen.

Die Gruppengröße, das Alter der Teilnehmer, die Beschaffenheit des Geländes und die Länge der Wegstrecke müssen auf die Gruppensituation abgestimmt werden. Beispielsweise kann es in Neumondnächten dunkel sein, so dass man sprichwörtlich seine Hand vor Augen nicht mehr sieht.

 Zum Weiterlesen: Cornell (1991b): Mit Freude die Natur erleben, 90.

Übung 24: Biblische Bäume

Charakter: Besinnung

Gruppengröße: allein oder in Gruppen bis ca. 15 Personen

Alter: ab ca. 15 Jahren

Ort: Markanter Baum in der Landschaft, der zum Beispiel an einer Wegkreuzung oder auf einem Hügel steht, der im Sommer Schatten spendet oder zur Erntezeit wohlschmeckende Früchte.

Anleitung: Betrachten Sie einen Baum, der für Sie einen besonderen Charakter hat. Überlegen Sie, welche Gedanken Sie mit diesem Baum verbinden, was Sie anspricht. Erinnern Sie sich auch an Bäume, die Sie aus Ihrer Kindheit kennen, die Sie besonders beeindruckt haben und mit denen Sie etwas Besonderes verbinden. Als Kind zeigt man sich aufgrund der Größenverhältnisse von Bäumen noch stärker beeindruckt.

Charakterisieren Sie, jeweils mit einem Wort, welches Bild und/oder welche Assoziation Sie am meisten anspricht.

Lesen Sie die biblischen Geschichten, die jeweils ein anderes Merkmal eines Baumes beschreiben. Überlegen Sie, welches der Symbole Sie am stärksten anspricht?

Hintergrund: Bäume haben für Menschen immer schon eine besondere Bedeutung; auch für die Verfasser biblischer Geschichten. In der zum großen Teil kargen Landschaft Palästinas sind sie Wegweiser für Wasserstellen und Oasen. Fruchttragende Bäume versorgen die Menschen mit Oliven, Feigen und anderen Früchten. So ist es nur natürlich, dass Bäume bereits in der Schöpfungsgeschichte im ersten Buch der Bibel, dem Buch Genesis, als Symbol für das Leben stehen.

Biblische Texte

Baum des Lebens

Nachdem die ersten Menschen gegen Gottes Gebote verstoßen haben, wird ihnen der Weg zum Baum des Lebens, einem Symbol der Unsterblichkeit, versperrt:

„Dass er jetzt nicht […] vom Baum des Lebens nimmt, davon isst und ewig lebt!" (Gen 3, 22)

Baum der Erkenntnis

Gott erklärt den Menschen den Baum der Erkenntnis, der zur Unterscheidung von Gut und Böse dient:

„Von allen Bäumen des Gartens darfst du essen, doch vom Baum der Erkenntnis von Gut und Böse darfst du nicht essen." (Gen 2, 16–17)

Baum der Hoffnung

Der verzweifelte und hoffnungslose Hiob vergleicht sich mit einem Baum, der immer wieder neue Zweige und Sprösslinge austreibt, auch wenn er altert oder gefällt wird:

„Denn für den Baum besteht noch Hoffnung, ist er gefällt, so treibt er wieder, sein Sprössling bleibt nicht aus. Wenn in der Erde seine Wurzel altert und sein Stumpf im Boden stirbt, vom Dunst des Wassers sprosst er wieder und wie ein Setzling treibt er Zweige." (Hiob 14, 7–9)

Starker Baum, starker Mensch
In den biblischen Geschichten werden Bäume oft mit Menschen verglichen:
„Gesegnet der Mann, der auf den Herrn sich verlässt und dessen Hoffnung der Herr ist. Er ist wie ein Baum, der am Wasser gepflanzt ist und am Bach seine Wurzeln ausstreckt." (Jer 17, 7–8)
„Du hast (im Traum) einen Baum gesehen; er wuchs zusehends und wurde immer mächtiger. Seine Höhe reichte bis an den Himmel und er war auf der ganzen Erde zu sehen. Dieser Baum bist du, König; du bist groß und mächtig geworden." (Dan 4, 17–19)

Baum – Zeichen für das Wirken Gottes
In der Bibel stehen Bäume auch als Symbol für das Wirken einer göttlichen Macht:
Das Reich Gottes „ist wie ein Senfkorn, das ein Mann in seinem Garten in die Erde steckte; es wuchs und wurde zu einem Baum und die Vögel des Himmels nisteten in seinen Zweigen." (Lk 13, 18–19)
„Ich mache den hohen Baum niedrig, den niedrigen mache ich hoch. Ich lasse den grünenden Baum verdorren, den verdorrten erblühen." (Ez 17, 22–24)

Baum der Begegnung
Der Zöllner Zachäus steigt auf einen Feigenbaum:
„Zachäus, der oberste Zollpächter, wollte gern sehen, wer dieser Jesus sei, doch die Menschenmenge versperrte ihm die Sicht; denn er war klein. Darum lief er voraus und stieg auf einen Maulbeerfeigenbaum, um Jesus zu sehen, der dort vorbeikommen musste." (Lk 19, 3–6)

Anstöße zum Nachdenken:
- Baum der Erkenntnis: Weisheit, Verständnis, Wissen, Unterscheidungskraft
- Baum des Lebens: Fruchtbarkeit, Lebenskraft, Jahresringe
- Baum der Hoffnung: Unsterblichkeit, Widerstandskraft
- Baum der Begegnung: Ausblick, Überblick, Höhe, Weite

Erfahrungen: Die Bibeltexte sind auch für Besinnungen und Gottesdienste gut geeignet.

Übung 25: Sagen und Legenden im Wald

Charakter: Naturwahrnehmung

Ort: markantes Waldstück, am besten in einem dichten Hochwald

Gruppengröße: allein oder in Gruppen bis ca. 25 Personen

Alter: ab ca. 5 Jahren; zumindest bei Kindern sollte auf Erzählungen mit angsteinflößenden Gestalten, wie Gespenstern oder ähnlichem, verzichtet werden

Anleitung: Lesen Sie die alten Sagen. Erzählen Sie sich gegenseitig von Ihren eigenen Kindheitsvorstellungen. Überlegen Sie, welche Hintergründe magische Begebenheiten im Wald haben können, und wie sie diese Geschichten mit ihrer eigenen weltanschaulichen oder religiösen Einstellung beurteilen.

Zitate aus Sagen und Legenden

Erscheinung der Heiligen Maria im Frankenwald

Von gläubigen Katholiken gibt es Legenden, nach denen ihnen im Wald ein Heiliger oder Gott selbst erschienen ist.

Aus dem Frankenwald ist eine Legende überliefert, bei der eine alte und arme Mutter in einem grimmigen Wintersturm am Weihnachtsabend auf der sogenannten „Schiefen Ebene", einer langgezogenen Geländestufe, durch den Wald zum Dorf Marktschorgast läuft. Vor Erschöpfung sinkt sie im Schneetreiben auf einen Baumstamm und glaubt, zu erfrieren. „In ihrer Herzensangst faltete sie die schwieligen Hände und rief Maria, die Himmelskönigin, um Hilfe und Beistand an. Kaum hatte die alte Frau ihr Gebet beendet, als sie bewusstlos zusammenbrach. Sie erwachte erst wieder, als sie daheim in ihrem warmen Stübchen im Bette lag und die Heilige Maria bei ihr stand" (Wippenbeck 1949, 116).

Zwerge im Fichtelgebirge

In den weitläufigen und dunklen Fichtenwäldern des Fichtelgebirges wird in vielen Sagen von Zwergen berichtet, die armen oder in Not geratenen Menschen helfen. Wichtig ist allerdings, dass sich die Menschen respektvoll gegenüber allen Lebewesen verhalten und sich an die Anweisungen der Fabelwesen halten. Zwerge sind häufig alt, mit langem Bart, unscheinbar und klein – so erzählen zumindest die Geschichten.

„Vor langer Zeit hüteten in den Wäldern am Ochsenkopf drei Kinder ihre Ziegen, zwei Buben aus reichen Bauernfamilien und ein Mädchen, die Tochter eines armen Tagelöhners. An einem Sommertag kam ein drolliger kleiner Zwerg mit langem Bart durch das hohe Waldgras. Er gesellte sich zu den Kindern und lauschte andächtig ihren Gesprächen. Als sie am späten Nachmittag aufbrechen wollten, sagte der Zwerg: Ihr seid gute Kinder, ihr habt mir nichts zuleide getan, ich will euch darum etwas schenken, und gab jedem Kind einen kleinen Brotlaib. Die beiden Buben warfen ihr Brot verächtlich ins Gebüsch, das Mädchen aber nahm es mit. Zu Hause stellte sie fest, dass der ganze Laib mit Goldstücken gefüllt war. Als die beiden Buben am nächsten Morgen im Wald nach ihren weggeworfenen Broten suchten, konnten sie nichts mehr finden" (Wippenbeck 1949, 90).

Hexen im Druidenhain

In einem Buchenwald bei Wohlmannsgesees in der Fränkischen Alb liegen zahlreiche bemooste, mehrere Meter große Felsbrocken wie in Reihen angeordnet. Dieser sogenannte Druidenhain soll ein altgermanischer Kultplatz gewesen sein. Auch in heutiger Zeit ist der Platz ein Anziehungspunkt für dubiose Anhänger altertümlicher Erdreligionen.

Alte Sagen berichten, dass der Druidenhain ein Versammlungsplatz von Hexen gewesen sein soll. „Diese weiblichen Nachtgeister sind dem Teufel hörig und üben allerlei Zauber aus." Bei Feuerschein hielten sie angeblich in dunklen Nächten geheimnisvolle Zusammenkünfte ab (Mehle 1998, 234).

Teufelstisch im Gräfenberger Wald

Skurrile Felsformationen wurden in vorchristlicher Zeit oft als kultische Opferstätten genutzt. Mit dem Vordringen des Christentums wollte man alle Spuren heidnischen Glaubens tilgen. So wurden an diesen Orten oft Kirchen, Kapellen oder Klöster errichtet. Um Menschen abzuschrecken wurden die Orte in Erzählungen oftmals als teuflisch oder verhext bezeichnet.

In einem Waldstück bei Gräfenberg in der Fränkischen Alb findet sich eine Felsplatte, die auf einem Felsblock ruht. Sie wird wegen ihres Aussehens Teufelstisch genannt.

Nach einer alten Sage soll der Ritter Kuno vom Teufel zu einem mitternächtlichen Essen im Wald eingeladen worden sein. Da er nicht als feige angesehen werden wollte, folgte er der Einladung. Der Teufel baute aus Felstrümmern diesen Tisch und beide speisten schweigend. Nach dem Essen sprach der Ritter nach alter Gewohnheit sein Dankgebet und bekreuzigte sich. „Das aber bekam dem Teufel nicht, der sich als Nachspeise gerne seines Gastes bedient hätte. Mit einem fürchterlichen Fluch verschwand er in der Luft, und nur noch die hinterlassenen Schwefeldämpfe kündeten von seiner Anwesenheit" (Mehle 1998, 202).

Anstöße zum Nachdenken:
- Welche menschlichen Grunderfahrungen können diese sagenhaften Geschichten ausdrücken?
- Wo grenze ich mich als moderner aufgeklärter Mensch, als Christ von abergläubischen Vorstellungen ab?
- Wo sind die Grenzen der Toleranz erreicht? Wo sind sie überschritten?

Erfahrungen: Gerade bei Kindern oder Jugendlichen sollte man sehr genau überlegen, ob und in welcher Form man diese alten Sagen erzählen will. Der Sage kann zum Beispiel eine erklärende Einführung vorgeschaltet werden. Auch eine Abgrenzung zu pseudo-religiösen Praktiken sollte unbedingt erfolgen.

Zum Weiterlesen: Die aufgeführten Zitate stammen aus Mehle (1998): Ritter, Schurken, Schlossgespenster; Wippenbeck (1949): Es war einmal.

Übung 26: Mein Baum in meinem Wald

Charakter: Naturwahrnehmung, Beziehung Mensch – Baum/Wald
Alter: ab 14 Jahren
Gruppe: allein oder in Gruppen bis ca. 15 Teilnehmer
Ort: abwechslungsreiche Waldlandschaft mit verschiedenartigen Waldbeständen
Material: Fotos, Zeichnungen und Bilder von Bäumen und Wäldern
Anleitung: Suchen Sie sich einen geeigneten Ausgangspunkt für eine Waldwanderung. Ein Waldrand mit Blick in die Landschaft oder eine frei stehende Baumgruppe eignen sich gut.
Stimmen Sie sich am Startpunkt auf die Waldwanderung ein. Suchen Sie sich aus der Bildersammlung ein Bild, das Sie besonders anspricht.
Hintergrund: Bevor die ersten Menschen im mitteleuropäischen Raum sesshaft wurden, war die Landschaft in weiten und großflächigen Teilen von Wald bedeckt. Wald hatte schon immer eine existentielle Bedeutung, insbesondere als Holzlieferant. Wald hat auch heute noch im Unbewussten der Menschen eine bedrohliche Dimension. Im Wald kann man sich verlaufen und die Orientierung verlieren; er ist unüberschaubar und undurchdringlich. Nachts allein im Wald unterwegs zu sein, ist für viele Menschen eine ausgesprochen unangenehme und beklemmende Erfahrung.

Anstöße zum Nachdenken:
- Wichtige Bäume in der eigenen Kindheit: Wo stehen sie? Welche Erlebnisse verbinde ich mit ihnen?
- Seele eines Baumes: Haben Sie als Kind (wie viele andere Kinder auch) daran geglaubt, dass ein Baum eine Seele wie ein Mensch hat?
- Abenteuer und Angst im Wald: Kennen Sie solche Gefühle? Sind sie mit konkreten Situationen verbunden?
- Zerstörung des Waldes: Welche Empfindungen lösen Bilder und Nachrichten von sterbenden Bäumen und Wäldern bei Ihnen aus?

Erfahrungen: Im Gegensatz zum Wald ruft ein einzelner Baum keine mit Angst verbundenen Gefühle hervor. Deshalb finden viele Menschen leichter über einen einzelnen Baum einen emotionalen Zugang zum Naturraum Wald. Gerade aus der eigenen Kindheit hat fast jeder eine Vorstellung von einem eigenen Baum, mit dem Erlebnisse wie Baumklettern, der Bau eines Baumhauses, die Kirsch- oder Apfelernte verbunden sind.

 Zum Weiterlesen: Bayerische Staatsforstverwaltung (2004): Forstliche Bildungsarbeit, Kap. V.4 – Meditative Elemente

Übung 27: Märchenwald

Charakter: kreative Naturwahrnehmung

Ort: markantes Waldstück mit Felsen, mächtigen Bäumen, Moor- oder Gewässerabschnitten

Gruppengröße: allein oder in Gruppen bis ca. 25 Personen

Alter: ab ca. 5 Jahren

Anleitung: Lesen Sie die Märchen der Brüder Jakob Grimm (1785–1863) und Wilhelm Grimm (1786–1863). Überlegen Sie, welches Waldstück für das jeweilige Märchen passend sein könnte. Erzählen Sie sich gegenseitig von Ihren Kindheitsvorstellungen, die Sie mit dem jeweiligen Märchen verbinden.

Wald im Märchen

Rotkäppchen

Die Mutter sagte zu Rotkäppchen: „Pass gut auf, lauf nicht in den Wald, halte dich immer auf dem Weg und lauf nicht nach rechts und links, damit dir im Wald nichts zustößt." Rotkäppchen ging los, in den dunklen Wald hinein. Plötzlich kam ihr ein Wolf auf dem Weg entgegen …

Hänsel und Gretel

Ein armer Holzfäller und seine Frau beschlossen eines Tages schweren Herzens, dass sie ihre Kinder in einem großen Wald aussetzen würden, da sie nicht mehr für Essen und Trinken sorgen konnten. Am Morgen machten sie sich auf den Weg. Tief im Wald ließen die Eltern ihre Kinder allein zurück. Als die Nacht kam, zitterten die Kinder beim Anblick der Furcht erregenden Augen und unheimlichen Schatten, die sie überall in der Dunkelheit sahen. Eng umschlungen schliefen sie unter einem Baum. In der Morgendämmerung suchten sie den Weg zurück. Doch sie kamen immer tiefer in den Wald hinein. Schließlich erreichten sie eine kleine Lichtung mit einem sehr ungewöhnlichen Häuschen …

Schneewittchen

Die böse Königin befahl einem Jäger, Schneewittchen im Wald zu töten. So führte der Jäger das Mädchen in den Wald. Weil er aber Mitleid mit dem

Kind hatte, ließ er es laufen. Er dachte, die wilden Tiere würden es sowieso fressen. Ängstlich irrte Schneewittchen durch den Wald. Die Tiere taten ihr aber nichts zu Leide. Und so kam sie zu einer Lichtung mit einem Häuschen …

Brüderchen und Schwesterchen
Ein Brüderchen und ein Schwesterchen mussten sehr unter ihrer bösen Stiefmutter, einer Hexe mit Zauberkräften, leiden. Deshalb beschlossen die Geschwister, in die Welt hinaus zu gehen. Sie wanderten durch einen großen Wald. Nach einiger Zeit hatte das Brüderchen großen Durst und wollte etwas trinken. Er wusste aber nicht, dass seine Stiefmutter alle Wasserquellen verzaubert hatte. Als er vor Durst kaum noch laufen konnte, kamen sie zu einer Quelle, aus der sie eine Stimme hörten: „Wer aus mir trinkt, der wird ein Reh." Brüderchen trank und verwandelte sich auf der Stelle in ein Reh. Seine Schwester sammelte nun täglich Beeren, Wurzeln, Nüsse und Gras für das Reh.
 Eines Tages begab es sich, dass der König des Landes eine große Jagd im Wald veranstaltete …

Die goldene Gans
Der Holzfäller Thaddäus wollte riesige Bäume im Wald fällen. Das Holz war aber hart wie Stein. Seine Axt wurde schnell stumpf und er setzte sich erschöpft ins Gras, um etwas zu essen und zu trinken. Plötzlich stand ein kleiner Kerl mit weißen Haaren vor ihm und bat ihn um etwas Brot. Thaddäus teilte alles, was er in seinem Beutel dabei hatte, Brot, Käse und Wein. Nach der Mahlzeit sagte das Männchen zu ihm: „Du bist der Einzige von allen Holzfällern, der sein Essen mit mir geteilt hat. Deshalb sollst du von mir, dem Waldzauberer, eine Belohnung erhalten. In der Mitte des Waldes steht ein großer Baum. Wenn du diesen Baum umhaust, werden alle anderen Bäume des Waldes umfallen. Zwischen den Wurzeln wirst du deinen Lohn finden." Thaddäus ging zum großen Baum und fällte ihn. Zwischen den Wurzeln fand er eine Gans aus reinem Gold …

Die drei Wünsche
Ein Holzfäller lebte einst mit seiner Frau in einem kleinen Haus tief im Wald. Eines Tages wollte er eine Tanne fällen, die ungewöhnlich viele Astlöcher hatte. Als er mit seiner Arbeit beginnen wollte, erschrak er heftig. Aus einem Astloch steckte ein Gnom seinen Kopf heraus und schaute ihn mit ängstlichem Blick an. Es sprach zu ihm: „Bitte hau diese schöne Tanne nicht um. Ich wohne in diesem Baum und weiß nicht, wo ich sonst hin soll. Wenn Du die Tanne stehen lässt, erfülle ich dir drei Wünsche." …

Anstöße zum Nachdenken:
- Wald in der Wahrnehmung eines Kindes, eines Jugendlichen und eines Erwachsenen

- tatsächliche und vorgestellte Gefahren des Waldes
- Gestalten des Waldes im Märchen und in der eigenen Vorstellung
- erfüllte Wünsche und Glücksmomente, die mit Erlebnissen im Wald verbunden werden

Erfahrungen: Die Übung ist sehr anschaulich, da die Märchen der Gebrüder Grimm jedem bekannt sind. Je ansprechender der Ort gewählt wird, umso mehr gedankliche Verknüpfungen ergeben sich. Besser ist es in jedem Fall, die Märchen mit eigenen Worten frei zu erzählen, anstatt sie nur vorzulesen.

Zum Weiterlesen: Serges Medien (1999): Mein wunderbarer Märchenschatz.

Wüste

Ein Erlebnis in der Wüste, von dem ich noch Jahrzehnte später die Bilder im Kopf habe: Bei einer Reise in die Wüste Sinai ist auch eine Besteigung des Mosesberges geplant. Mehrere Wanderungen in der Wüste haben die Gruppe mit Jugendlichen und Erwachsenen bereits eingestimmt auf diesen Höhepunkt der Tour. In einer einfachen Herberge übernachten wir, plaudern abends noch lange am Lagerfeuer inmitten eines beeindruckenden Wüstengebirges. Um drei Uhr in der Nacht geht es dann los. Ein Beduine führt die Gruppe auf einem langen geschlungenen Pfad durch die Dunkelheit. Nach mehreren Stunden erreichen wir den Gipfel eines Berges. Hier soll Mose, der das Volk Israel aus der Sklaverei in Ägypten in das Land Kanaan zurückgeführt hat – der biblischen Überlieferung nach – von Gott die Zehn Gebote mitgeteilt bekommen haben. Jeder sucht sich auf dem Gipfelplateau einen ruhigen Platz, beobachtet den Himmel und die Landschaft ringsherum. Bald erscheint die Sonne am Horizont. Rötliches Licht legt sich in der Morgendämmerung sanft über die bergige Steinwüste. Eine beeindruckende Stimmung breitet sich aus. Die ersten Sonnenstrahlen erreichen die Berge, unten im Tal ist es noch dunkel und ruhig. Die wenigen Menschen versenken sich in ihre Gedanken oder in den biblischen Text aus dem Zweiten Buch Mose, der hier verortet werden kann: Zentrale Glaubenssätze des jüdisch-christlichen Glaubens, die Zehn Gebote, haben hier ihren Ursprung. Bald brechen wir wieder auf. Die Sonne lässt die Temperatur schnell steigen. Die Hitze macht uns zu schaffen. Bald wissen wir, warum der Aufstieg in dieser Wüstenlandschaft in die kühlen Nachtstunden gelegt wurde. Jeder ist in sich versunken, lässt die Gedanken schweifen, prägt sich Bilder ein von den Ursprüngen der eigenen Religion, die das Denken noch Jahrtausende später bestimmen. Oben auf dem Gipfel erinnern nur wenige Symbole an die religionsgeschichtliche Bedeutung dieses

Ortes. Eine kleine Kapelle und eine schmucklose Moschee, das ist alles; keine „wohligen Nischen für das Gemüt" wie an vielen europäischen Wallfahrtsorten. Hier sprechen Berg und Wüstenlandschaft für sich.

Spiritualität der Wüste

Die Wüste ist ein Urbild des Menschen. Die drei großen Weltreligionen, die einen Gott verehren, Judentum, Christentum und Islam, sind stark durch Wüstenlandschaften geprägt. Zentrale Glaubens- und Gotteserfahrungen sind untrennbar mit diesem Naturraum verbunden. Die Wüste ist einerseits ein Ort der absoluten Einsamkeit, der Hitze, Dürre und Todesgefahr. Andererseits strahlt die Schönheit und Reinheit der Landschaftsformen auch einen Zauber aus, der mit Freiheit und Grenzenlosigkeit verbunden ist und viele Menschen zum Nachdenken über einen Schöpfer der Welt anregt. In der Wüste wird der Mensch auf ureigenste Bedürfnisse wie Durst und Hunger zurückgeworfen und ist daher auf die gegenseitige Hilfe und sein Orientierungsvermögen in der Natur angewiesen.

Wüste hat auch eine übertragene Bedeutung. Sie steht für Durststrecken im Leben, in denen es an Grundlegendem fehlt: An Freunden, die einem helfen, oder an Geld, das für die Lebensführung erforderlich ist. Wüste steht aber auch für einen Mangel an Orientierung und Halt. Nicht umsonst wählen wir in der Alltagssprache oft den Begriff der Asphalt-, Beton- oder Steinwüste, wenn wir die Probleme und Schattenseiten von Großstädten, Industriegebieten oder großen Verkehrsprojekten ausdrücken wollen. Auch im Leben jedes einzelnen Menschen gibt es Wüstenabschnitte, etwa in Zeiten der Arbeitslosigkeit, der Entfremdung von sicher geglaubten Wahrheiten oder beim Verlust vertrauter Menschen.

In Wüsten jeder Art gibt es aber auch Zeichen des Lebens, Oasen zum Auffüllen lebenswichtiger Vorräte. Diese Orte gilt es zu finden. Und so verbindet sich mit Wüsten sowohl die Erfahrung der Dürre und Auszehrung als auch der Hoffnung und des Auflebens.

Jeder Reisende, der schon einmal in der Wüste im Freien übernachtet hat, kennt die Faszination des Sternenhimmels. Hier sind Sterne und Sternbilder besonders gut zu sehen. Und auf nicht wenige übt dieses Naturschauspiel, weitab jeglicher Einflüsse und Streulichter der Zivilisation, eine spirituelle Ausstrahlung aus. Die unendliche Ausdehnung des Kosmos und die übermenschlichen Dimensionen der Welt werden sichtbar.

Wüste in der Bibel

Wüstenlandschaften sind dem Menschen des Nahen Ostens, so auch den biblischen Gestalten, gut vertraut. Wenige Kilometer von Jerusalem entfernt beginnt die Wüste Juda, die im Osten in die große arabische Wüste und im Süden in die Steppen- und Steinwüstenlandschaft des Negev übergeht. Die Halbinsel Sinai ist nahezu ausschließlich von dieser kargen und trockenen Naturform geprägt. Und in Ägypten beginnt die Wüste zumeist bereits wenige hundert Meter vom fruchtbaren Nilufer entfernt. Ähnlich ist die Situation im südlichen Jordantal.

Die Wüstenerfahrungen des Volkes Israel und von einzelnen Menschen werden beispielhaft in den Schriften der alttestamentlichen Propheten wie Jesaja oder Jeremia aufgegriffen und reflektiert. Die historisch-kritische Bibelforschung datiert die Erzählung vom Auszug Israels aus der Gefangenschaft etwa auf das Jahr 1200 vor Christus. Es handelte sich dabei um eine Gruppe von Fronarbeitern, insgesamt etwa 50 bis 100 Menschen, denen sich im Laufe der Zeit weitere (halb-)nomadische Gruppen anschlossen (vgl. Greshake 2002, 18). Die Erfahrungen in der Wüste sind zeitlose religiöse Grunderfahrungen: Gott führt die Menschen und gibt ihnen Orientierung, er rettet sie aus Gefahrensituationen und versorgt sie mit Wasser und Nahrung, wenn sie in Not sind. Und auch wenn sich Menschen in schwierigen Zeiten gegen ihn entscheiden, wendet er sich nicht ab.

Die Wüste hat in der Bibel eine doppelte Bedeutung. Sie steht zum einen für die Erfahrung von Freiheit. Sie bietet Unterschlupf für Ausgestoßene, Aufständische und Verfolgte. Wüste ist von Natur aus eine Gegenwelt zur Zivilisation. Oftmals ziehen sich Menschen hierhin zurück, so etwa David bei der Flucht vor Saul (1 Sam 21) oder die Magd Hagar bei der Flucht vor ihrer harten Herrin (Gen 16, 6–7). Auch erfordert es der Aufenthalt in der Wüste, als Gemeinschaft zusammenzuhalten, sich gegenseitig zu helfen und zu unterstützen.

Neben dieser positiven Sicht der Wüste als Raum der Freiheit hat Wüste aber auch eine negative Bedeutung als Raum der Gefahr und des Todes. Bereits in der Schöpfungsgeschichte steht die Wüste für das Ur-Chaos (Gen 2, 5). Brennende Sonne, Wasserarmut, starke Winde, unfruchtbares Land und Weglosigkeit sind kennzeichnend. Und genau in dieser Landschaft führt Gott die Menschen, die an ihn glauben, zu Quellen und im übertragenen Sinne zu Freiheit und Leben.

Im Neuen Testament wird die alttestamentliche Erzähltradition weiter geführt. Für Jesus ist die Wüste der Ort, an den er sich allein oder mit seinen Jüngern zurückzieht, um sich zu entspannen, Abstand von der Öffentlichkeit zu halten und um in Ruhe zu beten. Auch Johannes der Täufer lebt wie andere Prediger seiner Zeit in der Wüste und weist auf Jesus hin. Aber auch die negative Bedeutung der Wüste kommt zum Ausdruck, besonders in der Erzählung von der Versuchung (Mt 4, 1), als Jesus vom Teufel in die Wüste geführt wird.

Wüste als spiritueller Ort in der Kirchengeschichte

Die theologischen Facetten dieses Naturraums beleuchtet Gisbert Greshake in seinem 2002 erschienenen Buch „Spiritualität der Wüste". Anschaulich beschreibt er die spirituelle Ausstrahlung dieses Naturraums nicht nur in biblischen Zeiten, sondern auch in der zweitausendjährigen Geschichte des Christentums. Bereits ab dem dritten Jahrhundert zogen sich zahlreiche Einsiedler und Mönchsgemeinschaften in die Wüste zurück, als Gegenentwurf zur inzwischen etablierten christlichen Gesellschaft. Diese Wüstenmönche lebten ein radikal einfaches Leben und widmeten ihr Leben ganz dem Gebet und der Anbetung Gottes. Bis heute lebt ihre Tradition in verschiedenen Glaubensrichtungen fort (vgl. Schneider 2002), wenngleich in einer deutlich geringeren Anzahl von Klöstern als zur Hoch-Zeit im dritten bis fünften Jahrhundert. Im Mittelalter gab es mit Meister Eckart (1260–1328) und den Gründern des Karmel-Ordens im 13. Jahrhundert, die sich an der Wüstenerfahrung des Propheten Elija orientieren, weitere geistesgeschichtliche Linien. Ende des neunzehnten und Anfang des zwanzigsten Jahrhunderts ist es der Franzose Charles de Foucauld, der mit seinem selbst gewählten missionarischen Leben in der Wüste bekannt wird und Menschen zum Nachahmen anregt. Und heute zeugen viele Pilgerreisen in den Negev und den Sinai sowie zahlreiche Sahara-Touristen von der Ausstrahlung der Wüste, die auch spirituelle Dimensionen umfasst.

Spirituelle Entdecker – Charles de Foucauld und Antoine de Saint-Exupéry

Der Naturforscher, Trappistenmönch und Priester Charles de Foucauld (1858–1916) begab sich 1904 zur Missionsarbeit nach Algerien und lebte viele Jahre als Einsiedler in der Wüste Sahara, die längste Zeit davon im Hoggar-Gebirge. Von Anfang an suchte er Kontakt zu den einheimischen Nomadenstämmen, in erster Linie den Tuareg. Zu Fuß war er weit über 5000 Kilometer in der Sahara unterwegs, meist nur mit einem Kamel als Trägetier. Auf der Grundlage eines christlichen Menschenbildes wollte er überall dort, wo er Not sah, mit Medikamenten, Kleidung, Nahrungsmitteln und anderen Dingen konkret helfen. Zentral war für ihn das persönliche Vorbild eines christlichen Lebens. Niemandem wollte er seinen Glauben aufdrücken: „Ich bin nicht hier, um die Tuareg zum Christentum zu bekehren, sondern um zu suchen, sie zu verstehen. Ich bin überzeugt davon, dass Gott uns alle empfangen wird, wenn wir es verdienen" (Schäfer 2006). Wegen seiner unaufdringlichen und selbstlosen Art, mit der er jedem Menschen Gastfreundschaft und tiefen Respekt entgegen brachte, verbreitete sich sein Ruf unter den einheimischen Nomadenstämmen. Sie verehrten ihn bald als großen Marabut, als heiligen Einsiedler.

Foucauld beschäftigte sich intensiv mit der Kultur der Tuareg und anderer Nomadenstämme in der Sahara. In jahrelanger Detailarbeit erfasste er ihre Sprache und stellte ein erstaunlich genaues Wörterbuch der Tuareg-Sprache Tamaschek zusammen. Darüber hinaus sammelte er Gedichte, Sprichwörter und traditionelle Erzählungen der Tuareg.

Auf seine Art ebenso faszinierend ist das Leben und Werk von Antoine Marie Roger Vicomte de Saint-Exupéry (1900–1944). Er war in den Jahrzehnten vor und nach dem Zweiten Weltkrieg einer der meistgelesensten Schriftsteller Frankreichs. Obwohl er sich selbst als Berufspilot sah, verband er seine beiden Leidenschaften – das Fliegen und das Schreiben – in einzigartiger Weise. Zahlreiche nationale und internationale literarische Auszeichnungen und Verkaufserfolge machten ihn zu einem Kultautor. Berühmt wurde er insbesondere durch seine märchenhafte Erzählung „Der Kleine Prinz", die in 140 Sprachen übersetzt wurde, und den Roman „Wind, Sand und Sterne", in dem er von einem Flugzeugabsturz in der Wüste erzählt. Der internationale Flughafen in Lyon wurde aufgrund der außerordentlichen Verdienste Saint-Exupérys nach ihm benannt. Ebenfalls seinen Namen verlieh man dem Asteroiden 2578 – in Anspielung auf die vielen Himmelskörper, von denen er im „Kleinen Prinzen" berichtet.

Die Gedanken Saint-Exupérys über die Welt und das Leben sind geprägt von einer Liebe zu allem Lebendigen. Menschlichkeit, Ehrfurcht vor dem Kosmos, Sehnsucht nach Heimat und Liebe sind Richtschnur seiner Gedanken. Dabei nimmt er oft die Sichtweise eines Fliegers ein, der die Welt weit überblickt. Zwar ist er ganz offensichtlich von seiner christlichen Erziehung beeinflusst, ein ausdrücklicher Bezug zu Gott taucht in seinen Büchern aber erstmals im 1942 erschienenen „Flug nach Arras" auf, als er bei einem Aufklärungsflug über der brennenden Stadt „wie aus einem Schlaf erwacht" (1985, 18). Gott ist für Saint-Exupéry gleichsam der unsichtbare Partner des Betenden. In der Textsammlung „Die Stadt in der Wüste", die erst 1948, vier Jahre nach seinem Tod erschien, denkt er sehr intensiv über den Sinn des Lebens, moralisches Verhalten und das Beten nach.

Die Wüste Sahara hat Saint-Exupéry Zeit seines Lebens intensiv geprägt. Seine Fliegerlaufbahn begann er als Verkehrspilot auf der Strecke Toulouse – Casablanca – Dakar. Er überflog dabei großräumige Steppen- und Wüstenlandschaften in Marokko, der Westsahara, Mauretanien und dem Senegal. In den Jahren 1927/1928 baute er den einsamen Zwischenlandeplatz Cabo Juby in der damaligen spanischen Kolonie Westsahara auf. Eineinhalb Jahre lang war er für die Versorgung verantwortlich, setzte sich mit aufständischen Beduinen auseinander und rettete mehrmals verunglückte Piloten in der Wüste. Auch in späteren Jahren war er mehrfach als Versuchs- und Verkehrspilot in nord- und westafrikanischen Ländern tätig. Unzählige Male überflog er die Sahara und musste mehrfach notlanden. Die Erfahrungen bei einem Unglück 1935 in der ägyptischen Wüste, bei dem er nach fünf Tagen fast verdurstet wäre, verarbeitete er in seinem Roman „Terre des Hommes", zu deutsch „Die Erde der Menschen". Dieses preisgekrönte Werk, das in der deutschen Auflage mit dem Titel „Wind, Sand und Sterne" erschien, traf den Nerv der damaligen Zeit. Kameradschaft und Pflichterfüllung trotz aller Gefahren, Menschlichkeit und Idealismus standen hoch im Kurs. An seinem letzten Werk „Citadelle" mit dem deutschen Titel „Die Stadt in der Wüste" arbeitete er viele Jahre. Auch hier bildet die Wüste den Hintergrund für seine tiefgründigen Gedanken über den Sinn des Lebens.

Erlebnispädagogische Aktivitäten in der Wüste

Zu Fuß in der Wüste unterwegs zu sein, heißt, sich auf das Allernotwendigste zu beschränken. Alles muss selbst getragen werden, auch unter sengender Sonne. Den größten Teil des Gepäcks wird das notwendige Trinkwasser einnehmen. Aber auch für kalte Nächte muss vorgesorgt werden, da der Temperaturunterschied zwischen Tag und Nacht sehr groß ist. Wenn Wüstenbewohner einmal längere Strecken zu Fuß unterwegs sind, dann nur dort, wo sie die oftmals versteckten Wasservorkommen genau kennen. Hilfreich ist es, sich an markanten topografischen Formen zu orientieren, z. B. an einem Berg, einer großräumigen Hangkante oder an einem Trockental.

Größere Strecken legt man auf unbefestigten Wüstenwegen am besten mit Kamel und ortskundigen Führern zurück. Wasservorrat und Lebensmittel werden von den Lasttieren getragen. Das Kamel ist unentbehrlicher Bestandteil der Karawane, der traditionellen Fortbewegung in diesem trockenen und heißen Naturraum. Am günstigsten verbringt man die Mittagsstunden an einem sonnengeschützten Ort und bewegt sich nur in den weniger heißen Morgen- und Abendstunden fort. Der Mensch muss sich einlassen auf das Tier und seine Lebensbedürfnisse, seinen Bewegungsablauf und seine Geschwindigkeit.

Auch bei Wüstentouren mit Fahrrad, Motorrad oder Auto ist eine Beschränkung auf das Notwendige erforderlich, da Werkzeuge und Ersatzteile, sowie gegebenenfalls ein Treibstoffvorrat zum Gepäck hinzukommen. Zudem werden oft längere Touren zu entfernteren Zielen geplant, so dass entsprechend mehr Wasser und Lebensmittel zu transportieren sind.

Das spirituelle Potential natursportlicher Aktionsformen in der Wüste zeigt Tabelle 5.

Tabelle 5: Aktionsformen in der Wüste

	Charakter	Spiritueller Bezug
Wüstenwanderung	– kurze Wegstrecken – gute Kenntnis der Wasserstellen	– Beschränkung auf das existentiell Lebensnotwendige: Wasser, Essen, Kleidung
Wüstentour mit Kamel	– Beziehung Mensch – Tier – der Kultur angepasster Reisestil	– Leben zwischen Extremen – Erfahrung von Freiheit aufgrund eines einfachen Lebensstils
Wüstentour mit Auto, Motorrad oder Fahrrad	– lange Wegstrecken – zusätzlich Werkzeuge, Ersatzteile, ggf. Treibstoffvorrat	– Einsamkeit, allein vor dem Schöpfer – Orientierung an Fixpunkten

 Zum Weiterlesen: Greshake (2002): Spiritualität der Wüste; Le Clézio (2009): Wüste; Baumann (2005): Desert-Info.

Übung 28: Saint-Exupérys Botschaften der Wüste

Charakter: Besinnung, Vertiefung

Ort: beliebiger Platz in einer Wüsten- oder Steppenlandschaft, auch möglich in einer kargen, trockenen oder monotonen Landschaft, oder an einem beliebigen ruhigen Ort

Alter: Jugendliche und Erwachsene, ab ca. 15 Jahren

Gruppengröße: bis ca. 20

Anleitung: Lesen Sie in den Büchern von Saint-Exupéry; interessante Stellen sind unten angegeben. Überlegen Sie, was Sie besonders anspricht.

Antoine de Saint-Exupéry hat viele Jahre seines Lebens in der Wüste Sahara gelebt und sie in der Frühzeit der Verkehrsfliegerei vielfach überflogen. Die Erlebnisse und Erfahrungen in der Wüste, sowie die Ausstrahlung dieser besonderen Landschaft haben ihn zu tiefgreifenden Reflexionen über den Sinn des Lebens und die Ausstrahlung dieser Naturlandschaft inspiriert.

Überlegen Sie, welche Wirkung dieser karge extreme Naturraum auf Sie hat. Welche Gedanken gehen Ihnen durch den Kopf? Tauschen Sie sich mit Anderen aus. Suchen Sie sich eine Ausdrucksform.

Gedanken von Antoine de Saint-Exupéry über die Wüste und das Leben

Wasser des Lebens
Saint-Exupéry und der Mechaniker Prévot werden fünf Tage nach einem Flugzeugabsturz in der Wüste kurz vor dem Verdursten von einem Beduinen gefunden, der ihnen Wasser zum Trinken gibt. Mit ausdrucksstarken Worten beschreibt Saint-Exupéry die Wirkung des köstlichen Wassers (Wind, Sand und Sterne, Kap. 8 – Der Durst, 165– 166).

Unsichtbare Schönheit der Wüste
Auf der Suche nach Wasser in der Wüste ruhen sich der Erzähler, Saint-Exupéry, und der kleine Prinz nachts auf einer Düne aus. Sie denken über das Wesen der Wüste nach und erkennen ihre Schönheit (Der Kleine Prinz, Kap. XXIV, 56).

Zeder im Sandwind
Saint-Exupéry vergleicht die Stärke beziehungsweise die Schwäche der Gedanken von Dichtern, Liebenden und Machthabern mit einem Baum in der Wüste, der erst dann austrocknet und abstirbt, wenn er sich selber aufgibt (Die Stadt in der Wüste, Kap. 13, 56).

Wüstenzeit
Saint-Exupéry lernt von der Kultur der arabischen Nomaden einen gelassenen Umgang mit der Zeit, der an die natürlichen Gegebenheiten der Wüste angepasst ist (Wind, Sand und Sterne, Kap. 7 – Die Wüste, 106).

Wüste – Ursprung der Weltreligionen
Saint-Exupéry versucht, die Wüste als Ursprungsort der drei Ein-Gott-Religionen Judentum, Christentum und Islam zu begreifen (Wind, Sand und Sterne, Kap. 7 – Die Wüste, 118).

Unter dem Sternenhimmel der Wüste
Bange wartet Saint-Exupéry im Wüstenfort in der Westsahara auf eine Nachricht von seinem in der Wüste verschollenen Freund Jacques Bernis. In der Dunkelheit der Nacht erkennt er, was die wahren Schätze im Leben sind – Freundschaft, Vertrauen und Liebe (Südkurier, Kap. 3.7 – Von Juby nach Port-Étienne, 115).

Staunende Wüstenbewohner

Drei Mauretanier werden bei einer Reise nach Frankreich zu einem Wasserfall geführt. Ungläubig betrachten Sie dieses Naturphänomen und können nicht verstehen, dass das Wasser seit vielen tausend Jahren aus dem Berg strömt. Ein solches Wunder kann für sie nur Gott selber vollbringen (Wind, Sand und Sterne, Kap. 7 – Die Wüste, 96–97).

Gott erkennen in der Wüste

Erst in seinen letzten Lebensjahren findet Saint-Exupéry einen Zugang zu Gott. Als Jugendlicher hatte er sich, aufgewachsen in einem Jesuiten-Kolleg und einem Marianisten-Internat, zunächst von Kirche und Religion abgewendet und eine eigene Ethik entwickelt, in deren Mittelpunkt Menschlichkeit, Respekt und Ehrfurcht vor der Natur stehen. Erst in seinem letzten Buch beschreibt er, wie er wieder Zugang zu Gott findet (Die Stadt in der Wüste, Kap. 83, 196).

Sichtweise der Wüstenblume

Auf seiner Suche nach Menschen spricht der kleine Prinz mit einer Wüstenblume. Die Blume hat aber nur einmal in ihrem Leben eine Karawane vorbeiziehen sehen. Sie glaubt deswegen, dass es überhaupt nur sechs oder sieben Menschen auf der Welt gibt, die zudem ruhelos und ohne Verwurzelung herumziehen (Der Kleine Prinz, Kap. XVIII, 46).

Stern in der Wüste

Am Ende der Erzählung verschwindet der kleine Prinz auf so geheimnisvolle Weise, wie er von seinem Stern gekommen ist. Die Wüste ist für ihn die Verbindung zwischen der Erde und der Sternenwelt (Der Kleine Prinz, Kap. XXVII, 68).

Anstöße zum Nachdenken:
- Welche Oasen gibt es in meinem Leben? Was sind meine Kraftquellen, Energiespender, Wegziele?
- Welchen Wert haben für mich elementare Dinge wie Wasser, Brot, Freunde?
- Was empfinde ich, wenn ich die Sterne am Himmel anschaue – in einer Landschaft wie der Wüste, ohne Ablenkung, in der Stille?

Erfahrungen: Die Bücher von Saint-Exupéry, insbesondere „Der Kleine Prinz", sind weit verbreitet. Manche Gedanken, wie „Man sieht nur mit dem Herzen gut", sind fast schon zu festen Redewendungen geworden. Seine Gedanken sprechen viele Menschen an.

Zum Weiterlesen: Saint-Exupéry (1979): Wind, Sand und Sterne; – (1980): Südkurier; – (1983a): Der Kleine Prinz; – (1983b): Dem Leben einen Sinn geben; – (1985a): Nachtflug; – (1985b): Man sieht nur mit dem Herzen gut; – (1989): Die Stadt in der Wüste.

Übung 29: Wüste in der Bibel

Charakter: biblische Besinnung

Ort: beliebiger Platz in einer Wüsten- oder Steppenlandschaft, auch möglich in einer kargen, trockenen oder monotonen Landschaft, z. B. im Karst

Alter: ab ca. 15 Jahren

Gruppengröße: bis ca. 30

Anleitung: Suchen Sie sich einen biblischen Text aus, der Sie anspricht. Versuchen Sie, sich in die historische Situation hineinzudenken. Was spricht Sie an? Was hilft Ihnen? Gibt es etwas, das Sie befremdet?

Drücken Sie Ihre Gedanken aus, in einem Bild, einem Symbol aus der Natur oder einem Brief an den Verfasser des biblischen Textes.

Zitate aus der Bibel

Gott schenkt Wasser in der Wüste
„Mose […] schrie zum Herrn, und der Herr zeigte ihm ein Stück Holz. Als er es ins Wasser warf, wurde das Wasser süß." (Ex 15, 22– 25)

Wasser aus dem Felsen in der Wüste
„Schlag an den Felsen! Es wird Wasser herauskommen, und das Volk kann trinken." (Ex 17, 1– 7)

Vierzig Jahre in der Wüste
„Du sollst an den ganzen Weg denken, den der Herr, dein Gott, dich während dieser vierzig Jahre in der Wüste geführt hat." (Dtn 8, 2)

Engel in der Wüste
„Elija machte sich auf und ging […] eine Tagesreise weit in die Wüste hinein." (1 Kön 19, 4– 8)

Naturgewalten begleiten die Erscheinung Gottes
„Am Gottesberg Horeb ging Elija in eine Höhle, um darin zu übernachten. […] Da zog der Herr vorüber: Ein starker, heftiger Sturm, der die Berge zerriss und die Felsen zerbrach, ging dem Herrn voraus." (1 Kön 19, 9– 15)

Gott führt durch die Wüste
„Der Herr […] führte sein Volk hinaus wie Schafe, leitete sie wie eine Herde durch die Wüste." (Ps 78, 15– 17, 52)

Wüste wird zu fruchtbarem Land
Gott verspricht seinem Volk Israel in der Gefangenschaft in Babylon, dass es eine fruchtbare Zukunft vor sich hat. Wüste steht dabei sowohl für das

Land im Nahen Osten, in den heutigen Staaten Irak und Israel, als auch im übertragenen Sinne für die Rettung aus Not und Leid:

„Ich mache die Wüste zum Teich, und das ausgetrocknete Land zu Oasen. In der Wüste pflanze ich Zedern, Akazien, Ölbäume und Myrten." (Jes 41, 18–20)

Lockruf in der Wüste
„Ich will sie locken und will sie in die Wüste hinausführen und sie umwerben." (Hos 2,16)

Ruf nach Umkehr in der Wüste
„In jenen Tagen trat Johannes der Täufer auf und verkündete in der Wüste von Judäa: Kehrt um! Denn das Himmelreich ist nahe. Er war es, von dem der Prophet Jesaya gesagt hat: Eine Stimme ruft in der Wüste: Bereitet dem Herrn den Weg!" (Mt 3, 1–4)

Versuchung in der Wüste
„Der Geist trieb Jesus in die Wüste. Dort blieb Jesus vierzig Tage lang und wurde vom Satan in Versuchung geführt. Er lebte bei den wilden Tieren und die Engel dienten ihm." (Mk 1, 12–13)

Rückzug in die Einsamkeit der Wüste
„Jesus bewegte sich von nun an nicht mehr öffentlich unter den Juden, sondern zog sich in einen Ort nahe der Wüste zurück." (Joh 11, 54)

„Sein Ruf verbreitete sich immer mehr, so dass die Menschen von überall herbeiströmten. [...] Doch er zog sich an einen einsamen Ort in die Wüste zurück, um zu beten." (Lk 5, 15–16)

Bekehrung in der syrischen Wüste
„Unterwegs [...] geschah es, dass Saulus plötzlich ein Licht vom Himmel umstrahlte. Er stürzte zu Boden und hörte, wie eine Stimme zu ihm sagte: Saul, Saul, warum verfolgst du mich?" (Apg 9, 1–9)

Anstöße zum Nachdenken:
- Zeichen Gottes in der Wüste
- Führung durch einen unsichtbaren Gott in Zeiten der Not
- Mahnung und Bekehrung in der Wüste
- Rückzug in die Wüste für Stille, Gebet und Neuorientierung

Erfahrungen: Die Bibeltexte drücken menschliche Grunderfahrungen aus und eignen sich deshalb besonders gut zur Meditation und Besinnung.

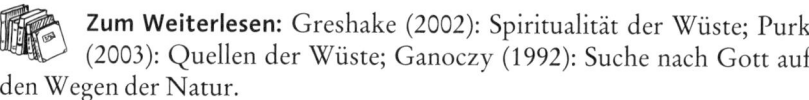 **Zum Weiterlesen:** Greshake (2002): Spiritualität der Wüste; Purk (2003): Quellen der Wüste; Ganoczy (1992): Suche nach Gott auf den Wegen der Natur.

Übung 30: Wüstentag

Charakter: Selbsterkenntnis, Neuorientierung

Ort: ruhige Umgebung, sowohl in einem Haus als auch in einer stillen Landschaft durchführbar

Gruppengröße: Übung wird allein durchgeführt, für Austausch und Abschluss können mehrere Personen zusammen kommen

Alter: ab ca. 16 Jahren

Anleitung: Planen Sie im Voraus einen Tag ein, der ausschließlich dazu dienen soll, den Alltag anzuhalten, zur Ruhe zu kommen und über sich selbst, die eigenen Kraftquellen und über Gott nachzudenken. An einem solchen Tag in Stille können Sie wichtige spirituelle Erfahrungen machen – vergleichbar mit einem Tag in der Wüste: Alleinsein mit sich selber, Stille aushalten und sich im Leben orientieren. Oft tut es gut, allein zu Fuß in der Natur unterwegs zu sein, auf einer längeren Wanderung sich mit seinen Gedanken auseinanderzusetzen. Beschränken Sie sich auf einfaches Essen und nehmen Sie genügend zum Trinken mit. Verbringen Sie den ganzen Tag im Schweigen, versuchen Sie möglichst wenig zu reden. Folgende Stationen bieten sich an:

(1) Einstimmung und Themenstellung: Überlegen Sie, welcher Gedanke Sie derzeit im Leben am meisten beschäftigt. Steht eine wichtige Entscheidung an? Wie soll mein Lebensweg weitergehen? Wie ist die Beziehung zu den Menschen, die mir wichtig sind? Wie will ich mich in einem Konflikt verhalten? Welche Aufgaben stehen in Ausbildung und Beruf an?

Wählen Sie sich eine Frage, ein Lebensthema aus, über das Sie an diesem Tag besonders intensiv nachdenken wollen.

Hilfreich ist es, sich mit einem Gedanken aus der Bibel oder aus einem interessanten Buch einzustimmen. So bleiben Sie nicht ausschließlich bei Ihren eigenen Gedanken stehen.

(2) Alleine unterwegs sein: Machen Sie sich alleine und im Schweigen auf den Weg. Gehen Sie langsam und bewusst. Achten Sie auf das, was am Weg zu sehen ist. Halten Sie ruhig an, wenn Sie an einem schönen Platz in der Natur oder etwa an einer Kapelle vorbeikommen. Sich Stichworte aufzuschreiben oder etwas zu malen, kann helfen, die Gedanken auszudrücken und zu ordnen.

(3) Sammlung und Abschluss: Wenn Sie am Zielpunkt angekommen sind, soll die Erfahrung des Wüstentages in einem kleinen Ritual zusammengefasst werden. Eine kleine Feier mit Lied und Besinnung, ein Gottesdienst, Essen und Trinken mit anderen Teilnehmern des Wüstentages können der inneren Entspannung und neuen Orientierung Ausdruck geben.

Hintergrund: Der Begriff des Wüstentages geht auf den französischen Ordensgründer Charles de Foucauld (1858–1916) zurück, auf den die Wüste Sahara Zeit seines Lebens eine magische Anziehungskraft ausübte. Nachdem er als französischer Soldat erstmals nach Nordafrika kam und die Wüste kennen lernte, ließ ihn dieses Land nicht mehr los. So bereiste er als Naturforscher die Wüste. Und nach seiner Bekehrung zum Christentum mit anschließendem Theologiestudium und Priesterweihe lebte er zurückgezogen als Missionar unter den Tuaregs in der Sahara. Er wollte nicht durch Worte bekehren, sondern durch seine Taten überzeugen, durch Gastfreundschaft, Rat und medizinische Hilfe. Seine Spiritualität ist stark von der Wüste geprägt. In der Stille sammelte er seine Gedanken, betete zu Gott und lebte auf seine Weise ein radikal christliches Leben. Erst Jahre nach seinem Tod gründeten Männer und später auch Frauen die religiöse Gemeinschaft der Kleinen Brüder bzw. der Kleinen Schwestern, die seinem Beispiel auch heute noch folgen.

Von der Arbeitsgemeinschaft der Deutschen Diözesan-Exerzitien-Sekretariate gibt es ein praktisches Ablaufschema für Wüstentage mit vielen geistlichen Impulsen. Die einzelnen Schritte eines Wüstentages sind danach geordnet, was „ich tun muss, was in mir geschieht, was mir offen steht" (Greshake 2002, 164).

Anstöße zum Nachdenken:
- Wüste: Stille, Schweigen, allein sein
- Wüste: unterwegs sein, Orientierung finden
- Wüste: sich auf das Einfache und Lebensnotwendige beschränken
- Wüste: Ort der Begegnung mit Gott

Erfahrungen: Die beschriebene Form wird häufig von Klöstern oder religiösen Einrichtungen angeboten, die modernen Menschen eine Kontrasterfahrung zu ihrem oft hektischen Leben anbieten wollen. Aber auch für sich allein oder in Gruppen lässt sich ein Wüstentag gut nutzen. Menschen in besonderen Lebenssituationen sollten bei dieser Übung auf Begleitung zurückgreifen können; für sie ist ein Austausch mit vertrauten Menschen immer besser, als allein unterwegs zu sein. Der zeitliche Umfang der Übung sollte an das Alter der Teilnehmer angepasst werden.

Übung 31: Christliche und nomadische Weisheiten der Wüste – Charles de Foucauld bei den Tuareg

Charakter: Lebensorientierung

Ort: ruhige Umgebung, besonders draußen in der Natur

Gruppengröße: bis ca. 30

Alter: ab ca. 16 Jahren

Anleitung: Gehen Sie einen Weg durch die Natur, den Sie sich spontan suchen. Lassen Sie sich dabei von den Gedanken anregen, die ein christlicher Einsiedler während seines Lebens in der Wüste in engem Kontakt mit den einheimischen Wüstenbewohnern gesammelt und aufgeschrieben hat.

Zitate

Einsamkeit in der Wüste

„Die Wahrheit der Wüste offenbart sich in ihrer Stille." (Nomadisches Sprichwort)

„Die Wüste ist schon seit langem unsere Freundin." (aus einem Gedicht der Tuareg)

„Ich habe die Wohltat der Einsamkeit jedes Mal verspürt, wenn ich mich ihrer erfreuen konnte, und zwar in jedem Alter seit meinem 20. Lebensjahr." (Charles de Foucauld)

„Sogar als ich noch kein Christ war, liebte ich die Einsamkeit in der schönen Natur." (Charles de Foucauld)

Abb. 14: Pause an einer Oase – ein Ort, um die Wasservorräte aufzufüllen und um sich auszuruhen. Ein Bild für die inneren Kraftquellen.

„Eine beglückende Einsamkeit. Wie gut ist es, in dieser großen Stille und in dieser schönen, so wilden und befremdlichen Natur sein Herz zum Schöpfer zu erheben." (Charles de Foucauld)

„Ich lebe in der schönsten Einsamkeit der Welt." (Charles de Foucauld)

„Tausendmal lieber weile ich im Hoggar-Gebirge oder zwischen den Sanddünen, als in Algier. Wie gut ist doch die Einsamkeit." (Charles de Foucauld)

Unterwegs in der Wüste

„Wenn man den Weg verliert, lernt man ihn kennen." (Sprichwort der Tuareg)

„Wohin er auch geht, der Nomade wird immer zu dem ersten Zeltlager seines Lebens zurückkehren." (Sprichwort der Tuareg)

„Schütte nie dein Wasser weg, bevor du den nächsten Brunnen erreicht und sein Wasser probiert hast." (Nomadisches Sprichwort)

„Die Spuren von gestern verwischt der Sand von heute." (Nomadisches Sprichwort)

„Ein Reisender soll Augen und Ohren aufreißen, nicht das Maul." (Sprichwort der Tuareg)

„Man muss die Wüste durchqueren und in ihr verweilen, um die Gnade Gottes zu empfangen." (Charles de Foucauld)

„Es gibt ein Gesetz der Wüste: Die Wüste als der Ort der Versuchung und als der Ort der Vorbereitung. Man muss sich hüten, die Wüste zu verlassen, bevor die festgesetzte Zeit um ist." (Charles de Foucauld)

Weisheit und Veränderung

„Gott hat die wasserreichen Länder erschaffen, um in ihnen zu leben und die Wüste, um in ihr unsere Seele zu finden." (Nomadisches Sprichwort)

„Wasser reinigt den Körper – die Wüste reinigt Seele und Geist." (Nomadisches Sprichwort)

„Alles was wir wissen, hat uns die Wüste gelehrt." (Nomadisches Sprichwort)

„Wer in die Wüste geht, wird nicht derselbe bleiben, der er vorher war." (Nomadisches Sprichwort)

„Der Weg zum Reichtum führt durch die Bazare. Der Weg zur Weisheit führt durch die Wüste." (Nomadisches Sprichwort)

„Wasser ist Leben, Wasser ist die Seele, Wasser spendet Leben und alles hängt vom Wasser ab." (Aman Iman, Tuareg-Dichter)

„Ich plane, in der Sahara das verborgene Leben Jesu in Nazareth weiterzuführen, nicht um zu predigen, sondern um in der Einsamkeit die Armut und niedrige Arbeit Jesu zu praktizieren." (Charles de Foucauld)

„Der Mond, der an einem wolkenlosen Himmel scheint, wirft ein mildes Licht; die Luft ist lau, kein Windchen regt sich. In dieser tiefen Ruhe, inmitten einer solchen märchenhaften Natur, erwarte ich mein erstes Nachtquartier in der Sahara. In der Andacht solcher Nächte versteht man den Glauben der Araber an eine geheimnisvolle Nacht, in der sich der Himmel öffnet, die Engel zur Erde herabsteigen […] und alles Unbelebte der Natur sich erhebt, um den Schöpfer anzubeten." (Charles de Foucauld)

„Einsamkeit und Wildnis lassen spüren, wie allein man mit Gott ist und wie sehr man nur einen kleinen Tropfen im Ozean bildet." (Charles de Foucauld)

Anstöße zum Nachdenken:
- Respekt vor anderen Kulturen leben
- Lebensweisheiten in den unterschiedlichen Kulturen finden
- Unbekanntes aus anderen Kulturen entdecken
- seine eigene Überzeugung leben
- Wüste als Ort der Wandlung und Orientierung verstehen

Erfahrungen: Die Gedanken eignen sich gut für die Übung Wüstentag. Besonders anschaulich sind sie bei einer Tour durch die Wüste.

 Zum Weiterlesen: Bazin (1921): Der Wüstenheilige; Benesch (1985): Die Spur in der Wüste; Frische (1988): Wasser aus der Wüste; Greshake (2002): Spiritualität der Wüste; Schäfer (2006): Ökumenisches Heiligenlexikon; Waach (1978): Die Sahara war sein Schicksal; Schmitt (2003): Azalay – Brücke von Mensch zu Mensch; Heckenhahn (2001): Die Tuareg: ihre Wüste, ihre Feste.

Übung 32: Wüstenwanderung

Charakter: Fortbildungsveranstaltung mit erlebnispädagogischem und spirituellem Charakter (Ablauf der Wanderung s. u.)

Ort: Sahara/Tunesien

Zeitraum: Aufgrund der klimatischen Verhältnisse empfiehlt sich der Zeitraum November/Dezember für eine Reise in die tunesische Sahara. Es gibt zwar mitunter kalte Nächte mit Bodenfrost, dafür angenehm warme Tagestemperaturen.

Gruppengröße: bis ca. 12 Personen

Alter: ab ca. 20 Jahren

Hintergrund: „Gott hat aus der Wüste alles Überflüssige entfernt, damit der Mensch erkennen kann, was wirklich wichtig ist". Mit diesem Satz der Beduinen lässt sich die Grundintention der Fortbildungsmaßnahme „Spurensuche in der Wüste" vortrefflich beschreiben. Von Dr. Ulrike Roppelt und Horst Engelhardt, Lehrkräfte an der Caritas-Fachakademie für Sozialpädagogik in Bamberg, konzipiert und 2009 das erste Mal durchgeführt, findet diese besondere Fortbildungsveranstaltung jedes Jahr statt.

Die Spurensuche in der Sahara ist ein Bild, das für vieles stehen kann: Abstand vom Alltag gewinnen, das Bisherige überdenken, Pläne für die Zukunft schmieden und die Grundfesten des eigenen Lebens stärken. Dem Thema entsprechend gibt die Spurensuche in der Wüste einen Weg mit offenem Ziel vor: Mit einer Karawane unterwegs sein, um in der Auseinandersetzung mit dieser besonderen Situation mehr über sich selbst zu erfahren oder über eigene Hoffnungen und Wünsche nachdenken, die man mit der momentanen Lebenssituation verbindet.

Das Leben in der Wüste ist einfach und auf das Wesentliche beschränkt. Dies ermöglicht die Erfahrung, dass auch mit geringem Komfort eine hohe Lebensqualität erreicht werden kann, wenn wir uns auf die archaische Lebensweise der Nomaden einlassen und gewohnte Ansprüche zurückstellen. Neben den erlebnispädagogischen Wüstenerfahrungen ermöglichen spirituelle Impulse eine intensive Auseinandersetzung mit Lebensfragen. Texte von Wüstenvätern und biblische Texte bieten Anregungen für die Auseinandersetzung mit der eigenen Lebensgeschichte und ermöglichen so einen Brückenschlag zwischen Wüste und einer spirituellen Grundhaltung.

Erlebnispädagogischer Charakter
- intensive Wüstenerfahrungen als Teil der Kamelkarawane
- Übernachtung im Nomadenzelt oder unter freiem Sternenhimmel
- hautnahes Kennenlernen der ursprünglichen Lebensweise von Wüstennomaden
- Erleben von Gemeinschaft und Verantwortung für das Lagerleben in der Wüste
- Einblick in die Einfachheit des Lebens fernab unserer westlichen Zivilisation
- Bereitschaft auf Verzicht von Komfort sowie tatkräftige Mithilfe
- Erleben der Gastfreundschaft, Lebensfreude der Nomadenkultur
- respektvoller Umgang mit allen Ressourcen: Umwelt, Nahrung, Energie, Wasser
- Reisen nach den Prinzipien des sanften Tourismus
- Bedeutung von Flexibilität, Humor, Gemeinschaftssinn und Teamgeist entdecken
- Entwicklung von Verständnis und Toleranz einer anderen Kultur gegenüber

Spiritueller Charakter
- angeleitete Zeiten der Stille und Besinnung
- Auseinandersetzung mit den Erfahrungen der Wüstenväter
- Gespräche über biblische Wüstengeschichten
- Reflexionsimpulse
- Erleben von Ritualen
- persönliche Spurensuche in der Wüste
- interreligiöser Dialog

Anforderungen und Besonderheiten
- gute körperliche Verfassung, um die ca. fünfstündigen Tageswanderungen in den Dünen des östlichen Erg Oriental zu absolvieren
- Toleranz und Achtung gegenüber anderen Kulturen und der islamischen Religion
- respektvoller Umgang mit den oft knappen und daher wertvollen Ressourcen wie Wasser und Brennholz
- Bereitschaft sich auf die spirituellen und religiösen Impulse einzulassen
- Bereitschaft sich in eine Gruppe zu integrieren und anfallende Aufgaben (Zelte aufbauen, Essen vorbereiten, Holz sammeln etc.) mit zu übernehmen

Erfahrungen: Eine Teilnehmerin fasst ihre Erfahrungen wie folgt zusammen: „Auf den Kamelen reitend oder zu Fuß lernten wir die Schönheit dieser Wüstenregion kennen: Die sanften Wogen und gewaltigen Dünen, die Zeiten der Stille und das Rauschen des Windes, die Lebensfreude und Gastfreundschaft der Nomaden, das behutsame Schreiten der Kamele und das Knirschen des Sandes unter ihren Füßen, das Spiel der Farben im Sonnenlicht, die Kälte der Wüstennacht, das Erzählen, Lachen, Trommeln, Singen am Feuer und den allumfassenden Sternenhimmel.

Durch die Wüste wurden bei mir innere Kräfte und Zuversicht geweckt. Ich konnte mich hier wie sonst nirgends auf das Wesentliche besinnen. Daneben musste ich mich in Bescheidenheit üben und hab' das paradoxerweise als Bereicherung erlebt. Ich kann natürliche Ressourcen, wie Wasser und Brot, wieder ganz anders schätzen und bin beeindruckt vom Zusammenhalt der Gruppe und der Gastfreundschaft der Beduinen – unseren aufmerksamen Begleitern. Ohne eine zuverlässige Gemeinschaft wäre eine solche Spurensuche nicht möglich!"

 Zum Weiterlesen: Anselm Grün (2012): Der Himmel beginnt in dir. Das Wissen der Wüstenväter für heute.

Tabelle 6: Ablauf Wüstenwanderung

	1. Tag	2. Tag	3. Tag
Thema	Mein Seelengepäck	Sand, Düne	Farben und Formen, Sterne
Leitfragen	Mit welcher Frage möchte ich mich in diesen Tagen beschäftigen?	Wo bin ich Sand im Getriebe? Wo ist bei mir Sand im Getriebe? Rinnt mir Sand durch die Hand? Wie fühlt sich meine innere Sanduhr an?	Was ist für mich das Wesentliche auf dem Weg? Welche wesentlichen Dinge bleiben für das Auge unsichtbar? Wie kann ich auf dem Weg achtsam sein?
methodische Umsetzung	Jede/r wählt sich ein Zitat zu „Einsamkeit", „Unterwegs sein", „Weisheit" und „Veränderung". Jede/r bekommt eine Kerze und sucht sich einen Platz auf einer Düne. Anschließender Austausch in der Gruppe	Jede/r sucht sich ein Symbol für das Seelengepäck und malt es in den Sand. Das Symbol wird ins Begleitheft übernommen.	Jede/r beobachtet tagsüber: Wie verändern sich Landschaftsbilder im wechselnden Tageslicht?
biblischer Text; Impuls	Wüste als Zufluchtsort (Lk 5, 15– 16)	Die Wüste wird zu fruchtbarem Land (Jes 41, 18– 20)	Zufluchtsort Wüste: Magd Hagar (Gen 16, 6– 7)
abends	Vorstellungsrunde, Musik und Geschichten	Übung zum Ankommen in der Wüste; Vorstellen und Festhalten des Symbols für das eigene Seelengepäck	den (Sternen-) Himmel betrachten; Gedanke von Saint-Exupéry: „Unter dem Sternenhimmel"
Material	Zitate, Texthefte, Kerzen, Liedhefte	Symbol, Begleitheft, Tagebuch	

4. Tag	5. Tag	6. Tag
Brunnen, Oase	Gott	Souvenir
Was brauche ich zum Leben? Was nährt mich? Was bedeuten mir Wasser und Brot?	(Wie) Gott erkennen!?	Was nehme ich mit? Was lasse ich in der Wüste zurück?
Wir benetzen uns (gegenseitig) mit Wasser und sprechen uns einen Wunsch zu.	Wir bedenken die 99 Namen Gottes und erfahren Stille in der Wüste.	Jede/r überlegt sich ein Symbol für das, was mitgenommen, und für das, was zurück gelassen wird.
David und Saul (1 Sam 21); Gott schenkt Wasser in der Wüste (Ex 15, 22–25)	Wüstenväter-Geschichte; Gott führt durch die Wüste (Ps 78, 15–17.52)	Auszug der Israeliten aus Ägypten, Wüste – gelobtes Land (Ex 3, 1–17)
Austausch über das, was uns nährt, am Leben hält; Engel in der Wüste; Elija: „Steh auf und iss, sonst ist der Weg zu weit für dich" (1 Kön 19, 4–8)	Gedanken von Saint-Exupéry: „Gott erkennen in der Wüste"	Abschlussrunde
		Textheft, Bibel

See

„Die Kapelle mit dem schönsten Altarbild der Welt" – mit diesem Slogan beschreibt die Evangelisch-Lutherische Kirche in Oldenburg auf ihrer Internetseite augenzwinkernd ihre Kirche Sankt Petri zu den Fischteichen in Ahlhorn. An der Stirnseite des Kirchenraums, dort, wo in mittelalterlichen Kirchen ein Hochaltar, in modernen Kirchen meist Bilder oder Kreuze als Blickfang dienen, befindet sich ein großes Fenster und gibt den Blick frei auf einen See mit kleinen Inseln, umringt von einem bewaldeten Ufer. Vor dem Fenster steht der Altartisch mit einem besonderen Kreuz darauf. Man sieht nur die Umrisse des Kreuzes, den Rahmen, und kann durch das Kreuz hindurch auf die Seenlandschaft schauen. Dieses Altarbild symbolisiert die Verbindung von Natur- und Gotteserfahrung.

Bei einer Fortbildung berichtete ein Pfarrer, wie er in der Anfangszeit seiner Tätigkeit diesem Ort skeptisch gegenüber stand, bis er einmal eine Trauung in dieser Kirche feierte. Die besondere Stimmung, die der See auf diese Hochzeitsfeier ausübte, verbunden mit entsprechenden Bibeltexten und Liedern, ließen eine intensive spirituelle Atmosphäre entstehen. Und er entdeckte, wie die religiöse Botschaft durch das Naturerlebnis nicht verfälscht, sondern verstärkt wurde.

Naturraum See

Per Definition ist eine Mindestfläche von etwa einem Hektar die Abgrenzung zwischen einem See und kleineren Tümpeln, Weihern oder Teichen. Seen können künstlich entstanden sein, wie Baggerseen oder Stauseen. Die weitaus meisten Seen sind jedoch natürlich entstanden, zum Beispiel durch ein Absenken des Bodens oder durch das Abschmelzen von Gletschern. Nahezu alle Seen – Kraterseen in Vulkankegeln beispielsweise ausgenommen – haben einen Zufluss, der in der Regel einen besonders schützenswerten ökologischen Raum bildet. Pflanzen und Tiere entwickeln oft spezifische Anpassungsmechanismen für den Bereich zwischen fließendem und ruhendem Gewässer. Der Fluss bringt mit dem Wasser auch Gestein und Lebewesen aus manchmal weit entfernten Regionen in den See. Im Gegensatz dazu bildet der Abfluss des Sees – sofern es sich nicht um Seen in Wüstenregionen handelt, wie beispielsweise dem Toten Meer – meist einen weniger artenreichen Naturraum.

Gewässer haben auf Menschen eine beruhigende Wirkung. Erholungsheime, Tagungshäuser, Rehabilitationskliniken oder Campingplätze werden deswegen oftmals an Seen gebaut. Der Blick auf das Wasser, auf das gleichmäßige Spiel der Wellen kann helfen, Abstand vom Alltag zu gewinnen und innere Ruhe zu finden. Nur selten treten Seen über ihre Ufer, wie bei Hochwasser oder Stürmen, und werden dadurch zur Bedrohung für Mensch und Natur. Inseln und Halbinseln, die das Landschaftsbild eines Sees prägen, sind dabei besonders gefährdete Orte.

Seen können in Menschen spirituelle Gedanken und Empfindungen ansprechen. Besondere Plätze am Ufer werden oftmals als Standorte für Kirchen und Klöster ausgesucht. Pilger- und Prozessionswege, viele davon in den katholisch geprägten Alpenländern, führen um Seen herum oder mit Booten über Seen hinweg. Eine besonders markante Stellung hat etwa die Abtei Frauenwörth der Benediktinerinnen auf der Fraueninsel im Chiemsee. Seit weit über tausend Jahren ist sie mit ihrem markanten Turm das Wahrzeichen der Region, des Chiemgauer Landes. Im Empfinden der Einheimischen wie auch der Besucher ist sie ein Ort der inneren Ruhe und religiösen Vertiefung. Ihre reiche Geschichte beginnt mit der Gründung im Jahr 772. Im Mittelalter prägten Ordensgemeinschaften, wie die Benediktinerinnen von Frauenwörth, die Volksfrömmigkeit stark. Die erste urkundlich erwähnte Äbtissin, Irmgard von Frauenchiemsee (831–866), wird heute noch verehrt. Ihre Statue wurde nach ihrer Seligsprechung im Jahr 1929 einmal jährlich bei einer feierlichen Bootsprozession um die Fraueninsel herum gefahren. Anfang der 1970er Jahre wurde das feierliche Ritual wieder eingestellt. Zum Einen konnte die Sicherheit für Beteiligte sowie Besucher nur mehr bedingt gewährleistet werden; bedenklich stimmte die Verantwortlichen aber auch die stetig wachsende Zahl an Besuchern und Schaulustigen, die weniger die kirchlich-religiöse Bedeutung im Sinn hatten, als vielmehr eine farbenprächtige touristische Sehenswürdigkeit sehen wollten.

Auch in nicht-christlichen Religionen haben Seen eine spirituelle Bedeutung. In Tibet gibt es mehrere heilige Seen, von denen der Manasarovar-See am bekanntesten ist und sowohl für Hindus sowie für Buddhisten religiöse Bedeutung hat. Der See liegt zwischen den Gebirgsketten Himalaya und Transhimalaya unweit des heiligen Berges Kailash auf fast 4500 Metern über Meereshöhe. In seiner Nähe entspringen mehrere große Flüsse, darunter die mehr als dreitausend Kilometer langen Ströme Indus und Brahmaputra. Bereits der Name des Sees in Sanskrit, der heiligen Sprache der Hindus, deutet die spirituelle Bedeutung an. Er setzt sich zusammen aus „manas" für Geist und „sarovar" für See. Sowohl hinduistische als auch buddhistische Pilger begeben sich auf Wallfahrten zum Mansarovar-See und umrunden ihn in zwei bis vier Tagen auf einem mehr als hundert Kilometer langen Rundweg, vorbei an mehreren tibetischen Klöstern. Durch ein Bad im klaren kalten Seewasser werden Sünden und Ängste symbolisch abgewaschen. Ähnliche Vorstellungen gibt es auch in anderen Kulturen. Heilige Seen dienen etwa auch in altägyptischen Schöpfungsmythen als Ort der äußeren wie inneren Reinigung und Auferstehung.

Erlebnispädagogische Aktivitäten an Seen

Wenn erlebnispädagogische Veranstaltungen an Seen durchgeführt werden, stehen zunächst wassersportliche Aktionsformen im Vordergrund: Schwimmen und Tauchen im See, Segeln oder das Befahren des Sees mit Kajaks, Kanadiern und Ruderbooten. Reizvolle Ziele sind dabei Inseln, Buchten, abgelegene Halbinseln oder Häfen. Aber auch das Umrunden eines Sees zu Fuß oder mit Fahrrädern kann neue und ungeahnte Blickwinkel erschließen. Bei der Planung einer derartigen Tour muss man die Wegstrecke allerdings genau abschätzen, denn der Weg um den See herum ist um ein Vielfaches länger als die einfache Entfernung bei der Überquerung des Sees.

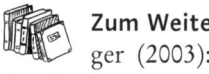

Zum Weiterlesen: Benediktinerinnen (2012): Frauenwörth; Brugger (2003): Frauenchiemsee; Fahle (2009): Frauenwörth; Schlotheuber u. a. (2008): Nonnen; Schmitz (2005): Kailash; Pum u. a. (2011): Erlebnispädagogik im christlichen Kontext, bes. S. 32–38

Übung 33: See in der Bibel

Charakter: Besinnungsübung

Ort: an einem See oder an einem markanten Platz am Ufer eines größeren Gewässers

Alter: geeignet für alle Altersgruppen

Gruppengröße: beliebig, bis ca. 20

Material: Postkarten mit jeweils einem Zitat

Anleitung: Nehmen Sie sich Zeit, eine biblische Geschichte in Ruhe zu lesen. Denken Sie über die Kernaussagen nach. Überlegen Sie, welche Wirkung die Natur bei diesem Geschehen ausübt. Tauschen Sie sich mit anderen über ihre Gedanken aus.

> **Zitate aus der Bibel**
> - „Die Erde aber war wüst und wirr, Finsternis lag über der Urflut und Gottes Geist schwebte über dem Wasser [...]" (Gen 1, 2)
> - „Gott schuf alle Arten von großen Seetieren und anderen Lebewesen, von denen das Wasser wimmelt [...] Gott sah, dass es gut war. Gott segnete sie und sprach: Seid fruchtbar und vermehrt euch und bevölkert das Wasser im Meer" (Gen 1, 21– 22)
> - „Streck deine Hand über Flüsse und Seen [...]" (Ex 7, 19)

- „Gott führt in gutes Land mit Bächen, Brunnen und Seen […]" (Dtn 8, 7–11)
- „Der Herr ist mein Hirte, nichts wird mir fehlen. Er lässt mich lagern auf grünen Auen und führt mich zum Ruheplatz am Wasser." (Ps 23, 1–2)
- „Gott führt auch am äußersten Meer […]" (Ps 139, 9–10)
- „Wasser ist wie ein Spiegel für das Gesicht […]" (Spr 27, 19)
- „Ich bin bei dir, wenn du durchs Wasser schreitest […]" (Jes 43, 2)
- „Wie ein Weinstock, der am Wasser gepflanzt ist […]" (Ez 19, 10)
- „In der Nacht kam Jesus zu den Jüngern; er ging über den See […]" (Mt 14, 22–33)
- „Am Ufer des Sees drängte sich das Volk und wollte das Wort Gottes hören […]" (Lk 5, 1–3)
- „Fahrt hinaus auf den See! Dort werft eure Netze zum Fang aus!" (Lk 5, 4–11)
- „Jesus offenbarte sich den Jüngern am See von Tiberias […]" (Joh 21, 1)

Erfahrungen: Biblische Texte werden besonders anschaulich und einprägsam, wenn sie mit Bildern und Orten verbunden werden. Oftmals erinnern sich die Teilnehmer einer derartigen Übung noch viele Jahre später an ein Bibelzitat, das sie ohne diese gedankliche Verknüpfung und räumliche Verortung bald wieder vergessen hätten.

Übung 34: Metaphern zu ruhendem Gewässer

Charakter: Besinnungsübung

Ort: See, an dem man längere Zeit verbringt, dessen Wasserfläche man mit Booten, oder dessen Uferverlauf man mit dem Fahrrad, wandernd oder einem Fahrzeug folgt

Gruppengröße: allein oder in Gruppen bis ca. 15 Personen

Alter: ab ca. 15 Jahren

Material: Postkarten mit jeweils einem Zitat

Anleitung: Suchen Sie sich einen ruhigen Ort am Ufer. Betrachten Sie das Gewässer aufmerksam. Achten Sie auf Farben, Wellen und Geräusche. Lesen Sie die kurzen Texte und machen Sie sich Ihre eigenen Gedanken dazu. Wenn Sie etwas anspricht, sprechen Sie mit anderen darüber oder drücken Sie Ihre Gedanken in kreativer Form aus.

Zitate See

Ein See wie auf einem Gemälde

„Auf dem See entrollt sich ein Gemälde […]: All die vielen farbigen Lichter, wie sie über dem Wasser schweben und ihre Reflexe in die Wellen zeichnen, all die bunten, goldenen und silbernen Lichtstreifen im See und über dieser Herrlichkeit die Silberpracht des Mondes und das Gefunkel der Sterne" (Beschreibung der Bootsprozession anlässlich der Seligsprechung von Irmingard 1928, aus der Chronik der Abtei Frauenwörth, zit. b. Brugger 2003, 669).

Schwingende Wellen

„Schweigsam treibt ein morscher Einbaum, klar und ruhig liegt der See, purpurwarme Abendschatten färben der Gebirge Schnee. Eines Eilands Klosterhallen dämmern aus der Flut empor. Aus dem grauen Münster schallen Glocken zu der Nonnen Chor. […] sanft sich bringend, leis verklingend. Süß ersterbend kommt der Ton, Luft und Welle führen schwingend seinen letzten Hauch davon. Und der Hand entsinkt das Ruder, im Gebet erschweigt das Herz, und mir ist, als trügen Engel eine Seele himmelwärts" (Viktor von Scheffel 1860, zit. b. Benediktinerinnen 1927, 7).

Schöne und einzigartige See-Landschaft

„In der Tat gibt es wenig Orte, die sich an Schönheit und Einzigartigkeit der Lage […] dieser Insel gleichstellen dürfen. Nur klein an Umfang stehen auf der einen Seite etwa vierzig Häuschen, […] die andere Hälfte wird von den starken, grauen Mauern eines Klosters mit Kirche eingenommen. Uralt ist die Kirche […] ein Ort des Gebets" (Benediktinerinnen 1927, 8).

Anziehungskraft des Sees

„Die reizende See- und Bergwelt übt eine besondere Anziehung aus … Es gibt wenig Orte, die sich an Schönheit und Eigenartigkeit der Lage sowie an historischer Merkwürdigkeit dieser Insel gleichstellen dürfen" (Benediktinerinnen 1927, 7–8).

Abgeschiedenheit auf einer Insel

„Beide Klöster widmeten sich dem Gebete und der Arbeit, wie dies die Regel des Heiligen Benedikt vorschreibt […]. Der Gebetsgedanke konnte gerade in der Abgeschiedenheit der beiden Chiemsee-Inseln seine volle Verwirklichung finden" (Benediktinerinnen 1927, 8).

Wogende Fluten

„Da fährt auf einem blumengeschmückten Einbaum die Selige Irmengard über die wogenden Chiemsee-Fluten. Die sie begleitenden Frauen und Fährleute ahnen, vom Sturme getrieben, Unheil" (Benediktinerinnen 1927, 14).

See als Ort der Versenkung
„Das große Gewässer wird als das weibliche Gegenstück zum heiligen Berg betrachtet. [...] Der See, dessen Oberfläche wie ein flüssiger Spiegel wirkt, ist ein idealer Ort religiöser Versenkung" (Schmitz 2005, 47).

See als göttlicher Geist
„Die Hindus glauben, dass Gott Brahma den See aus seinem Geist erschaffen hat, damit seine beiden Söhne während einer zwölfjährigen Meditation rituelle Waschungen durchführen" (Schmitz 2005, 49).

See-le
Frappierend ist die sprachliche Ähnlichkeit der Worte See und Seele. In einem übertragenen Sinn lassen sich viele gedankliche Verbindungen finden.

 Zum Weiterlesen: Benediktinerinnen (1927): Kloster Frauenwörth; Brugger (2003): Frauenchiemsee; Schmitz (2005): Kailash

Übung 35: Rätsel des Sees

Charakter: Übung zur Naturerfahrung

Ort: an einem See

Alter: geeignet für alle Altersgruppen

Gruppengröße: beliebig, bis ca. 20, am besten in Kleingruppen

Material: Karten mit jeweils einer Aufgabe

Anleitungen:

Ursprung des Sees
Jeder See hat eine Entstehungsgeschichte. Viele Ursachen können einzeln oder im Zusammenwirken dazu führen, dass sich ein See bildet. Menschliche Eingriffe wie der Bau eines Damms oder das Fluten einer Bodenvertiefung sind ebenso möglich wie natürliche Entwicklungen, etwa durch Veränderungen im Untergrund oder durch eine veränderte Wasserführung.

Aufgabe: Erkunden Sie den See und das Umfeld, um Anhaltspunkte für die Entstehung des Sees zu finden!

Wasserhaushalt
Jeder See wird durch zufließendes Wasser gespeist; ansonsten würde er früher oder später fast in jedem Fall austrocknen. Oft gibt es nicht nur einen Zufluss, sondern mehrere Bäche oder Flüsse oder aber unterirdische Quellen, die den See speisen.

Die meisten Seen haben auch einen Abfluss, so dass sich – zumeist unmerklich – ein langsamer Wasseraustausch vollzieht.

Aufgabe: Suchen Sie Zuflüsse und Abflüsse des Sees! Vergleichen Sie, wie unterschiedlich Pflanzen und Tiere den jeweiligen Lebensraum besiedeln!

Inselwelt
Inseln in einem See haben – ebenso wie im Meer – einen besonderen Charakter als eigene kleine, zumeist überschaubare und in sich abgeschlossene Welt. Ihre Entstehung kann durch Unebenheiten im Untergrund, durch künstliche Aufschüttungen, Naturkatastrophen oder ähnliche Ursachen bedingt sein. Auch die kleinräumige Pflanzen- und Tierwelt auf der Insel kann, ebenso wie die Nutzung durch Menschen, sehr markant sein.

Aufgabe: Erkunden Sie die Insel und beschreiben Sie markante Besonderheiten!

Seeungeheuer
Seen können sich in unergründliche Tiefen erstrecken, die sich real, aber noch mehr in der menschlichen Phantasie, als Lebensraum für überdimensional große Fische und andere Ungeheuer anbieten. Selbst in kleinen Seen werden immer wieder riesige, meterlange Fische gefangen, die sich mangels natürlicher Feinde prachtvoll entwickeln konnten. Je größer der See, umso größer die sagenumwobenen Ungeheuer darin. Viele Kulturen der Erde kennen diese fabelhaften Seetiere, vom Ungeheuer im schottischen Loch Ness bis zu entsprechenden Traumzeit-Erzählungen der australischen Ureinwohner.

Aufgabe: Erkunden Sie die Wasserfläche und die Tiefe des Sees! Achten Sie auf Fische und andere Lebewesen im Wasser, ohne dabei deren Lebensraum zu stören!

Versunkenes Gut
In Gewässern finden sich oft versunkene Gegenstände, die entweder versehentlich hineinfielen oder absichtlich dort deponiert wurden. Aus vorchristlicher Zeit gibt es auch den Brauch, Opfergaben in einen Fluss oder See zu werfen, was sich heute noch durch das Werfen von Münzen fortsetzt. Im Altertum wurden immer wieder auch Schätze in Gewässern deponiert, am berühmtesten ist der versunkene Schatz der Nibelungen im Rhein.

Aufgabe: Suchen Sie vorsichtig nach versunkenen Gegenständen im Gewässer, ohne dabei Pflanzen- oder Tierwelt zu stören! Versuchen Sie, die Herkunft des gefundenen Guts zu ergründen!

Erfahrungen: Die Übung eröffnet oftmals ungeahnte Einblicke in das ökologische System eines Sees, selbst bei Gewässern, die man seit langer Zeit kennt.

Übung 36: Dämmerung am See

Charakter: Besinnungsübung

Ort: ansprechender Platz am westlichen Ufer eines Sees, falls die Übung am Morgen durchgeführt wird, beziehungsweise am östlichen Ufer abends

Gruppengröße: allein oder in Gruppen bis ca. 15 Personen

Alter: ab ca. 15 Jahren

Material: –

Anleitung: Suchen Sie sich einen ansprechenden Platz am Ufer des Sees, vorzugsweise während der Morgen- oder Abenddämmerung. Tauchen Sie ein in das Wasser des Sees, wenigstens mit der Hand oder dem Fuß. Betrachten Sie die Veränderungen des Sees während des Sonnenaufgangs beziehungsweise Sonnenuntergangs:
- Wasseroberfläche: Muster durch Wellen und Wind
- Himmel über dem See: Spiegelungen von Wolken und Landschaft auf dem See
- Tiere im Wasser, auf dem See, am Ufer
- Pflanzen am Ufer, Blätter auf dem Wasser
- Landschaft am anderen Ufer, markante Orte

Anleitung für Gruppen: Behutsam lässt sich die Übung erweitern, wenn die Teilnehmer nacheinander kurze Geschichten, Lieder oder Musikstücke vortragen und kurz erläutern, was sie mit damit persönlich besonders verbinden.

Impulse zum Nachdenken:
- Horizonte, Ziele, die ich erreichen will
- Ufer, Grenzen, die ich spüre
- Inseln, Ruhepunkte, die ich schätze
- Sterne, Träume, die sich spiegeln

Erfahrungen: Eindrucksvoll ist diese Übung, wenn der Himmel wolkenlos ist und Mond und Sterne am Nachthimmel zu erkennen sind. Ein besonderes Erlebnis ist die Aktion bei Vollmond, in der Zeit erhöhter Sternschnuppen-Aktivität jeweils um den 3. Januar, 12. August, 10. November und 14. Dezember eines jeden Jahres, bei Festen, bei denen ein Feuerwerk in der Nähe des Sees gezündet wird, oder wenn in katholischen Gegenden sommerliche Sonnwendfeuer/Johannisfeuer entzündet werden und mit ihrem Schein über den See hinweg strahlen.

III
Spurensuche

Auf den Spuren von Franz und Klara von Assisi

Erfahrungen von einer Reise mit Jugendlichen nach Assisi: Die Ausbildungszeit nähert sich dem Ende, der Berufseinstieg steht für die fünfzehn jungen Menschen kurz bevor. Anlass genug, sich auf Spurensuche nach Assisi zu begeben, Abstand vom Alltag zu gewinnen, das Bisherige zu überdenken, Pläne für die Zukunft zu schmieden und die Grundfesten des eigenen Lebens zu stärken.

Unsere Unterkunft, das Selbstversorgerhaus Casa San Lorenzo fünf Kilometer nordöstlich von Assisi in einem Seitental bei Costa di Trex, bietet abseits vom Trubel der Stadt den dafür nötigen Rahmen, abgeschieden und weit weg vom Lärm des Alltags. Mit diesem Ort verbinden schon viele Jugendliche, mit denen wir hier eine Zeitlang gelebt haben, außergewöhnliche spirituelle Erfahrungen: die Faszination zweier Heiliger aus dem frühen Mittelalter, die auch heute – fast achthundert Jahre später – noch anhält. Ein Mann, der radikale Armut gepredigt und selbst gelebt hat, im Frieden mit sich, mit Gott, mit den Menschen und mit der Natur. Eine starke Frau, die radikale Entscheidungen traf, in außergewöhnlicher Weise für innere Freiheit eintrat und mit spiritueller Tiefe andere Menschen begeistern konnte.

Warum suchen Menschen – insbesondere Jugendliche – weit entfernte Orte auf, um spirituelle Erfahrungen zu machen? Warum nehmen Sie dafür auch die Unannehmlichkeiten langer und beschwerlicher Reisen in Kauf? Neben eindrucksvollen Landschaften gibt es auch die Geschichten von Menschen zu entdecken, die sich mit diesen Orten verbinden.

Heilige, heilige Orte und ihre Ansteckungskraft

Assisi in Mittelitalien, eine alte Stadt in Umbrien, rund hundert Kilometer nördlich von Rom, ist so ein besonderer Ort. Hier lebten im 13. Jahrhundert Franziskus und Klara, die beide bald nach ihrem Tod heilig gesprochen wurden. Assisi zieht Menschen aus aller Welt an. Wer hierher kommt, sucht fast immer die Spuren von Franziskus und seiner Gefährtin Klara. Gleichgültig, ob gläubiger Christ, Buddhist oder Muslim, ob bekennender Atheist oder nach Orientierung suchender Mensch, der Faszination dieser beiden Heiligen kann sich auch knapp 800 Jahre nach ihrem Tod kaum jemand entziehen.

Heilige wie sie sind wichtige Vorbilder, nicht nur wegen einer besonderen Leistung, sondern wegen ihres Glaubens und Gottvertrauens. An Heiligen ist zu sehen, „was die Menschenfreundlichkeit Gottes in höchst unterschiedlichen Lebensumständen zu bewirken vermag" (Frohnhofen 2006, 38).

Die Stadt Assisi liegt auf einem lang gestreckten Hügelzug des Monte Subasio im Apeninnen-Gebirge. Die Gebäude des Städtchens sind aus dem Stein dieses Berges errichtet. Die besonderen Farben des Subasio-Steines – von Zartrosa bis zu Ockerbraun – geben ihm seinen eigenwilligen Charme: ein Stadtbild, das eine gelungene Synthese mit der Landschaft bildet. Franziskus hat hier mit seinen Gefährtinnen und Gefährten den Großteil seines Lebens zugebracht. Von hier aus hat er die Welt verändert und Geschichte geschrieben. Er ist hier gestorben und begraben. Einen Überblick über das Leben des Franz und der Klara von Assisi bieten Tabelle 7 und 8.

Tabelle 7: Franz von Assisi

1182	Francesco Giovanni di Bernardone wird als Sohn des wohlhabenden Stoffhändlers Pietro di Bernardone und dessen adliger Frau Donna Pica in Assisi geboren.
	Seine jungen Jahre verbringt er als Soldat. In dieser Zeit ist er kein Kind von Traurigkeit. Mit dem Vermögen seiner Familie geht er verschwenderisch um.
1199	Mit 17 Jahren wird er hineingerissen in den Aufstand der Stadt gegen die Feudalherren, bei dem die Burg von Assisi zerstört wird. Unmittelbar auf diesen Aufstand folgt ein Bürgerkrieg zwischen Reichen und Armen und ein Krieg gegen die Nachbarstadt Perugia.
1202	Franz gerät in Kriegsgefangenschaft und hat viel Zeit zum Nachdenken.
1204/1205	In diese Zeit fällt sein Bekehrungserlebnis. Während einer langen und schweren Krankheit stellt er alles in Frage. Da er keinen Sinn mehr in seinem bisherigen Leben sieht, verlässt er sein reiches Elternhaus. Von nun an lebt er in freiwilliger Armut und predigt den Frieden.
1205	In San Damiano, einer kleinen, schon teilweise verfallenen Kirche in der Nähe von Assisi, hört er eine Stimme von einem Kreuz, die ihm aufträgt: „Du musst meine Kirche wieder

aufbauen." Sofort folgt er diesem Auftrag. Nach San Damiano renoviert er auch die Kirchen San Pietro und Portiuncula.
Sein Vater enteignet ihn, so dass er nun so arm ist wie die anderen Armen der Stadt.

1209 Franz entdeckt das Evangelium und damit einen neuen Sinn in seinem Leben. Er findet Gefährten, die mit ihm zusammen leben und für die er Gruppenregeln zusammen stellt. Papst Innozenz III. erkennt die Gruppe mit ihren Ordensregeln an.
Franziskus predigt in vielen Gegenden Italiens und setzt sich für Frieden und Gerechtigkeit ein, so etwa in Bologna, Siena und Arezzo.

1219 In Damiette bei Alexandria in Ägypten versucht er, ein Kreuzfahrerheer von einer Schlacht abzuhalten.

1224 Franz verfasst seinen berühmten Sonnengesang, ein Loblied auf Gott und die Natur.

1226 Er stirbt am 3. Oktober, von Krankheiten und Schmerzen geplagt. Auf seinem Körper sind die Wundmale Jesu zu erkennen.

1228 Franz wird von Papst Gregor IX. heilig gesprochen.

Tabelle 8: Klara von Assisi

1193 oder 1194 Chiara di Favarone (deutsch: Klara) wird als Tochter der reichen Adelsfamilie Offreduccio di Bernadino in Assisi geboren.
Klara und Franz freunden sich an und tauschen ihre Gedanken über ein christliches Leben in Frieden und radikaler Armut aus.

1212 Vom 18. auf den 19. März, der Nacht zum Palmsonntag, verlässt Klara im Alter von 18 Jahren ihr Elternhaus und flüchtet zusammen mit ihrer Freundin Pacifica di Guelfuccio ins Kloster Portiuncula. Franziskus und seine Brüder schneiden ihr die Haare ab und geben ihr ein ärmliches Büßergewand. Klara gelobt Armut, Keuschheit und Gehorsam.
Ihre Familie versucht vergeblich, sie zur Rückkehr zu bewegen. Sechzehn Tage später folgt ihr ihre Schwester

Agnes. Im Mai zieht sich Klara in ein anderes Kloster zurück und zieht schließlich nach San Damiano, wo sie bis zu ihrem Tod in strenger Klausur lebt.

Weitere Frauen schließen sich an. Die sich rasch vergrößernde Frauengemeinschaft trägt zunächst den Namen „Orden der Armen Frauen von San Damiano" (später Klarissen-Orden).

1215	Klara wird zur Äbtissin gewählt. Auch ihre Schwester Beatrice und ihre Mutter Ortolana folgen Klara und schließen sich ihrer Gemeinschaft an.
1225	Der kränkliche Franz besucht Klara in San Damiano und bleibt einige Zeit.
1240/1241	Klara stellt sich mutig einem Sarazenenheer entgegen, das ihr Kloster belagert.
um 1247	Klara schreibt – als erste Frau in der Geschichte – eine Ordensregel, in der sie die Eigenverantwortung der Schwestern betont – eine für die damalige Zeit erstaunlich demokratische Einstellung.
1253	Erst als sie schon im Sterben liegt, erkennt der Papst ihre Ordensregel, für die sie zeitlebens gekämpft hatte, offiziell an. Am 11. August stirbt sie im Alter von 59 Jahren in San Damiano.
1255	Papst Alexander IV. spricht Klara heilig.
1850	Die Gebeine der Heiligen Klara werden gefunden und in die Kirche Santa Chiara in Assisi überführt.

Besinnungstage als Erlebnis

Der Ort Assisi und seine Heiligen, Franziskus und Klara, fordern zu Grenzerfahrungen spiritueller und körperlicher Art heraus. Wenn wir uns in Assisi auf Spurensuche begeben, dann sind damit Besinnungstage gemeint, die einladen, über sich und sein Leben nachzudenken, die gewissermaßen auffordern, sich selber zu erleben.

Abb. 15: Nachdenken mit Blick auf das Tal von Assisi in der charakteristischen Landschaft Umbriens

Neben der Faszination einer Reise ins europäische Ausland, nach Italien, und der reizvollen Landschaft Umbriens mit der Stadt Assisi, ist noch etwas anderes für das Gelingen einer solchen Unternehmung wichtig: die Abgeschiedenheit. Abseits vom Lärm des Alltags, weg von Vertrautem, sich Beschränken auf ein einfaches Leben – zumindest für eine Woche. Dass junge Erwachsene diese Herausforderung suchen, annehmen und sie im Nachhinein als überaus wichtig für ihr Leben beurteilen, mag verwundern, zeigt auf der anderen Seite auch eine Mangelerscheinung unserer Zeit. Die Möglichkeiten für ein wirkliches sich (und einander) Erleben sind im Alltag kaum mehr gegeben. Zeiten der bewussten Ruhe, der Stille, der regelmäßigen Besinnung, der Konzentration auf Weniges werden als beunruhigend empfunden, der Bedeutung von Symbolhaftem wird ausgewichen. Man will *etwas* erleben, aber man will nicht *sich* erleben.

Eine Spurensuche in Assisi gibt einen Weg mit offenem Ziel vor: unterwegs sein, um mehr über sich selbst zu erfahren, über die eigenen Hoffnungen und Ziele und über andere Möglichkeiten, glücklich zu leben. Dass diese Form spiritueller Erfahrung keineswegs zu einem Rückzug ins Private führen muss, zeigen sowohl Studien als auch unsere eigenen Erfahrungen als Jugendleiter: Eine Wellness-Spiritualität sehen wir nicht bestätigt.

Im Gegenteil: Gerade Menschen mit spiritueller Praxis sind zu sozialem und politischem Engagement motiviert.

Bei den Besinnungstagen, die wir für Jugendliche und Erwachsene in Assisi geleitet haben, setzten wir unterschiedliche erlebnispädagogische Methoden ein. Tabelle 9 gibt einen Überblick über die Methodenvielfalt.

Tabelle 9: Erlebnispädagogik bei Besinnungstagen

	Charakter	Spiritueller Bezug
(Berg-) Wandern	in Stille eine größere Strecke zurücklegen	Ruhe, Achtsamkeit, Orientierung
(Natur-) Symbole entdecken	(Natur-)Symbole entdecken, ihre Bedeutung verstehen und sich von ihnen ansprechen lassen	Symbole weisen über sich hinaus, auf etwas, das nicht sichtbar ist: sie wecken innere Bilder und ermöglichen so einen neuen Zugang zur Personwerdung
ein anderes Land bereisen	Erfahrungen mit einer anderen Kultur, einer neuen Sprache, mit fremden Sitten, Bräuchen, Gewohnheiten	das Fremde kennenlernen und akzeptieren, sich in andere Menschen hinein denken, Grenzen erkennen und erweitern
Meditation und Gebet	dialogfähig werden, hineinfinden in eine „hörende Haltung", Stille erleben, sich von Ritualen (z. B. Gebets- und Essenszeiten) ansprechen lassen, neue Formen des Gebets und der Meditation ausprobieren	sich als begrenzt, aber auch aktiv erleben: aufmerksam werden auf sich selbst, auf andere, auf Dinge und Wesen in der Umwelt, dem Leben auf den Grund gehen, Erlebnissen im Singen, Tanzen, Malen, Beten u. ä. einen Ausdruck geben
Sinnes- und Entspannungsübungen	aufmerksam mit seinen Sinnen wahrnehmen, staunen, sich Gedanken machen über alltägliche und „nicht-alltägliche" Dinge	sich für innere Erfahrungen öffnen

Leitung und Organisation einer Gruppe	bewusstes Erleben der eigenen Fähigkeiten, Erfahrungen mit anderen Menschen machen	gemeinsam planen, moderieren, Konflikte austragen, gemeinsame Erfahrungen (mit-)teilen
Erkundung einer Kirche	(Kunst-)Geschichte verstehen und Kultur kennen lernen, sich selbst als Teil der Geschichte erkennen	Kirchen als spirituelle Räume erfahren
Spuren besonderer Menschen suchen	die Geschichte von besonderen Menschen und ihre Bedeutung für die heutige Zeit kennen lernen, das eigene Leben vor dem Hintergrund der Lebensgeschichte eines Heiligen überdenken	sich von Lebensentscheidungen anderer Menschen, von Texten, Geschichten, Legenden, Bildern ansprechen lassen und diese ggf. auf das eigene Leben übertragen

Übung 37: Einen Kirchenraum erkunden (in San Francesco)

Charakter: Besinnungsübung
Ein Kirchengebäude bietet vielfältige Anregungen: die Größe und Gestalt des Gebäudes, der Kirchturm, die Ausdehnung und besondere Atmosphäre des Innenraums, Bilder und Skulpturen, Altar, Kanzel, Taufbecken und ihr Verwendungszweck, die Verbindung von Vertrautem und Fremden, von Altem und Neuem.

Ort: Kirchenraum; hier die Basilica di San Francesco in Assisi. Auf die beschriebene Art können auch sakrale Räume anderer Religionsgemeinschaften betrachtet werden, die mit ihren jeweils eigenen Symbolen und Gegenständen ausgestattet sind.

Gruppengröße: bis ca. 20 Personen

Alter: Jugendliche und junge Erwachsene, ab 15 Jahren

Material: (Kunst-)Reiseführer mit Angaben zu Öffnungs- und Gottesdienstzeiten der Kirche, Stadtplan, Wanderkarte

Anleitung: Zur Übung gehören mehrere Phasen.
(1) Vorbereitung: Längere Wanderung zur Basilica di San Francesco. Ankommen an der Piazza inferiore.
(2) Hinführung auf dem Vorplatz: Annäherung von außen mit Informationen zum Leben des heiligen Franziskus und zur Geschichte der Kirche San Francesco. Rundgang um das Kirchengebäude mit einem Beobachtungsauftrag für jeweils zwei Personen: Was fällt uns am Kirchengebäude auf? Was interessiert uns? Was kommt uns fremd, was bekannt vor?
(3) Erkundung des Innenraums der Kirche: Lassen Sie zunächst den Kirchenraum auf sich wirken. Suchen Sie sich dazu einen ruhigen Ort im hinteren Teil der Kirche. Beschreiben Sie für sich diese Eindrücke und halten Sie die Eindrücke in einem Wort fest. Versuchen Sie bei einem ersten Rundgang durch die Kirche den Raum mit allen Sinnen zu erfahren: Was sehen, hören, fühlen und riechen Sie?
Machen Sie einen zweiten Rundgang durch die Kirche. Beschränken Sie sich jetzt auf die Orte bzw. Bilder, die Sie interessant fanden. Wählen Sie zum Abschluss ein Bild o. ä. aus, das Sie am stärksten anspricht, auch wenn es vielleicht Fragen aufwirft. Vielleicht finden Sie auch einen Lieblingsplatz im Raum. Wie mit einer Kamera halten Sie Ihren Eindruck als Bild fest.
Wenn es die Situation zulässt, können die ausgewählten Orte im Kirchenraum mit der Gruppe aufgesucht und an Ort und Stelle vorgestellt werden. Die Erklärungen können hier überwiegend in der Hand der Jugendlichen oder Erwachsenen liegen. Andernfalls findet die Auswertung im Anschluss an anderer Stelle statt.
(4) Abschluss: Die Kirchenraumerkundung kann mit einer Stille-Übung, einem Text, einem Gebet oder einem Lied im Kirchenraum oder – falls die Andacht anderer Besucher dadurch gestört wird – in einem Nebenraum abgeschlossen werden.

Hintergrund: Kirche gilt im christlichen Sinne zunächst als Bezeichnung für die im Gefolge Jesu entstandene Glaubensgemeinschaft. Die heutige katholische Theologie beschreibt Kirche im Dokument Lumen Gentium des Zweiten Vatikanischen Konzils als „das pilgernde Volk Gottes". Für das lutherische Verständnis ist Kirche laut Augsburger Bekenntnisse von 1577 „die Versammlung der Glaubenden, in der das Evangelium unverfälscht verkündet wird".
Mit dem Bau einer Kirche verbinden Menschen konkrete Anliegen ihrer Zeit. So ist Kirche auch der Ort, an dem sich Gläubige einer Religionsgemeinschaft versammeln, um ihren Glauben zu feiern. Dies geschieht im Gebet, in der Feier des Gottesdienstes oder in der Verehrung von besonderen, von heiligen Menschen.
Kirchen haben zudem eine kultur- und kunstgeschichtliche Bedeutung. Sie sind Zeitzeugnisse aus Stein und Farbe. Nicht selten spiegelt sich in den

Kirchenbauten der Wandel der geschichtlichen Epochen. Zum Beispiel ist die Dresdner Frauenkirche, die im Februar 1945 bei alliierten Luftangriffen zerstört wurde und 2005 wiedererrichtet wurde, heute Mahnmal des Friedens und der Völkerverständigung. Die Beschäftigung mit Bildern, Figuren und sakralen Gegenständen ermöglicht Kirchenbesuchern heute einen Zugang zur Lebens- und Glaubensgeschichte von Menschen vergangener Jahrhunderte und damit eine Auseinandersetzung mit der eigenen, aktuellen Lebens- und Glaubensgeschichte.

In Assisi und an anderen Orten lassen sich viele Basiliken, Kirchen und Kapellen entdecken und erkunden. Im folgenden eine Auswahl der bekanntesten Kirchengebäude von Assisi:

- San Francesco: mit dem Grab des Hl. Franz von Assisi; wertvolle Fresken, die zwischen der zweiten Hälfte des 13. und zu Beginn des 14. Jahrhunderts von berühmten Künstlern der Zeit angefertigt wurden, u. a. von Cimabue und vom jungen Giotto
- Santa Maria degli Angeli: mit der Portiunkula-Kapelle, in der Franziskus gestorben ist; in dieser Kirche fand bereits zweimal, 1986 und 2002, das Weltgebetstreffen von führenden Vertretern der Weltreligionen statt
- San Damiano: Kapelle und Klostergebäude, Rückzugsort des Franziskus. Hier entstand der „Cantico delle Creature" (Sonnengesang). Gründungsort für die Klostergemeinschaft der Hl. Klara (1212), die hier auch 1253 gestorben ist.
- Basilika Santa Chiara: mit dem Kreuz aus San Damiano, von dem herab Christus zu Franziskus gesprochen haben soll „Geh und baue meine Kirche wieder auf!"; in der Krypta befindet sich das Grab der Hl. Klara

Anstöße zum Nachdenken:
- Wie wirkt der Kirchenraum von außen und von innen auf mich?
- Was war für mich beim Betrachten der Kirche vertraut, was hat mich irritiert? Warum?
- Was habe ich entdeckt? Was habe ich erlebt?
- Mit welchem Wort habe ich meine ersten Eindrücke zusammengefasst?
- Welches Bild habe ich mit meinem inneren Auge festgehalten? Wie kann ich dieses Bild beschreiben? Was sehe, höre, fühle, rieche ich?
- Ist ein Kirchenraum für mich ein Ort der Stille und Besinnung? Brauche ich solche Orte?
- Wie geht es mir mit Zeiten der Stille? Kann ich Ruhe genießen oder beunruhigt mich Stille eher?
- Gibt es Zeiten der Stille in meinem Alltag?
- An welchen Orten, in welchen Räumen halte ich mich in meinem Alltag auf? Wie zufrieden bin ich damit?
- Welchen Fragen möchte ich noch nachgehen? Gibt es künstlerische Darstellungen oder Symbole, deren Bedeutung ich nicht verstanden habe?

Erfahrungen: Ein Kulturprogramm und insbesondere der Besuch von Kirchen zählen für Jugendliche nicht unbedingt zu den attraktiven Programmpunkten einer Bildungsreise. Deshalb sollte der Besuch von Kirchen und die Beschäftigung mit Kunst und Kultur gut vorbereitet werden. Dafür einige Beispiele:

- Durch ansprechende Medien, wie Bücher, Bilder oder Filme werden die Jugendlichen bereits vorher motiviert.
- Ein Kirchenbesuch kann mit anderen, für die Jugendlichen zunächst attraktiveren Aktivitäten verbunden werden, wie Stadtbesichtigung, Besuch einer Freizeiteinrichtung oder „Shopping".
- Die Kirchenführung wird gemeinsam geplant und von den Jugendlichen selbst vorbereitet und durchgeführt.
- Die Gruppe lädt einen Gesprächspartner ein, der seine Lebens- und Glaubensgeschichte mit dem Ort verbindet. In Assisi bietet sich das Gespräch mit einem Ordensbruder oder einer Ordensschwester der Franziskanischen Gemeinschaft an. Der Kontakt kann über das Kloster San Damiano hergestellt werden.

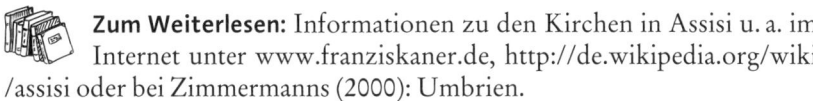 **Zum Weiterlesen:** Informationen zu den Kirchen in Assisi u. a. im Internet unter www.franziskaner.de, http://de.wikipedia.org/wiki/assisi oder bei Zimmermanns (2000): Umbrien.

Übung 38: Entscheidungen (in San Damiano)

Charakter: das eigene Leben vor dem Hintergrund der Lebensgeschichte eines Heiligen überdenken

Ort: Kirche San Damiano in Assisi, ein Ort der Entscheidung, sowohl für Franziskus als auch für Klara

Gruppengröße: allein oder in Gruppen bis ca. 20 Personen

Alter: ab ca. 16 Jahren

Material: Papier, Tagebuch, Stifte

Anleitung: Betrachten Sie Ihr eigenes Leben und vergleichen Sie es mit der Lebens- und Glaubensgeschichte von Franz und Klara. An welcher Stelle haben Sie wichtige Entscheidungen getroffen oder entscheidende Weichenstellungen vorgenommen? Wie geht es Ihnen in Krisenzeiten, die Entscheidungen verlangen? Wer oder was kann Ihnen dabei helfen? Wer oder was hat in Ihrem Leben Spuren hinterlassen? Welche Entscheidungen stehen zur Zeit an? Was sind die nächsten Schritte?

Gehen Sie zunächst allein und in ihrem eigenen Tempo durch die Kirchenräume. Suchen sie sich dann einen ruhigen Ort in der Kirche oder in der Umgebung von San Damiano. Lassen Sie sich von den Impulsfragen anregen und schreiben Sie Ihre Gedanken auf ein Blatt Papier oder in Ihr Tagebuch.

Hintergrund: Im Jahr 1205 soll Franziskus vor dem Kreuz von San Damiano gebetet haben, als eine Stimme zu ihm sprach und ihm den Auftrag gab, die Kirche wieder aufzubauen. Zunächst bezog Franz diesen Auftrag wörtlich auf den Aufbau der verfallenen Kapelle in San Damiano. Später hatte er die gesamte Kirche als Gemeinschaft der Gläubigen im Blick.

Im Jahr 1212 zog sich Klara mit ihren Gefährtinnen hierher zurück, nachdem sie die Gelöbnisse abgelegt und sich für ein klösterliches Leben entschieden hatte.

Anstöße zum Nachdenken:
- Meine eigene Lebenssituation: Wie ist meine eigene Lebensgeschichte bisher verlaufen? Was ist mir in meinem Leben wichtig?
- Kann ich Krisen als Chance zur Veränderung annehmen? Nutze ich Krisen, um meinem Leben eine neue Ausrichtung zu geben?
- In jeder Lebensphase treffe ich Entscheidungen, die den zukünftigen Lebensweg beeinflussen. Von welchen Werten lasse ich mich bei diesen Entscheidungen leiten?

Erfahrungen: Die Übung fällt Jugendlichen und jungen Erwachsenen zunächst schwer. Entscheidungssituationen werden meistens als unliebsam und unbequem erlebt. Krisen können nur schwer zugelassen und zugegeben werden. Mit der Beschäftigung wächst die Bereitschaft und Erkenntnis, Krisen als Teil des Lebens anzunehmen und für die persönliche Entwicklung positiv zu nutzen. Das Kennenlernen von anderen Lebensentwürfen ermöglicht einen Zugang zur Beschäftigung mit der eigenen Lebensgeschichte.

Übung 39: Bergerfahrung in der Stille (in Eremo delle Carceri und auf dem Monte Subasio)

Charakter: Spirituelle Wanderung

Ort: Wanderung von Assisi auf den 1290 Meter hohen Monte Subasio und zur Einsiedelei „Eremo delle Carceri", einem Rückzugsort des heiligen Franziskus in der Natur. Eremo delle Carceri liegt rund vier Kilometer östlich von Assisi auf einer Höhe von 729 Metern, am Hang des bewaldeten Subasio-Massivs. Eine anderthalbstündige Wanderung führt von Assisi (424 m) aus zur Einsiedelei. Herrliche Aussichten entschädigen für die An-

Abb. 16: Die mitten im Bergwald gelegene Einsiedelei Carceri auf halbem Weg zum Gipfel des Monte Subasio

strengungen eines teilweise steilen Wanderwegs. Die Wanderung führt in weiteren eineinhalb Stunden zum Gipfel des Monte Subasio.

Gruppengröße: allein oder in Gruppen bis ca. 15 Personen

Alter: ab ca. 16 Jahren

Material: Ausrüstung für eine ganztägige Mittelgebirgs-Wanderung, wie feste Schuhe, Tagesrucksack, Verpflegung, ggf. Regen- und Sonnenschutz

Anleitung: Die Einsiedelei Eremo delle Carceri ist heute genauso wie zu Franziskus Lebzeiten ein Ort, der zur Stille und Meditation einlädt. Versuchen Sie bereits den Weg dorthin in einer meditativen Haltung zu gehen und beschränken Sie Gespräche auf das Nötigste. Richten Sie Ihre Aufmerksamkeit sowohl nach innen auf das, was Sie zur Zeit beschäftigt, aber auch nach außen, auf die Schönheit der Umwelt.

Bei der Einsiedelei angekommen, halten Sie die Stille aus und lassen Sie den Ort auf sich wirken. Ergründen Sie die Motive von Franziskus und seinen Freunden, Orte wie Carceri einzurichten und immer wieder aufzusuchen. Schauen Sie sich Gebäude und Gelände in Ruhe an. Verweilen Sie an Orten, die Sie ansprechen. Lesen Sie am Ende des Rundgangs gemeinsam die von Franziskus verfasste Anleitung für Brüder, die in einer Einsiedelei wie Carceri leben wollten.

Setzen Sie den Weg fort bis zum Gipfel des Monte Subasio. Tauschen Sie sich auf dem Weg über Ihre Eindrücke aus, die der Besuch der Einsiedelei bei Ihnen hinterlassen hat.

Hintergrund: Carceri heißt wörtlich „Kerker", bedeutete früher aber auch den Ort, an dem man sich zurückzieht, sich „einkerkert". Zur Zeit des heiligen Franziskus waren hier mehrere kleine Kapellen, in den Fels gehauene Höhlen sowie einfache Behausungen, die sich die ersten Brüder errichtet hatten. Das heutige Kloster ließ Bernardin von Siena im 15. Jahrhundert in franziskanischer Einfachheit erbauen.

Franziskus wählte häufig einsame Ort, um sich in Abgeschiedenheit und Stille über sein Leben klar zu werden und Pläne für die Zukunft reifen zu lassen.

Auch in biblischen Geschichten des Alten und Neuen Testaments ist der Berg für Menschen ein Ort des Rückzugs, der Abgeschiedenheit und der Gottesbegegnung, etwa die Übergabe der Zehn Gebote an Mose auf dem Berg Horeb (Ex 24) oder die Verklärung Christi auf dem Berg Tabor (Mk 9, 2–9).

Anstöße zum Nachdenken:
- Welche Rückzugsmöglichkeiten gönne ich mir?
- Was ist mir – bei aller Betriebsamkeit – wichtig im Leben?
- Über den Dingen stehen, das Ganze von oben oder aus der nötigen Distanz betrachten, Abstand bekommen
- Wie geht es mir mit Alleinsein, mit Einsamkeit?
- Wie kann ich Stille, wie kann ich mich aushalten?

Erfahrungen: Die Fähigkeit, Stille auszuhalten, kann nicht bei allen Jugendlichen vorausgesetzt werden. Deshalb sollte zunächst mit einer kurzen Zeit der Stille – anfangs sind zehn Minuten ausreichend – begonnen werden.

Die konditionellen Voraussetzungen, um eine anspruchsvolle und längere Wanderung durchzuhalten, sollten vorher bei allen Teilnehmern abgeklärt werden.

Übung 40: Symbole (in Santa Chiara)

Charakter: Symbole und ihre Bedeutung entdecken, erkennen und mit ihnen umgehen lernen

Ort: ruhiger Platz mit der Möglichkeit, sich zurückzuziehen

Gruppengröße: allein oder in Gruppen bis ca. 20 Personen

Alter: ab ca. 16 Jahren

Material: für jeden ein ca. ein Meter langes Seilstück

Abb. 17: Besinnung in der Gruppe vor dem Kreuz von San Damiano

Anleitung: Sie bekommen ein kurzes Seilstück, ein sogenanntes „Zingulum". Die franziskanischen Mönche tragen das Zingulum als Gürtel um ihr Gewand. Auch Klara von Assisi hatte ein Zingulum. Es ist heute noch in ihrem Grab in der Kirche Santa Chiara zu sehen.

Für Sie symbolisiert das Seilstück ein solches Zingulum und soll für die nächsten Tage Ihr Begleiter sein.

Sie knüpfen für jede Erkenntnis, die Sie behalten und nicht vergessen wollen, der Sie treu bleiben wollen, einen Knoten in das Seil. Auch für eine wichtige Erfahrung oder eine Frage kann ein Knoten in das Seil geknüpft werden. Gestalten Sie darüber hinaus das Seil nach Ihren Vorstellungen, zum Beispiel mit einem Gegenstand aus der Natur, der einen Gedanken verdeutlicht. Das Seil mit den Knoten soll Sie an Ihre Erkenntnisse, Fragen, Erfahrungen und Erlebnisse erinnern.

Hintergrund: Der Begriff Symbol kommt vom griechischen „symballein" und bedeutet „zusammensetzen, zusammenbringen". In der Antike gab es unter Geschäftspartnern oder Freunden den Brauch, einen Gegenstand in zwei Teile zu brechen, zum Beispiel einen Ring oder eine kleine Tafel. Die Teile waren später Erkennungszeichen und hatten einen verpflichtenden Charakter. Die Besitzer der passenden Teile waren als Partner ausgewiesen.

Auch heute bezeichnet das Symbol das Zusammenfallen von zwei Elementen zu einer Einheit. Das erste Element ist etwas Sichtbares. Das zweite Element ist etwas Innerliches, Geistiges. Symbole weisen über sich hinaus, auf etwas, das nicht sichtbar ist und, wenn man sich auf sie einlässt, etwas in Bewegung setzt. Freilich sind Symbole auch mehrdeutig und können verschiedene, zum Teil auch gegensätzliche Bedeutungen haben. „Sonne" beispielsweise steht hierzulande zumeist als Symbol für Licht, Leben und Wärme; sie kann aber in einer anderen Umgebung auch mit Dürre, Wüste oder Tod in Verbindung gebracht werden.

Das Zingulum ist der Gürtel, den die franziskanischen Mönche um ihre Kutte tragen. Die Gürtelschnur ist mit drei Knoten versehen. Sie stehen für Lebens-Versprechen, die die Mönche als Gelöbnisse vor ihrem Eintritt in die Ordensgemeinschaft ablegen: Armut, Gehorsam und Ehelosigkeit.

Das Seil weist durch seine Struktur auf eine Wirklichkeit in unserem Leben hin: Das Seil ist eine Einheit und besteht zugleich aus vielen Fasern, die alle ihr eigenes Dasein und ihre einzigartige Funktion haben. Übertragen auf eine Gemeinschaft kann das Seil ein Symbol dafür sein, dass viele einzelne Fasern mit ihren individuellen Funktionen zusammenlaufen und eine Einheit bilden.

Anstöße zum Nachdenken:
- Welche Versprechen gebe ich mir? Welche Versprechen gebe ich anderen?
- Sich treu sein: Bei welchen Lebensprinzipien will ich mir treu bleiben? Wann bin ich mir untreu geworden?
- Auf was oder wen richte ich mein Leben aus?
- Was würde ich in meinem „Lebensseil" als einzelne Fasern, was als Knotenpunkte bezeichnen?

Erfahrungen: Jugendliche finden oft schwer einen Zugang zu Symbolen. Der Umgang mit inneren Bildern ist wenig geübt. Symbole werden immer seltener erklärt und deswegen nicht verstanden. So bleiben sie häufig wirkungslos.

Die Beschäftigung mit Symbolen ist wichtig, weil sie Unsagbares zum Ausdruck bringen und Jugendliche bei dem Verstehen ihrer Wirklichkeit unterstützen können.

 Zum Weiterlesen: Halbfas (1992): Der Sprung in den Brunnen; Oberthür (2011): Buch der Symbole

Übung 41: Quelle (an der Fonte Maddalena)

Charakter: Segensritual

Ort: Quelle „Fonte Maddalena" am Hang des Monte Subasio, rund zwei Kilometer östlich von Assisi in der Nähe der Einsiedelei Eremo delle Carceri, oder jede andere Quelle

Gruppengröße: in Gruppen bis ca. 20 Personen

Alter: ab ca. 16 Jahren

Material: Trinkbecher

Anleitung: Wandern Sie zur Quelle Fonte Maddalena. Dort angekommen, nehmen Sie zunächst mit allen Sinnen die Quelle wahr. Sie sehen fließendes Wasser, Sie hören es sprudeln und können davon trinken. Sie erfrischen sich, indem Ihr Gesicht und Ihre Hände mit Quellwasser in Berührung kommen. Aus der Quelle gibt es frisches Wasser ohne Beschränkung, scheinbar im Überfluss. Überlegen Sie, was Sie beim Anblick dieser immerzu sprudelnden Quelle empfinden.

Überlegen Sie, ob eine Quelle im übertragenen Sinne auch ein Bild für Ihr Leben sein kann.

Suchen Sie sich nun jemanden, dem Sie vertrauen. Schöpfen Sie jeweils einen Becher mit Quellwasser. Überlegen Sie, was Sie Ihrem Partner wünschen, mit welchem Gedanken Sie ihr Gegenüber segnen wollen. Zeichnen Sie mit Wasser ein Kreuz auf die Stirn oder die Hand Ihres Partners. Tauschen Sie sich danach über Ihren Segenswunsch aus.

Hintergrund:
Der hebräische Buchstabe Tau, in der gleichen Form wie unser lateinischer Großbuchstabe T, ist ein altes Segenszeichen. Als letzter Buchstabe des hebräischen Alphabets steht das Tau für die Bewahrung des Lebens. Es hat in der Bibel eine besondere Bedeutung und in der Kunstgeschichte eine lange Tradition.

Auch Franziskus verwendete das Tau-Zeichen oft. Mit diesem Zeichen segnete er Menschen und unterschrieb er seine Briefe. So findet man es auch unter einem Segensspruch, den er für Bruder Leo aufschrieb, als dieser in Not war. Der Segensspruch lautet: „Der Herr segne und behüte dich. Er zeige dir sein Angesicht und erbarme sich deiner. Er blicke dich an und gebe dir Frieden" (vgl. Num 6, 24–26.27b). Es bedeutete für Bruder Leo Kraft und Trost, dass er den Segen des heiligen Franziskus auch in Form dieses Symbols bei sich tragen konnte: Es erinnert an Gottes Gegenwart in der Geschichte seines Volkes.

Auch beim christlichen Taufritus wird der Täufling mit Wasser übergossen und mit einem Kreuz-Zeichen auf der Stirn gesegnet.

Anstöße zum Nachdenken:
- In Zeiten der Erschöpfung kann es hilfreich sein, sich zu erinnern, was früher Quellen waren, aus denen ich gelebt habe: Was sind die Quellen, aus denen ich lebe?
- Auf was oder wen vertraue ich, kann ich vertrauen?
- Segenszeichen können für jeden Menschen anders sein, zum Beispiel ein Segensspruch von Vater, Mutter oder Großeltern, ein besonderes Geschenk oder ein Talisman. Wo sind mir Segenszeichen begegnet? Welche Gefühle verbinde ich damit?
- Was laugt mich aus? Was belebt mich?
- Was erschöpft mich? Woraus schöpfe ich?

Erfahrungen: Für manche Jugendliche oder Erwachsene ist es schwer, sich auf das Ritual des Segens einzulassen. Einfacher ist es, Wünsche für das eigene Leben und gute Wünsche für andere Menschen zu formulieren.

Auf den Spuren des Apostels Paulus rund um das Ägäische Meer

Erlebnis bei einer Jugendgruppenreise in die Westtürkei: Eine lange Wanderung führt unsere Gruppe zu den Ruinen von Alexandria Troas. Nur noch wenige Steine sind von diesem antiken Ort übrig geblieben. Zu wenig, als dass sich Touristen hierher verirren würden. Umso besser, denn die Jugendgruppe ist den Nachmittag ganz allein in den Ruinen. Auf den obersten Steinblöcken lesen wir gemeinsam die Geschichten aus der Bibel, die es zu diesem Ort gibt. Von diesem Ort aus schaute Paulus nach Westen auf Europa. Hier hatte er die Vision, seinen Glauben auch auf den europäischen Kontinent zu tragen. Vielleicht sind auch wir Europäer deswegen Christen geworden. In der Gruppe sprechen wir über Visionen und unsere Zukunftspläne, über Ziele, die wir noch erreichen wollen, und Horizonte, nach denen wir Ausschau halten. Wir spielen biblische Geschichten nach, lesen Texte aus den Briefen des Apostels Paulus und diskutieren über die Aussagen. Unser Eindruck: Wir haben es hier mit einem unbequemen Heiligen zu tun, dessen Vorstellungen zum Widerspruch, aber auch zum Weiterdenken herausfordern; wenn es beispielsweise um den Stellenwert der Frau geht oder um die Bedeutung von Liebe. Mit dem Gefühl, in die Weltgeschichte eingetaucht zu sein und vielleicht auch etwas mehr von den geistigen Strömungen der Gegenwart zu verstehen, verlassen wir die Ruinen dieses kleinen Ortes.

Paulus aus Tarsus

Der Apostel Paulus wird in allen christlichen Kirchen verehrt. Seine Auffassung, dass der christliche Glauben nicht nur Juden, sondern allen Menschen Heil bringt, brachte eine neue Richtung in das Denken der urchristlichen Gemeinde. Entscheidend war für ihn nicht die Frage, ob ein Mensch alle Gesetze einhält, sondern der Glaube an Jesus Christus. Und es gibt wahrlich eine Vielzahl an jüdischen Gesetzen, von der Beschneidung der männlichen Heranwachsenden über das Verbot der Vermischung von Fleisch- und Milchspeisen beim Essen bis zur strengen Einhaltung der Sabbatruhe.

Paulus wurde in Tarsus, einer Stadt in der heutigen Südtürkei an der Grenze zu Syrien, geboren. Seine Eltern waren wohlhabende und strenggläubige Juden. Von ihnen erbte er auch das römische Bürgerrecht, das nur wenige Bewohner des Reiches besaßen und das ihm im späteren Leben bei Konflikten half. Er erlernte das Handwerk des Zeltmachers, mit dem er während seiner späteren Missionsreisen seinen Lebensunterhalt verdiente. Er wuchs in Jerusalem auf und erhielt dort eine hervorragende Ausbildung

Tabelle 10: Paulus

ca. 10	Geburt in Tarsus/Südtürkei als Sohn jüdischer Eltern
	Lehre als Zeltmacher
	Ausbildung als Bibelgelehrter in Jerusalem
33/35	Bekehrung zum Christentum, Aufenthalt in Arabien und in Damaskus/Syrien
46/47	erste Missionsreise in die Südtürkei und nach Zypern
50/51	Besuch in Korinth/Griechenland während der zweiten Missionsreise
	Dritte Missionsreise
58	Reise nach Jerusalem, Verhaftung
60/61	Fahrt als Gefangener nach Rom
63/64	Verfassen der Pastoralbriefe
64/67	Hinrichtung in Rom

als Bibelgelehrter. In seinen Briefen zeigt sich die gute Kenntnis der griechischen Denkweisen.

Als strenggläubiger Jude war er zunächst ein erbitterter Gegner der neu aufkommenden christlichen Lehre. Auf dem Weg von Jerusalem nach Damaskus wurde er jedoch durch eine Erscheinung zum Christentum bekehrt. Nach einer Zeit des In-Sich-Gehens wurde er zum wichtigsten Missionar des Urchristentums. Auf mindestens drei mehrjährigen Missionsreisen verbreitete er die christliche Lehre im östlichen Mittelmeerraum. Die heutigen Länder Syrien, Zypern, die Türkei und Griechenland waren seine Ziele. Einen Überblick über das Leben des Paulus bietet Tabelle 10.

Übung 42: Aufbruch zu neuen Ufern (in Alexandria Troas)

Charakter: Besinnung

Ort: Hügel oder erhöhter Ort mit Blick in die Ferne

Gruppengröße: allein oder in Gruppen bis ca. 15 Personen

Alter: ab ca. 15 Jahren

Anleitung: Schauen Sie von einem Hügel oder Berg aus in die vor Ihnen liegende Landschaft. Lassen Sie Ihren Blick über den Horizont schweifen. Suchen Sie nach Blickpunkten, wie Flüsse, Siedlungen, Bäume oder Landschaftsformen, die Sie ansprechen. Überlegen Sie, welche Ziele Sie noch erreichen wollen. Denken Sie dabei sowohl an geografische wie an persönliche Ziele. Lassen Sie Ihre Gedanken ausschweifen. Lesen Sie den biblischen Text. Sammeln Sie sich anschließend wieder. Tauschen Sie sich mit Anderen aus.

Hintergrund: Die verfallene Ruinenstadt Alexandria Troas liegt an der Küste der Meerenge der Dardanellen, die die Verbindung vom Schwarzen Meer über Bosporus und Marmarameer zum Ägäischen Meer bildet. Von den Hügeln des Ortes schaute Paulus nach Westen zur gegenüberliegenden Küste, von Asien nach Europa, und hatte eine Vision. Dieses nächtliche Erlebnis ermutigte ihn, zu neuen Ufern aufzubrechen und seinen Glauben auch in einem anderen Land, auf einem anderen Kontinent zu verbreiten.

Zitat aus der Bibel

Nächtliche Vision

„Paulus und seine Begleiter durchwanderten Mysien und kamen nach Troas hinab. Dort hatte Paulus in der Nacht eine Vision. Ein Mazedonier stand da und bat ihn: Komm herüber nach Mazedonien und hilf uns! Auf diese Vision hin wollten wir sofort nach Mazedonien abfahren; denn wir waren überzeugt, dass uns Gott dazu berufen hatte, dort das Evangelium zu verkünden". (Apg 16, 8–10)

Anstöße zum Nachdenken:
- auf sich, die innere Stimme hören
- die Zukunft im Blick haben
- ausgetretene Wege verlassen, neue Wege einschlagen
- den Ruf Gottes hören, dem Ruf Gottes folgen

Erfahrungen: Die Übung eignet sich für Besinnungen jeder Art.

Übung 43: Aufruhr (in Ephesus)

Charakter: szenisches Spiel

Ort: größere freie Fläche zum Theaterspielen, im Idealfall ein antikes Amphitheater

Gruppengröße: 10 oder mehr Personen

Alter: ab ca. 15 Jahren

Abb. 18: Die biblische Erzählung vom Aufruhr der Silberschmiede (Apg 19, 21–40) wird von Jugendlichen im historischen Amphitheater von Ephesus nachgespielt. Zufällig anwesende Touristen beobachten die Szene neugierig.

Anleitung: Spielen Sie die biblische Geschichte nach. Versetzen Sie sich so gut wie möglich in die Rollen der beteiligten Personen: den Silberschmied Artemis, die Gruppe der Kunsthandwerker, die aufgebrachte Bürgerschaft, den Stadtschreiber von Ephesus, Alexander (der Sprecher der jüdischen Gemeinde) sowie eventuell auch Paulus und die Anhänger des christlichen Glaubens

Hintergrund: Wie jeder religiöse Kult in der Geschichte, genauso übrigens wie jede moderne esoterische oder weltanschauliche Gruppierung heute, mussten auch die vor- und frühchristlichen Gemeinschaften wirtschaften. Eigene Handwerkszweige entwickelten sich rund um diese Kulte. Verschiedene Handwerksbetriebe und Handelsbetriebe konkurrierten miteinander. Und verständlicherweise sorgte jede religiös-kultische Veränderung auch für Unruhe und Umwälzungen in diesem Umfeld. Die Silberschmiede im wohlhabenden Ephesus sind dafür ein Musterbeispiel.

Zitat aus der Bibel

Aufruhr der Silberschmiede

„Um jene Zeit wurde der (neue) Weg Anlass zu einem schweren Aufruhr. Denn ein Silberschmied namens Demetrius, der silberne Artemistempel herstellte und den Künstlern viel zu verdienen gab, rief diese und die anderen damit beschäftigten Arbeiter zusammen und sagte: Männer, ihr wisst, dass wir unseren Wohlstand diesem Gewerbe verdanken. Nun seht und hört ihr, dass dieser Paulus nicht nur in Ephesus, sondern fast in der ganzen Provinz Asien viele Leute verführt und aufgehetzt hat mit seiner Behauptung, die mit Händen gemachten Götter seien keine Götter. So kommt nicht nur unser Geschäft in Verruf, sondern auch dem Heiligtum der großen Göttin Artemis droht Gefahr." (Apg 19, 21–40)

Anstöße zum Nachdenken:
- abwägen zwischen meinen eigenen Vorteilen und meinen Überzeugungen
- aufwiegeln und sich beschwichtigen lassen
- eine eigene Meinung vertreten, trotz anderer Mehrheiten
- sich einer Menschenmenge entgegen stellen
- Zusammenhang zwischen Religion und Geld, Kirche und Macht

Erfahrung: Die biblische Geschichte kann mit verteilten Rollen gut nachgespielt werden.

Übung 44: Begegnungen mit Folgen (in Philippi)

Charakter: szenisches Spiel

Ort: überall möglich, am besten in einer weitläufigen Landschaft

Gruppengröße: ca. 5 bis 20 Personen

Alter: auf alle Altersgruppen übertragbar

Anleitung: Stellen Sie die biblische Geschichte mit verteilten Rollen dar. Versuchen Sie, sich in die handelnden Personen hinein zu denken. Überlegen Sie sich mögliche Dialoge.

Zitate aus der Bibel

Begegnung am Fluss

Paulus und seine Begleiter besuchen die Stadt Philippi:
„Am Sabbat gingen wir durch das Stadttor hinaus an den Fluss, wo wir eine Gebetsstätte vermuteten. Wir setzten uns und sprachen zu den Frauen, die sich eingefunden hatten. Eine Frau namens Lydia, eine Purpurhändlerin […], hörte zu; sie war eine Gottesfürchtige und der Herr öffnete ihr das Herz, sodass sie den Worten des Paulus aufmerksam lauschte. Als sie und alle, die zu ihrem Haus gehörten, getauft waren, bat sie: Wenn ihr überzeugt seid, dass ich fest an den Herrn glaube, kommt in mein Haus und bleibt da." (Apg 16, 13–15)

Begegnung im Hochland

Der Apostel ist unterwegs auf einer langen Wanderung:
„Paulus durchwanderte das Hochland […] Er traf einige Jünger und fragte sie: Habt ihr den Heiligen Geist empfangen, als ihr gläubig wurdet? Sie antworteten ihm: Wir haben noch nicht einmal gehört, dass es einen Heiligen Geist gibt. […] Da ließen sie sich auf den Namen Jesu, des Herrn, taufen. Paulus legte ihnen die Hände auf und der Heilige Geist kam auf sie herab; sie redeten in Zungen und weissagten." (Apg 19, 1–6)

Anstöße zum Nachdenken:

- Gibt es Menschen, denen ich begegnet bin und die mein Leben verändert haben?
- Habe ich schon einmal (oder öfter) Veränderungen durch religiöse Erlebnisse bei mir oder bei anderen gespürt?
- Wie geht es mir mit Vorhersagen, Prophezeiungen, Horoskopen?
- Verändere ich mich, wenn ich unterwegs bin? Beim Wandern in der Natur, beim Reisen in ein fremdes Land, bei überraschenden Begegnungen im Beruf?

Erfahrungen: Wie bei allen szenischen Spielen biblischer Geschichten sollte das Hauptaugenmerk darauf liegen, sich in die jeweiligen Personen und Situationen hinein zu denken.

Auf den Spuren jüdischen Lebens in Mitteleuropa

Erlebnis beim Studientag eines Jugendverbandes: Auf dem alten Judenfriedhof eines fränkischen Dorfes singen und beten junge Menschen zusammen mit einem katholischen Jugendseelsorger und einem Rabbiner aus der nahen Großstadt. Gemeinsam haben sie sich vorher bei einem Projekttag zum Thema „Christliches und jüdisches Leben in der Fränkischen Schweiz" mit der für sie im Dunkeln liegenden Kultur der Juden ihrer Heimat beschäftigt. Bis zur Herrschaft der Nationalsozialisten gab es in diesem ländlichen Raum ein blühendes jüdisches Gemeindeleben. Zahlreiche Judenfriedhöfe, Synagogen und Straßennamen erinnern heute daran. Aber keiner der Jugendlichen kennt einen jüdischen Mitbürger persönlich. Eine große Bevölkerungsgruppe mit einer viele Jahrhunderte alten Tradition in den Heimatdörfern ist vor einigen Jahrzehnten verschwunden. Umso beeindruckender ist dieser Tag lebendiger Geschichts- und Heimatkunde. Nachdenklich und bewegt gehen alle am Abend nach Hause. Nicht wenige ältere Menschen, die die Juden noch aus eigener Erfahrung kannten, halten es so, wie es der Heimatdichter Josef Motschmann in seinem Text „Dumme Fragen" ausdrückt: „Hört mir doch auf mit der Fragerei!/Wir haben keinem etwas zuleide getan, keinem einzigen./Das waren die Nazis und die waren weit weg, in Nürnberg und in Berlin./Pause/Wenn sie nur ihre Synagoge auch gleich mit angezündet hätten,/dann wäre alles auf einmal erledigt gewesen und man würde nichts mehr von ihnen (= den Juden) sehen./ Aber so (d. h. weil die Synagoge noch steht) stellen die jungen Leute nur dumme Fragen!" (1983, 40).

Geschichte des Judentums

Das jüdische Volk hat seine Ursprünge im Nahen Osten, wie in den biblischen Geschichten ausführlich dokumentiert. Abraham gilt als ihr Urvater, Moses als Stifter der jüdischen Religion. Abraham lebte etwa zwischen 2000 und 1400 vor der Zeitenwende. Mose zog um 1250 v. Chr. mit den Israeliten aus Ägypten aus. In dieser Zeit wurden die Grundlagen der jüdischen Religion festgelegt.

Nach der Eroberung des Landes Juda und seiner Hauptstadt Jerusalem im Jahre 70 n. Chr. wurden viele Juden von den römischen Truppen vertrieben und in alle Himmelsrichtungen verstreut. So siedelten sich bereits vor zwei Jahrtausenden Juden auch in Mitteleuropa an, zuerst in den römischen Garnisonsstädten am Rhein. Erstmals werden sie im Jahr 321 n. Chr. urkundlich erwähnt. Kaiser Konstantin schreibt den Ratsherren der Stadt Köln, dass auch Juden in den Stadtrat berufen werden können.

In den folgenden Jahrhunderten entstanden jüdische Gemeinden in fast allen Städten, aber auch in ländlichen Regionen. Über lange Zeiträume galten Juden aber nicht als gleichberechtigte Bürger. Vielfach wurde ihnen verboten, Grundbesitz zu erwerben und ein Handwerk zu erlernen. So wurden sie in den Handel und ins Geldgeschäft gedrängt. Und schlimmer noch, die Minderheit wurde immer wieder ausgebeutet, vertrieben oder gar ermordet. Zahlreiche mittelalterliche Judenverfolgungen sind dokumentiert: 1338 wurden sie aus Ortschaften in Niederösterreich, 1397 aus Basel, 1442 aus dem Herzogtum Bayern vertrieben.

Der Höhepunkt des jüdischen Bevölkerungsanteils lag in der ersten Hälfte des 19. Jahrhunderts. Mancherorts, wie in einigen Gemeinden am Obermain, stellten die Juden die Hälfte der Einwohnerschaft. Ihre Riten und Lebensgewohnheiten halfen ihnen, eine eigene Identität zu bewahren, obwohl sie bis zur Gründung des Staates Israel im Jahr 1948 über rund zwei Jahrtausende hinweg kein eigenes Staatsgebiet hatten.

Die weltweit schlimmste Judenverfolgung, der Holocaust während der Herrschaft der Nationalsozialisten in den Jahren von 1933 bis 1945, kostete nach heutigen Schätzungen etwa sechs Millionen Menschen jüdischer Abstammung das Leben. Diese Erfahrung hat sich als kollektives Trauma im Bewusstsein des jüdischen Volkes tief eingeprägt. In der Nachkriegszeit verblieben nur wenige Juden in Deutschland. Die Überlebenden wanderten zumeist aus, viele nach Israel, aber auch in die USA, dem Staat mit den meisten Bürgern jüdischen Glaubens.

Erst mit dem Ende der kommunistischen Regierungen in Osteuropa kamen viele Juden nach Deutschland und in andere westliche Länder. Viele von Überalterung und Mitgliederschwund geprägte jüdische Gemeinden erlebten einen großen Zulauf. Neue Synagogen und Gemeindezentren entstanden. Ob das Judentum allerdings tatsächlich wieder im Herzen der Menschen und der Städte einen Platz bekommt, wie etwa in München bei der Einweihung der neuerbauten Synagoge erhofft, muss die Zukunft erst noch zeigen. Zu wünschen ist es allemal. Tabelle 11 gibt einen Überblick über die Geschichte jüdischer Gemeinden in Deutschland.

Zum Weiterlesen: Auf der Nominierungsliste zum Deutschen Literaturpreis 2002 stand das lesenswerte Buch von Lutz van Dijk (2001): Geschichte der Juden. Eine Auflistung historischer Fakten über die Verfolgung jüdischer Mitbürger in der Zeit des Nationalsozialismus liefert Kogon (1975): Das Schicksal der Juden in den Konzentrationslagern. Einen regionalen Bezug schaffen Motschmann (1983): Der Leidensweg der Juden am Obermain, sowie die Synagogen-Gemeinde Köln (1999): Jüdisches Leben in Köln von der Antike bis heute.

Tabelle 11: Jüdische Gemeinden in Deutschland

70 n. Chr.	Eroberung Jerusalems durch das römische Heer; Vertreibung vieler Juden aus ihrem angestammten Land
ab Ende des 1. Jhd.	Juden folgen römischen Legionen in besetzte Gebiete, u. a. auch nach Deutschland; Ansiedlung jüdischer Gemeinden in Garnisonsstädten wie Trier, Mainz und Köln
321	erste urkundliche Erwähnung von Juden in Köln
1096	erste Erwähnung von Judenverfolgungen in Deutschland
um 1850	höchster jüdischer Bevölkerungsanteil in deutschen Städten und Gemeinden
ab Mitte des 19. Jhd.	Auswanderungswelle jüdischer Bürger in die USA, nach Palästina und in andere Staaten
1933–1945	Herrschaft der Nationalsozialisten; Boykottaktionen gegen jüdische Geschäfte; Erlass zahlreicher antijüdischer Sondergesetze und -verordnungen
1938	Reichspogromnacht mit flächendeckender Zerstörung jüdischen Besitzes; Beginn der systematischen Vernichtung von Juden
1942–1945	massenhafte Deportation von Juden in Konzentrationslager (KZ); insgesamt sterben etwa sechs Millionen jüdische Bürger während der NS-Herrschaft in Europa
1945	Ende des Zweiten Weltkriegs; Befreiung der KZ
ab 1989	Einwanderungswelle jüdischer Aussiedler aus Osteuropa nach Deutschland; langsame Wiedererstarkung der israelitischen Kultusgemeinden

Jüdische Spiritualität

Das Judentum ist die älteste monotheistische Religion. Die Wurzeln reichen viele Jahrtausende zurück. Nach jüdischer Zeitrechnung entspricht das Jahr 2013 dem Kalenderjahr 5774, gezählt seit der Erschaffung der Welt nach traditioneller Festlegung. Die fünf Bücher Mose aus dem Alten Testament entsprechen der Heiligen Schrift der Juden, der Tora, die im Mittelpunkt aller religiösen Feiern steht. Darin wird u. a. von der Erschaffung der Erde und historischen Ereignissen berichtet, vom Bund Gottes mit seinem auserwählten Volk, von Vertreibung, Versklavung und Befreiung. Konflikte werden nach jüdischem Glauben im Großen wie im Kleinen durch ein Bündnis mit Gott gelöst. Dieses Bündnis ist abhängig von der Einhaltung einer Vielzahl von Geboten. Die fünf Bücher Mose führen 613 Gebote auf. Wobei die Beachtung der Gebote jedoch an keine erwartete Belohnung geknüpft ist. Vielmehr leben gläubige Juden gesetzestreu, weil Gott es ihnen so aufgetragen hat.

Kern der jüdischen Religion ist die Erwartung, dass Gott, der Schöpfer, auf diese Welt kommt und das jüdische Königreich wieder herstellt. Wobei es in allen Epochen unterschiedliche Glaubensrichtungen gab und gibt. Bereits in den Heiligen Schriften wird berichtet, dass Menschen darüber streiten, wie buchstabengetreu die Gesetze ausgelegt werden müssen. So ließ sich eine Gruppe von Juden von anrückenden Feinden widerstandslos niedermetzeln, weil nach jüdischem Gesetz das Kämpfen am Sabbat verboten ist. Eine andere Gruppe unter dem Führer Matthias beschloss dagegen, das Verbot zu missachten und sich auch an diesem Tag zu verteidigen (1 Makk 2, 29–41). Ein Beispiel aus heutiger Zeit ist das Nebeneinander von orthodoxen Gruppen, die auf die Bewahrung der Traditionen und Riten außerordentlich großen Wert legen, und liberalen Gruppen, die den Geist der Heiligen Schriften in die jeweiligen historisch bedingten Lebenssituationen übertragen wollen. Jüdische Gemeinden gehören zumeist einer dieser beiden großen Richtungen an, wobei daneben auch noch weitere kleinere Gruppen den Glauben nach ihrer Überzeugung leben.

Jüdische Spiritualität ist in allen Glaubensrichtungen geprägt durch
- den Glauben an eine besondere und auserwählte Beziehung zu Gott
- die Erwartung, dass Gott auf diese Welt kommt
- die Einhaltung überlieferter und von Gott gegebener Verhaltensregeln
- die Verbundenheit in einer jüdischen Schicksalsgemeinschaft

In der Sprache eines der größten spirituellen Lehrer des amerikanischen Judentums bedeutet jüdische Spiritualität, „dein Selbst im Himmel über dir gespiegelt zu sehen und wahrzunehmen, dass der Heilige Eine dich persönlich geschaffen hat, um die Welt zu reparieren" (Kushner 2003, 62).

 **Zum Weiterlesen:** Kushner (2003): Das Buch der Wunder; Landgraf (2006): Shalom Martin; Golzio (2000): Judentum; Baumann (1993): Was jeder vom Judentum wissen muss. Das Selbstverständnis der liberalen Gemeinden wird erklärt von der Union progressiver Juden in Deutschland (1997): Das liberale Judentum.

Übung 45: Spuren jüdischen Lebens

Charakter: Erkundung, Spurensuche

Ort: geschichtsträchtiger Ort, der an das ehemals blühende jüdische Leben in Deutschland erinnert, zum Beispiel eine Synagoge, ein ehemaliger jüdischer Friedhof oder eine Gedenkstätte

Gruppengröße: beliebig

Alter: ab ca. 15 Jahren

Anleitung: Informieren Sie sich über die Geschichte des Ortes, an dem Sie Zeugnisse jüdischen Lebens gefunden haben. Fragen Sie bei Behörden nach, bei Nachbarn. Erkundigen Sie sich nach Zeitzeugen. Suchen Sie im Internet und in Büchereien.

Dokumentieren Sie die Ergebnisse Ihrer Suche. Schreiben Sie einen Bericht für die Lokalzeitung, veröffentlichen Sie Ihre Gedanken im Internet.

Anstöße zum Nachdenken:
- Welche jüdischen Bräuche kenne ich? Wer hat mir davon erzählt? Was ist neu für mich?
- Was denke ich über das Zusammenleben mit der jüdischen Minderheit in meinem Land?
- Welche Werte schätze ich an meiner eigenen Kultur? Welche an der jüdischen Kultur? Welche an der Kultur anderer Volksgruppen, die ich kenne?
- Stoße ich bei bestimmten Traditionen (jüdischen, christlichen u. a.) an Grenzen der Toleranz?

Erfahrungen: Besonders junge Leute erhalten oft ganz neue Einsichten in die vielfältige kulturelle Geschichte der eigenen Heimat.

Zum Weiterlesen: Interessante Orte in Bayern beschreibt Schwirz (1992): Steinerne Zeugnisse jüdischen Lebens in Bayern. Einen aktuellen Überblick über wichtige Holocaust-Gedenkstätten in Europa bietet die Stiftung Topographie des Terrors (2000): Gedenkstätten für NS-Opfer.

Übung 46: Zeitzeugen jüdischen Lebens

Charakter: Spurensuche, Gedankenaustausch

Ort: Stadt mit einer israelitischen Kultusgemeinde

Gruppengröße: allein oder in Gruppen bis ca. 30 Personen

Alter: ab ca. 15 Jahren

Anleitung: Suchen Sie Menschen, die in einer jüdischen Kultusgemeinde aktiv sind oder die einen engen persönlichen Bezug zum Judentum haben. Denken Sie auch an alte Menschen, die die Zeit des Nationalsozialismus noch selbst erlebt oder sich sehr eingehend mit der Geschichte der Juden in Europa beschäftigt haben.

Informieren Sie sich über die Kultur und Geschichte der jüdischen Gemeinde, über Vergangenheit, Gegenwart und Zukunft. Erkennen Sie Gemeinsamkeiten und Unterschiede im Denken und Erleben.

Den Abschluss kann ein gemeinsames Essen oder die Feier eines interreligiösen Gottesdienstes bilden.

Anstöße zum Nachdenken:
- Respekt vor einer anderen Weltanschauung
- Verbindendes und Trennendes
- Bekanntes und Überraschendes in einer anderen Kultur
- lokale und globale Dimensionen, die eigene Gemeinde und die Weltpolitik

Erfahrungen: Wenn Sie ehrliches Interesse und Respekt vor den Überzeugungen des Gegenübers zeigen, werden Sie in jeder jüdischen Gemeinde Einblick erhalten und Gesprächspartner finden.

Übung 47: Symbole jüdischer Spiritualität

Charakter: Symbolsprache in Alltag und Religion

Ort: beliebig

Gruppengröße: beliebig

Alter: ab ca. 15 Jahren

Anleitung: Wählen Sie sich ein jüdisches Symbol aus. Versuchen Sie, seine Bedeutung und Ausdruckskraft zu verstehen. Überlegen Sie, ob und wo Ihnen dieses Symbol schon einmal begegnet ist.

Informieren Sie sich über die Hintergründe jüdischer Kultur und Geschichte. Tauschen Sie sich mit Anderen darüber aus.

Jüdische Symbole

Siebenarmiger Leuchter (Menora)

Menora ist der hebräische Name für Leuchter, dessen Form an einen Baum mit sieben Ästen erinnert. Der Lichterbaum gilt als Symbol für Zuversicht und Erkenntnis. Er hat seinen Platz in der Synagoge. In der hebräischen Bibel wird der Leuchter an verschiedenen Stellen beschrieben. Danach schuf das Volk während seiner Wanderung durch die Wüste einen Leuchter aus Gold, der sieben Lichter trug. Die Zahl Sieben taucht in den Heiligen Schriften der Juden und im Alten Testament häufig auf, zum Beispiel erschuf Gott die Erde in sieben Tagen. Am siebten Tag der Woche feiern die Juden Sabbat.

Tag der Ruhe

Ein zentrales Gebot des Judentums ist die konsequente Einhaltung der Ruhe und der Verzicht auf jede Art von Arbeit am siebten Tag der Woche, dem Sabbat, genau so wie Gott bei der Erschaffung der Welt am siebten Tag geruht hat. Der Sabbat beginnt mit Einbruch der Dämmerung am Freitag und endet am Samstag genau 24 Stunden später. Die Bibel benennt allein 39 häufige Arbeiten, die an diesem Tag verboten sind, etwa das Backen und Schreiben. Der Sabbat wird in erster Linie mit der Familie und mit Freunden verbracht.

Leerer Stuhl

Ein alter jüdischer Brauch ist das Bereitstellen eines leeren Stuhls am gedeckten Festtagstisch und beim wöchentlichen Sabbatgottesdienst. Beim Essen wird manchmal ein Weinglas oder ein ganzes Gedeck davor gestellt. Der leere Stuhl ist ein symbolischer Platzhalter für Abwesende oder Verstorbene, die als Gast besonders willkommen wären: biblische Gestalten wie der Prophet Elija oder der Stammvater Abraham, aber auch verstorbene Familienmitglieder.

Der leere Stuhl hat eine starke Ausdruckskraft. Kinder beobachten oft Stuhl und Weinglas beim Essen (vgl. Hausen 2005). In der Gestalttherapie wird das Symbol des leeren Stuhls zur Behandlung seelischer Störungen genutzt – als Platzhalter für Vorstellungen und Gedanken.

Segen der Frau

Das wöchentliche Sabbatfest wird von der Mutter oder einer Tochter eröffnet. Sie zündet zwei Kerzen an, breitet ihre Arme über den Kerzen aus und spricht einen Segensspruch. Während die Frau im jüdischen Gottesdienst, durch Trennwände von den Männern abgegrenzt, „ohne eigenständige Bedeutung [ist], hat [sie] bei der häuslichen Sabbatfeier eine fast priesterliche Rolle" (Baumann 1993, 82).

Fester Bestandteil des Sabbats ist das Lob der Frau, das der Hausvater nach dem Sabbatgottesdienst spricht:

„Eine tüchtige Frau […] übertrifft alle Perlen an Wert. […] Sie gürtet ihre Hüften mit Kraft und macht ihre Arme stark. Sie spürt den Erfolg ihrer Arbeit […] Sie öffnet ihre Hand für den Bedürftigen und reicht ihre Hände dem Armen. […] Kraft und Würde sind ihr Gewand, sie spottet der drohenden Zukunft. Öffnet sie ihren Mund, dann redet sie klug und gütige Lehre ist auf ihrer Zunge. Sie achtet auf das, was vorgeht im Haus […] Ihre Söhne stehen auf und preisen sie glücklich, auch ihr Mann erhebt sich und rühmt sie" (Spr 31, 10– 31).

Trennkost
Zu den wichtigsten Speisegesetzen gehört die strikte Trennung von milch- und fleischhaltigen Speisen. Es gründet sich auf das biblische Gebot, nach dem ein Böcklein nicht in der Milch seiner Mutter gekocht werden darf. Diese Art der Trennkost bedeutet auch, dass jeder jüdische Haushalt mehrere voneinander getrennte Sätze Geschirr, Besteck und Töpfe bereithalten muss. Aus medizinischer Sicht hat diese Art von Trennkost durchaus positive Wirkungen auf den Verdauungstrakt.

Zerbrochenes Weinglas
Am Anfang und am Ende einer Hochzeit trinken Mann und Frau symbolisch einen Schluck Wein. Das Glas wird danach vom Mann zerbrochen. Damit soll an die Zerstörung des Tempels in Jerusalem sowie an die heiteren und zugleich nüchternen Momente im Leben eines Menschen erinnert werden.

Klagemauer
An der Westmauer in Jerusalem beten gläubige Juden – sowie Gäste aus aller Welt – und stecken kleine Zettel mit Wünschen und Gebeten in die Ritzen zwischen den alten Mauersteinen. Die bis heute erhaltene Mauer ist ein Teil der ehemaligen westlichen Umfassungsmauer des Tempels. Er ist die heiligste Stätte der Juden. Mehrfach wurde der Tempel in der Geschichte zerstört, letztmals im Jahr 70 n. Chr. Der Name Klagemauer entstand während der Zeit des Babylonischen Exils. Heute beklagen gläubige Juden hier besonders während des Sabbats die Zerstörung ihres Heiligtums.

Stein auf dem Grab
Für Juden hat ein Friedhof einen besonderen Stellenwert. Gräber sollen auf ewig bestehen bleiben, um die Totenruhe nicht zu stören. Als Zeichen der Erinnerung an die verstorbenen Menschen legen die Besucher einen kleinen Stein auf das Grab.

Anstöße zum Nachdenken:
- Symbole, die mir etwas bedeuten
- Traditionen, die ich pflege und die mir wichtig sind

- Gegenstände, mit denen ich einprägsame Situationen verbinde
- Orte, die mich an Begegnungen und Gedanken erinnern

Erfahrungen: Die jüdischen Symbole sind sehr einprägsam. Nicht umsonst werden viele davon in psychotherapeutischen Verfahren genutzt. Ebenso finden sich in der deutschen Umgangssprache viele hebräische oder jiddische Ausdrücke wie Tohuwabohu von hebräisch „tohu wabohu" für „wüst und wirr" oder Tacheles reden von jiddisch „tachles" für zweckmäßiges Handeln.

Oftmals sind Jugendliche erstaunt, welche Ursprünge gewohnte Traditionen haben, wie etwa die Ächtung von Arbeiten in der Öffentlichkeit am wöchentlichen Ruhetag oder der leere Stuhl bei einem Familienfest.

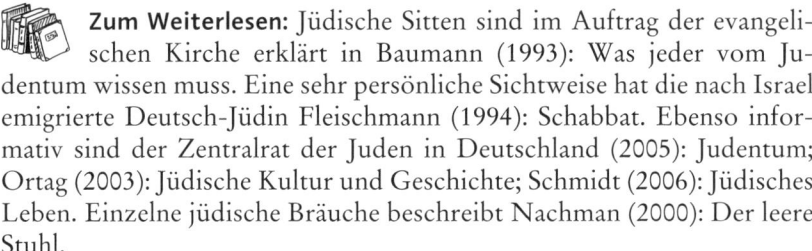

Zum Weiterlesen: Jüdische Sitten sind im Auftrag der evangelischen Kirche erklärt in Baumann (1993): Was jeder vom Judentum wissen muss. Eine sehr persönliche Sichtweise hat die nach Israel emigrierte Deutsch-Jüdin Fleischmann (1994): Schabbat. Ebenso informativ sind der Zentralrat der Juden in Deutschland (2005): Judentum; Ortag (2003): Jüdische Kultur und Geschichte; Schmidt (2006): Jüdisches Leben. Einzelne jüdische Bräuche beschreibt Nachman (2000): Der leere Stuhl.

Auf den Spuren der Jakobspilger in Europa

Santiago de Compostela in Galizien, der nordwestlichen Ecke Spaniens, ist seit mehr als tausend Jahren nach Rom und Jerusalem das gefragteste Wallfahrtsziel der abendländischen Christen. Ziel der Pilger ist seit dem neunten Jahrhundert das Grab des Apostels Jakobus des Älteren. Die Motive, sich auf so eine lange und beschwerliche Pilgerreise zu begeben, sind seit jeher sehr vielfältig. Im Mittelalter waren Pilgerfahrten nicht ungefährlich und wahrlich kein touristisches Vergnügen. Oft war es der versprochene vollkommene Ablass von Sünden oder das Einlösen eines Gelübdes, etwa zum Dank nach einer überstandenen Krankheit, das im Lauf der Jahrhunderte Millionen von Menschen auf diesen Wallfahrtsweg geführt hat. Damals wie heute gibt es aber auch andere Motive: die Eintönigkeit des Alltags zu durchbrechen, die Neugier, fremde Menschen und Länder kennen zu lernen, oder die Sehnsucht nach Abenteuern. In der heutigen Zeit machen sich viele Pilger auf diesen Weg – spanisch *camino* – nach Santiago de Compostela, um aus dem Alltag auszusteigen, um abzuschalten, um sich selbst und Gott zu finden.

Das spanische Wort für Pilger, *peregrino*, heißt übersetzt „der in der Fremde Weilende". Wallfahren hat in diesem Sinne eine dreifache Bedeutung: Zunächst heißt es, das Gewohnte, das Sichere, die Heimat zu verlassen. Zum Zweiten gehört dazu, sich auf Neues, Fremdes und Ungewohntes einzulassen. Drittens gehört zum Pilgern ein Ziel, der Ort der Ankunft.

Mit dem Pilgern lassen sich existentielle menschliche Fragen verbinden: Woher komme ich und was sind meine Wurzeln? Welchen Sinn hat mein Leben? Und: wohin strebe ich? Anschaulich beschrieben sind diese Lebenserfahrungen auch für weniger religiös Interessierte in Hape Kerkelings Bestseller „Ich bin dann mal weg – Meine Reise auf dem Jakobsweg" (2007), das bereits im ersten Jahr mehr als 1,2 Millionen Mal gekauft wurde. Der bekannte TV-Entertainer hat damit das Pilgern auch bei weniger kirchlich gebundenen Menschen populär gemacht. Einen Überblick über die Geschichte des Jakobswegs bietet Tabelle 12.

Tabelle 12: Der Jakobsweg

Jakobus, der Ältere, wird von Jesus zusammen mit Petrus, Andreas und Johannes als einer der ersten Apostel berufen.
  Einer Legende zufolge soll Jakobus bald nach der Himmelfahrt Jesu in Spanien missioniert haben.

um 44 n. Chr.	Jakobus wird in Jerusalem wegen seines Glaubens hingerichtet (Apg 12, 1–2). Die sterblichen Überreste des Apostels werden Legenden zufolge von seinen Jüngern mit einem Schiff von Jaffa durch das Mittelmeer bis an das dahin bekannte Ende der Welt, die Nordwestspitze Spaniens, gebracht und dort begraben.
Anfang des 9. Jahrhunderts	Der Eremit Pelagius findet das Grab des Apostels Jakobus: Beginn der Verehrung von Sankt Jakob (spanisch Sant'iago) als Schutzheiliger Spaniens
um 930	Erstmals werden Pilger aus anderen Ländern in historischen Quellen erwähnt.
um 1075	Beginn des Baus der Kathedrale von Santiago de Compostela
12. bis 14. Jahrhundert	Der Jakobsweg nach Santiago entwickelt sich zum wichtigsten christlichen Pilgerziel neben Jerusalem und Rom: Pilger kommen auch aus Skandinavien, England, Italien und dem östlichen Mitteleuropa

15. Jahrhundert	Die Einführung von Gnadenjahren mit vollkommenem Sündenablass bringt einen Aufschwung der Pilgerfahrten.
1589	Die Reliquien des Heiligen Jakobus werden vor den einrückenden englischen Truppen unter Führung von Sir Francis Drake versteckt und geraten in Vergessenheit.
16. bis 19. Jahrhundert	Das Interesse an Pilgerfahrten schwindet, u. a. wegen Reformation und Säkularisierung.
1879	Die Gebeine des Heiligen Jakobus werden wieder gefunden. Papst Leo XIII. erkennt die Gebeine 1884 als echt an.
1970er/ 1980er Jahre	Wiederbelebung der Pilgerfahrten
1982	Papst Johannes Paul II. besucht Santiago und ruft Europa dazu auf, sich auf die geistlichen Wurzeln des Christentums zu besinnen.
1993	Der spanische Hauptpilgerweg wird zum Unesco-Weltkulturerbe erklärt.
2004	Im Heiligen Compostelanischen Jahr 2004 werden 180.000 Jakobspilger aus aller Welt gezählt, die mindestens 100 km zu Fuß oder 200 km mit dem Fahrrad nach Santiago unterwegs waren.

Zum Weiterlesen: Herbers (2006): Jakobsweg; Herbers (2001): Der Jakobsweg; Wegner (2000): Der Jakobsweg; Sing (1992): Der Jakobsweg nach Santiago de Compostela.

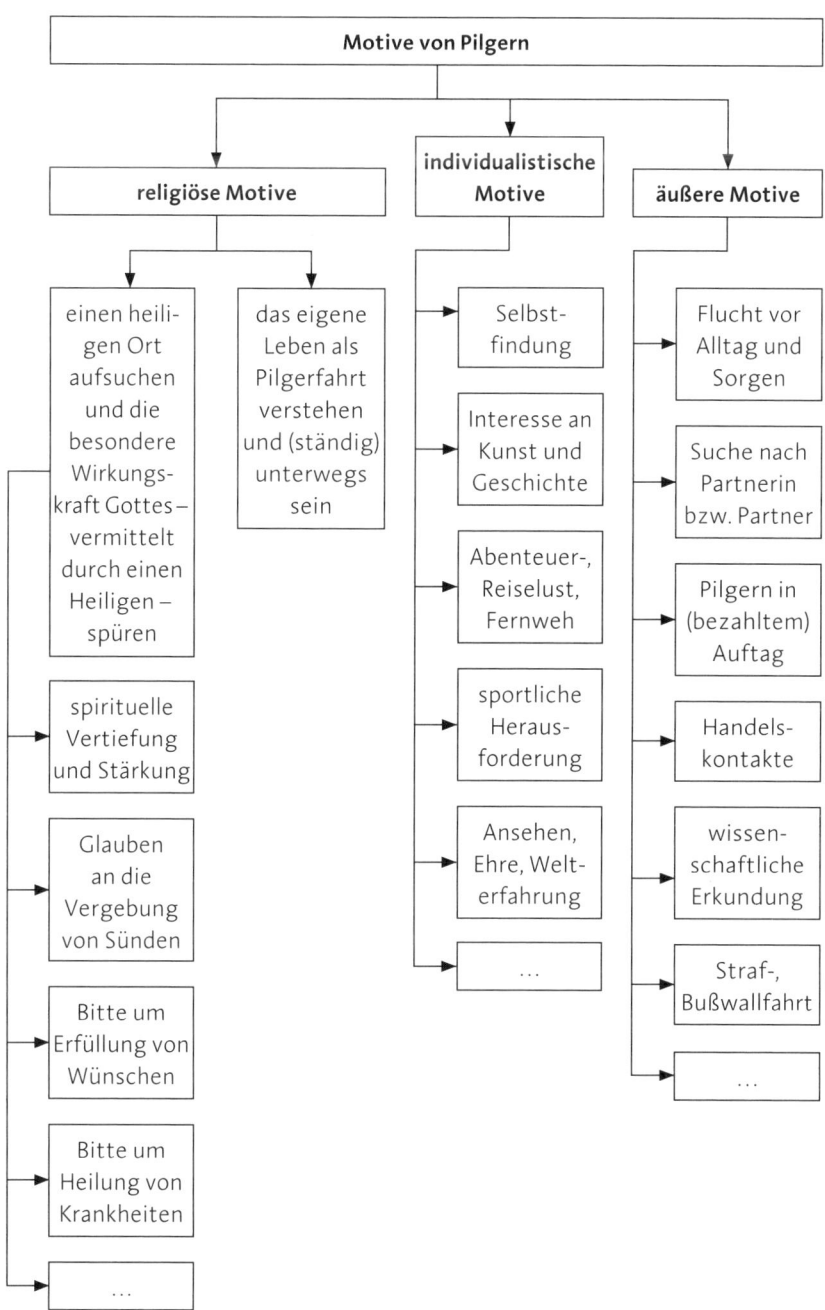

Abb. 19: Motive von Pilgern

Übung 48: Pilgern entdecken

Charakter: spirituelle Wanderung

Ort: ausgewählte Wegstrecke eines markierten Jakobsweges; im Internet lassen sich heimatnahe Wegstrecken in allen europäischen Ländern finden

Material: Rucksack mit Verpflegung, Wander-/Pilgerstock, Hut und Mantel als Regen- und Sonnenschutz, Landkarte und/oder Pilgerführer

Gruppengröße: allein oder in einer kleinen Gruppe

Alter: ab ca. 15 Jahren

Anleitung: Entdecken Sie das Pilgern und gehen Sie dazu ein Stück auf einem historischen Jakobspilgerweg. Suchen Sie sich eine Teilstrecke aus, die zu Ihnen passt und die Sie von Ihren körperlichen und psychischen Kräften her bewältigen können. Die Länge und der Schwierigkeitsgrad des Weges sollten so gewählt sein, dass Sie Ihre bequeme Komfortzone verlassen, sich aber auch nicht überfordern. Anfangs- und Zielpunkt sollten im Voraus sorgfältig ausgesucht werden. Mit einem Ziel vor Augen lässt sich leichter gehen.

Das Pilgern erfodert – von außen betrachtet – einen geringen Aufwand: Die Auswahl einer Wegstrecke, einen Rucksack für den Proviant und die innere Einstellung. Dazu gehört eine Offenheit für spirituelle Gedanken und die Bereitschaft, sich frei zu machen von den Anforderungen und Sorgen des Alltags.

Hintergrund: Im Mittelalter war es üblich, dass sich ein Pilger vor Antritt seiner Reise mit allen Menschen aussöhnte, mit denen er Streit hatte, dass er all seine Schulden beglich und sein Testament schrieb. So sollte er frei und unbelastet von allen Sorgen des Alltags seine Pilgerschaft antreten. Im historischen Pilgerführer Liber Sancti Jacobi aus der Zeit um 1150 heißt es, dass nur derjenige ein wahrer Pilger ist, der „denen, die ihm Unrecht zugefügt haben, vergibt, wer alle Vorwürfe, die andere oder sein Gewissen ihm machen, möglichst beilegt, [...] wer Meinungsverschiedenheiten in seinem Herrschaftsbereich bereinigt, [...] wer sein Haus in Ordnung zurücklässt" (Herbers 2001, 84–85).

Anregungen zum Nachdenken:
- spirituelle Erfahrung: Konnte ich auf dem Weg spirituelle Erfahrungen machen? Konnte ich dabei etwas von Gott erfahren?
- Selbsterfahrung: Was hat der Pilgerweg an Körper und Seele bewirkt? Habe ich mich auf diesem Pilgerweg verändert? War der Weg heilsam?
- Naturerfahrung: Welche Wegstrecken haben mich besonders dazu inspiriert, nachzudenken? Wo konnte ich zur Ruhe kommen?

- Kulturerfahrung: Welche historischen Stätten, Kunstschätze, Kapellen und Kirchen haben mich beeindruckt?

Erfahrungen: Pilgern und Wallfahren ist für Erwachsene ebenso wie für junge Menschen eine ganzheitliche Herausforderung, die die körperliche Anstrengung, die Gemeinschaft mit Gleichgesinnten und geistlich-spirituelle Anregungen verbindet. Großes Augenmerk ist auf die Auswahl eines geeigneten Start- und eines interessanten Zielpunktes zu richten.

Zum Weiterlesen: Joos (2006): Pilgern auf den Jakobswegen; Meyer (2000): Jakobswege; Herbers (2006): Jakobsweg; Teklenborg (1998): Auf Jakobswegen; Kerkeling (2007): Ich bin dann mal weg; Wegner (1997): Der spanische Jakobsweg; Barret/Gurgand (2000): Auf dem Weg nach Santiago

Übung 49: Symbolik des Jakobskultes

Charakter: Symbol- bzw. Assoziationsübung

Ort: an einem ruhigen Platz auf dem Jakobsweg oder einem anderen Wallfahrts-, Wander- oder Pilgerweg

Alter: ab ca. 15 Jahren

Gruppengröße: bis ca. 15 Personen

Material: kleine Karten mit Erklärung von jeweils einem Symbol des Jakobskultes

Anleitung: Lesen Sie die Stichworte auf den ausgelegten Karten. Überlegen Sie, was Sie mit Ihren persönlichen Erfahrungen verbinden. Suchen Sie ein Stichwort, das Sie am meisten anspricht. Tauschen Sie sich mit Anderen aus.

Hintergrund: Jakobus gehörte zum Kreis der Apostel, die von Jesus als erste berufen wurden, und hat damit eine herausragende Stellung. Auch bei der Verklärung Jesu, die nach der Überlieferung auf dem Berg Tabor stattgefunden haben soll, ist er zusammen mit Petrus und Johannes im engsten Kreis der vertrautesten Jünger Jesu. Umso mehr muss es aus heutiger Sicht als Politikum angesehen werden, welcher Jünger mit welchem Land in eine besondere Verbindung gebracht wurde. Während der Apostel Johannes in Kleinasien, dem Gebiet der heutigen Türkei, missioniert haben soll, ist der Apostel Petrus seit zwei Jahrtausenden untrennbar mit Rom, dem Sitz des Papstes verbunden. Und Jakobus wird erstmals im achten Jahrhundert als „goldglänzendes Haupt Hispaniens, unser Schutz und Patron" (Wegner 2000, 168) genannt. Natürlich hatte die Vereinnahmung dieses wichtigen

Abb. 20: Jakobsmuschel aus Santiago neben einer stilisierten Muschel, die auf einem Jakobsweg in Nordbayern als Wegweiser dient.

Apostels für Spanien auch machtpolitische Gründe. In der naiven Vorstellung des Mittelalters galt diese Verbindung als Tatsache und war ein wichtiges Faustpfand im Widerstand gegen islamische Eroberer aus dem Süden.

Symbole des Jakobskultes

Jakobsmuschel: Die geriffelte Kamm- oder Venusmuschel ist seit rund tausend Jahren das Erkennungszeichen der Jakobspilger und bietet Gewähr für Gastfreundschaft wie etwa kostenfreie oder zumindest kostengünstige Unterkunft in den Pilgerherbergen. Die Muschel diente als Schöpfgefäß, Amulett sowie symbolisch als Wegmarkierung und wurde zu Beginn nur in Santiago verkauft. Ihr Ursprung geht auf eine Legende zurück: Bei der Ankunft der Gebeine des Apostels an der spanischen Küste eilte ein frommer Ritter dem ankommenden Schiff entgegen und versank mitsamt seinem Pferd im Meer. Durch ein Wunder des Heiligen stieg er unversehrt aus den Fluten heraus, war aber von Kopf bis Fuß mit Muscheln bedeckt.

Pilgerstab: Ein etwas mehr als mannshoher Wander- bzw. Pilgerstab aus elastischem Holz dient den Pilgern seit jeher als Stütze und Gehhilfe, nicht zuletzt auf unbefestigten Wegen. In der heutigen Zeit sind auch moderne hüfthohe Wanderstöcke gebräuchlich.

Herberge: Kirchen, Städte, Gemeinden und Pilgervereine unterhalten entlang der Jakobswege ein dichtes Netz an einfachen Übernachtungshäusern. Pilger unterschiedlicher Herkunft werden gastfreundlich aufgenommen. Das hat einen hohen Stellenwert. Die Übernachtung ist oft kostenlos oder gegen einen geringen Kostenbeitrag erlaubt.

Pilgerausrüstung: Zur Grundausstattung der Jakobspilger – dargestellt auch auf zahllosen Kunstwerken – gehören neben Stab und Jakobsmuschel auch Hut und Mantel als Sonnen- und Regenschutz sowie Tasche oder Rucksack.

Segen: Traditionell lässt sich ein Pilger vor Antritt seiner Reise von einem Priester segnen, damit er „geläutert und befreit zum Grab des heiligen Jakobus gelangt" und „unversehrt voller Freuden durch die Hilfe Gottes zurückkehrt" (Herbers 2001, 77–78). Der feierliche Segen unterstreicht die spirituelle Bedeutung der Pilgerfahrt und stellt den Pilger unter den besonderen Schutz der Kirche.

Pilgerausweis: Ab dem 14. Jahrhundert bürgerte es sich ein, dass sich jeder Pilger in einem schriftlichen Dokument – dem Pilgerausweis – an einzelnen Stationen seiner Reise bestätigen ließ, dass er die jeweiligen Etappen tatsächlich erreicht hatte. Auch heute noch ist es üblich, dass sich die Jakobspilger an den Zielorten ihrer Wegstrecken einen Stempel in ihren Pilgerausweis geben lassen. In Santiago de Compostela erhält jeder Pilger, der wenigstens 100 km zu Fuß oder 200 km mit dem Fahrrad unterwegs war, eine kirchenamtliche Urkunde, die sogenannte Compostela.

Abschlussritual: Wer am Ziel seiner Pilgerreise angekommen ist, sucht sich einen passenden Abschluss. Dies kann der Besuch einer heiligen Messe sein, ein festliches Mahl oder eine Feier mit Gleichgesinnten. Auch das Flair und die Umgebung des Zielortes bieten sich für einen gelungenen Abschluss der Pilgerreise an, von Santiago aus etwa ein Abstecher zum 75 Kilometer entfernten Kap Finisterre, dem *Ende der Welt*. Die Felsen an der Atlantikküste dienten bereits in vorchristlicher Zeit als ritueller Platz.

Schutzheiliger: Der Glaube an übernatürliche Kräfte, die Menschen vor Gefahren schützen und ihnen Kraft geben, ist eine uralte, in allen Kulturen verbreitete Vorstellung. Oft ist diese Kraft mit Heiligen verbunden. Sankt Jakob, spanisch Sant'iago, gilt als Schutzheiliger Spaniens, da er dort nach einer Legende den christlichen Glauben verbreitet hat. Ebenso sind viele Pilger auf dem Jakobsweg von diesem persönlichen Schutz überzeugt.

Jakobsleiter: Der Name der erlebnispädagogischen Hochseilübung Jakobsleiter, bei der zwei Personen eine rund zehn Meter hohe und überdimensionierte Riesenleiter erklettern, geht nicht auf den Apostel Jakobus zurück, sondern auf den alttestamentlichen Stammvater Jakob. Parallelen

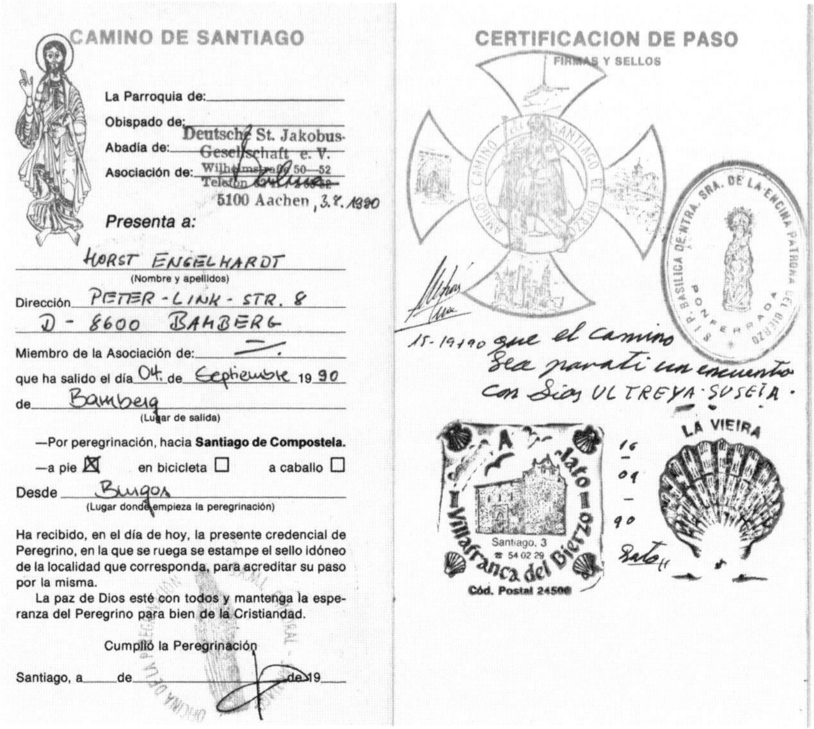
CAMINO DE SANTIAGO

La Parroquia de:
Obispado de:
Abadía de:
Asociación de:
Deutsche St. Jakobus-Gesellschaft e. V.
5100 Aachen, 3.8.1990

Presenta a:

HORST ENGELHARDT
(Nombre y apellidos)
Dirección PETER-LINK-STR. 8
D - 8600 BAMBERG
Miembro de la Asociación de:
que ha salido el día 04. de Septiembre 19 90
de Bamberg
(Lugar de salida)

—Por peregrinación, hacia **Santiago de Compostela.**
—a pie ☒ en bicicleta ☐ a caballo ☐
Desde Burgos
(Lugar donde empieza la peregrinación)

Ha recibido, en el día de hoy, la presente credencial de Peregrino, en la que se ruega se estampe el sello idóneo de la localidad que corresponda, para acreditar su paso por la misma.
La paz de Dios esté con todos y mantenga la esperanza del Peregrino para bien de la Cristiandad.

Cumplió la Peregrinación
Santiago, a ___ de ___ de 19___

CERTIFICACION DE PASO
FIRMAS Y SELLOS

S.I.P. BASILICA DE NTRA. SRA. DE LA ENCINA PATRONA DEL BIERZO PONFERRADA

15-9-90 que el camino sea para ti un encuentro con Dios ULTREYA · SUSEIA ·

Villafranca del Bierzo
Santiago, 3
Cód. Postal 24500

LA VIEIRA
16-09-90

Abb. 21: Pilgerausweis, spanisch *Credencial del Peregrino*, mit Stempeln, die nachweisen, dass die einzelnen Etappenziele erreicht wurden.

lassen sich zwischen der biblischen Geschichte von der Verklärung Jesu auf dem Berg Tabor im Neuen Testament (Lk 9, 28–31) und der Erzählung von Jakobs Traum im Alten Testament feststellen:

„Jakob hatte einen Traum: Er sah eine Treppe, die auf der Erde stand und bis zum Himmel reichte. Auf ihr stiegen Engel Gottes auf und nieder. Und siehe, der Herr stand oben und sprach: [...] Ich bin mit dir und behüte Dich, wohin du auch gehst“ (Gen 28, 12–15).

Berufung: Jakobus gehört zusammen mit Petrus, Andreas und Johannes zu den ersten Jüngern Jesu. Mit einem unglaublich anmutenden Vertrauensvorschuss ziehen sie mit Jesus, als sie dieser während der Arbeit auffordert, ihm zu folgen:

„Als Jesus am See von Galiläa entlangging, sah er zwei Brüder, Simon, genannt Petrus, und seinen Bruder Andreas; sie warfen gerade ihr Netz in den See, denn sie waren Fischer. Da sagte er zu ihnen: Kommt her, folgt mir nach! Ich werde euch zu Menschenfischern machen. Sofort ließen sie ihre

Netze liegen und folgten ihm. Als er weiterging, sah er zwei andere Brüder, Jakobus, den Sohn des Zebedäus, und seinen Bruder Johannes; sie waren mit ihrem Vater Zebedäus im Boot und richteten ihre Netze her. Er rief sie, und sogleich verließen sie das Boot und ihren Vater und folgten Jesus." (Mt 4, 18–22)

Bergerlebnis: Jakobus gehört zu den engsten Vertrauten von Jesus. Auch bei der Erscheinung der Propheten Mose und Elija, die auf dem Berg Tabor stattgefunden haben soll, ist er mit dabei:
„Jesus nahm Petrus, Johannes und Jakobus beiseite und stieg mit ihnen auf einen Berg, um zu beten. Und während er betete, veränderte sich das Aussehen seines Gesichtes und sein Gewand wurde leuchtend weiß. [...] Und plötzlich redeten zwei Männer mit ihm. Es waren Mose und Elija; sie erschienen in strahlendem Licht." (Lk 9, 28–31)

Märtyrer: Der Apostel Jakobus bleibt der Lehre Jesu Zeit seines Lebens verbunden. Im Jahr 44 wird er deshalb als einer der ersten Christen hingerichtet:
„Um jene Zeit ließ der König Herodes einige aus der Gemeinde verhaften und misshandeln. Jakobus, den Bruder des Johannes, ließ er mit dem Schwert hinrichten." (Apg 12, 1–2)

Anstöße zum Nachdenken:
- Symbole als äußeres Zeichen für innere Gedanken und Einstellungen
- gedankliche Brücken über Jahrhunderte/Jahrtausende hinweg
- Wurzeln und Fundamente abendländischen Denkens
- Unterwegssein/Pilgern als Glaubens- und Lebenseinstellung
- Wandern als spirituelle Vertiefung und Stärkung

Erfahrungen: Symbole haben eine einprägsame Ausstrahlung und Wirkung, auch auf Kinder und Jugendliche. Sie sollten behutsam eingeführt und erklärt werden. Wichtig ist das Verständnis der historischen Wurzeln und Bedeutungen, aber auch die Akzeptanz, wenn jemand mit einzelnen Symbolen nichts anfangen kann.

Zum Weiterlesen: Wegner (2000): Der Jakobsweg; Joos (2006): Pilgern auf den Jakobswegen; Herbers (2006): Jakobsweg

Auf spirituellen Wegen in Städten und Dörfern

Eindrücke von einer ungewöhnlichen Aktion im November: Zwölf Lehrkräfte für katholische Religionslehre wollen bei einer Fortbildung methodische Zugänge zur spirituellen Vertiefung in der Natur ausprobieren. Das Wetter ist nasskalt, windig, typisch spätherbstlich; Regenschauer sollen im

Tagesverlauf aufkommen. Da die Tagung im Zentrum einer Millionenstadt stattfindet, sind die Teilnehmer entsprechend gekleidet, eher für Indoor als für Outdoor. Zum Einstieg geht es direkt vom Tagungshaus zu Fuß zu einem großen, nahegelegenen See. Mit vorheriger Genehmigung des städtischen Umwelt- und Wasserwirtschaftsamtes sticht die Gruppe nach einer kurzen Vorstellungsrunde und einer technischen Einweisung mit fünf Kanus in See. In der Mitte des großen Sees legen die Kanus aneinander an. Einige Minuten der Stille lassen die Szenerie fast surreal erscheinen: Hochhäuser, Geräusche der Stadtautobahn und von vorbeifahrenden S-Bahnen, aber auch Grünanlagen und markante Bäume am Uferstreifen. Und mitten auf dem Wasser eine Gruppe in Booten, die den Himmel und das ruhende Wasser auf sich wirken lassen. Als die Wolkendecke kurz aufreißt, kommen sogar ein paar Sonnenstrahlen durch. Nacheinander lesen die Teilnehmer Zitate vor, die sie sich für diese Szene ausgesucht haben, etwa aus den Psalmen: „Nähme ich die Flügel des Morgenrots und lasse mich nieder am äußersten Meer, auch dort wird deine Hand mich ergreifen und deine Rechte mich fassen" (139, 9–10).

Stadt und Spiritualität

Die Erfahrung übersinnlicher, göttlicher Mächte prägt die Menschen aller Kulturen seit Menschengedenken. Diese inneren Erfahrungen und Eindrücke spiegeln sich auch in der Lebenswelt wider. In jeder menschlichen Siedlung finden sich religiöse Zeichen und Symbole, mit denen Menschen ihren Glauben ausgedrückt haben. In Mitteleuropa gruppieren sich die Häuser eines Dorfes fast immer um eine Kirche, die das Ortsbild maßgeblich prägt. Selbst kleine Weiler und Gehöfte haben meist eine kleine Kapelle oder ein Wegkreuz. Aber auch die Wahrzeichen von Großstädten sind oft Kirchen, wie der Kölner Dom, das Großmünster in Zürich oder der Stephansdom in Wien. Symbole dieser inneren Erfahrungen drücken sich aber auch in kleinen Dingen aus, die man bei einem Gang durch die Straßen einer Stadt sieht: ein Adventskranz an einem Fenster, ein Wegkreuz, eine Heiligenstatue an einer Brücke oder Zeichen nicht-christlicher Religionen, wie asiatische Gebetsfahnen in einem Garten. Besonders in Grünanlagen und Parks finden sich häufig spirituelle Zeichen, wie ein Labyrinth oder eine Heiligenstatue.

Erlebnispädagogische Aktivitäten in der Stadt

Die Ursprünge der Erlebnispädagogik haben einen starken Bezug zur Natur, heraus aus der engen Zivilisation, hin zu einfachen und ursprünglichen Formen des miteinander Lebens, des Reisens oder der sportlichen Betätigung. Auch heute noch haben Natursportarten wie Segeln, Felsklettern oder Wildwasserfahrten einen hohen Stellenwert in vielen erlebnispädagogischen Projekten. Doch es gibt spätestens seit den 1980er Jahren auch gegenläufige Entwicklungen, bekannt als City Bound: Gruppen ziehen durch Städte und Siedlungen und stellen sich herausfordernden Aufgaben. Zu den Klassikern gehört es etwa, Essen kostenlos für eine Gruppe zu organisieren, fremde Menschen für ein inszeniertes Gruppenfoto zu finden oder interessante und unbekannte Orte oder Behörden zu erkunden. Dabei können die Aufgaben selbst gewählt oder durch die Gruppenleitung gestellt werden. Mit etwas Phantasie und einfachen Mitteln lassen sich derartige Aktivitäten auch mit einem spirituellen Hintergrund gestalten; Kirchen und andere religiöse Stätten können erkundet, Besucher und Priester befragt werden. Soziale Einrichtungen für Menschen mit Behinderung oder Flüchtlinge bieten sich an, um über existentielle Fragen des Menschseins nachzudenken, wenn man etwa in einem Dunkelrestaurant ein Abendessen einnimmt oder mit religiös verfolgten Asylbewerbern spricht. Aber auch die Spurensuche an Orten des Alltags bietet oftmals behutsame Einblicke und eröffnet einen neuen Blickwinkel auf spirituelle Zeichen in der Umwelt. Die folgenden Übungen deuten mögliche Zugangswege an.

 Zum Weiterlesen: Crowther (2005): City Bound; Deubzer/Feige (2004): Praxishandbuch City Bound; Grigowski (2012): City Bound

Übung 50: Stadt in der Bibel

Charakter: Besinnungsübung

Ort: Stadtviertel oder Dorf

Gruppengröße: bis ca. 20 Personen

Alter: ab ca. 15 Jahren

Material: kopiertes Blatt mit Bibelzitaten, Liederbücher (z. B. Cantate II), Gitarre oder andere Musikinstrumente zum Begleiten der Lieder

Anleitung: Schauen Sie sich in Ruhe die biblischen Zitate und die Liedtexte an. Überlegen Sie, was Sie besonders anspricht, und suchen Sie sich ein Zitat und ein Lied aus. Gehen Sie nun als Gruppe langsam und mit offenen Augen durch das Stadtviertel. Nacheinander soll jedes Mitglied der Gruppe einen Ort auswählen, der persönlich eine spirituelle Ausstrahlung hat, und erläutern, was an diesem Ort besonders ist. Verweilen Sie als Gruppe kurz an diesem Ort, lesen Sie das Zitat und singen Sie gemeinsam das Lied.

Wenn genügend Zeit zur Verfügung steht, kann der Weg durch das Stadtviertel zunächst allein und anschließend noch einmal gemeinsam mit der Gruppe gegangen werden.

Zitate aus der Bibel

Garten Eden
„Gott, der Herr, nahm also den Menschen und setzte ihn in den Garten von Eden, damit er ihn bebaue und hüte." (Genesis 2,15)

Gepflanzt vom Herrn
„Wie Bachtäler ziehen sie sich hin, wie Gärten am Strom, wie Eichen, vom Herrn gepflanzt, wie Zedern am Wasser." (Numeri 24,6)

Der Herr führt mich
„Der Herr führt mich auf rechter Straße um seines Namens willen." (Psalm 23,3)

Heilige Stadt Gottes
„Dennoch soll die Stadt Gottes fein lustig bleiben mit ihren Brünnlein, da die heiligen Wohnungen des Höchsten sind." (Psalm 46,5)

In Gärten verweilen
„Die du in den Gärten weilst, auf deine Stimme lauschen die Freunde; lass sie mich hören!" (Hohelied 8,13)

Wasser, das nie versiegt
„Der Herr wird dich immer führen, auch im dürren Land macht er dich satt und stärkt deine Glieder. Du gleichst einem bewässerten Garten, einer Quelle, deren Wasser niemals versiegt." (Jesaja 58,11)

Achte genau auf die Straße
„Stell dir Wegweiser auf, setz dir Wegmarken, achte genau auf die Straße, auf den Weg, den du gegangen bist." (Jeremia 31,21)

Vögel des Himmels
„Es ist wie ein Senfkorn, das ein Mann in seinem Garten in die Erde steckte; es wuchs und wurde zu einem Baum und die Vögel des Himmels nisteten in seinen Zweigen." (Lukas 13,19)

In eine Stadt kommen
„Wenn ihr in eine Stadt oder in ein Dorf kommt, erkundigt euch, wer es wert ist, euch aufzunehmen; bei ihm bleibt, bis ihr den Ort wieder verlasst. Wenn ihr in ein Haus kommt, dann wünscht ihm Frieden." (Matthäus 10,11–12)

Geht hinaus auf die Straßen
„Geht also hinaus auf die Straßen und ladet alle, die ihr trefft, zur Hochzeit ein." (Matthäus 22,9)

Staub eurer Stadt
„Selbst den Staub eurer Stadt, der an unseren Füßen klebt, lassen wir euch zurück; doch das sollt ihr wissen: Das Reich Gottes ist nahe." (Lukas 10,11)
„Er zog aber seine Straße fröhlich" (Apostelgeschichte 8,39)

Mit dem Engel zur Stadt
„Sie gingen an der ersten und an der zweiten Wache vorbei und kamen an das eiserne Tor, das in die Stadt führt; es öffnete sich ihnen von selbst. Sie traten hinaus und gingen eine Gasse weit; und auf einmal verließ ihn der Engel." (Apostelgeschichte 12,10)

Gebetsstätte am Fluss
„Am Sabbat gingen wir durch das Stadttor hinaus an den Fluss, wo wir eine Gebetsstätte vermuteten. Wir setzten uns und sprachen zu den Frauen, die sich eingefunden hatten." (Apostelgeschichte 16.13)

Ich sah die heilige Stadt
„Ich sah die heilige Stadt, das neue Jerusalem, von Gott her aus dem Himmel herabkommen; sie war bereit wie eine Braut, die sich für ihren Mann geschmückt hat." (Offenbarung 21,2)

Vom Berg zeigte er mir die heilige Stadt
„Da entrückte er mich in der Verzückung auf einen großen, hohen Berg und zeigte mir die heilige Stadt Jerusalem, wie sie von Gott her aus dem Himmel herabkam." (Offenbarung 21,10)

Religiöse Lieder:
- Ich lobe meinen Gott, der aus der Tiefe mich holt (Cantate II, Nr. 34)
- Möge die Straße […] (irische Segenswünsche, Cantate II, Nr. 137)
- Herr, wir bitten, komm und segne uns (Cantate II, Nr. 147)
- Menschenkinder auf Gottes Erde (Cantate II, Nr. 162)
- Jeder Teil dieser Erde ist meinem Volk heilig (Cantate II, Nr. 166)
- Geh mit uns, auf unserm Weg (Cantate II, Nr. 237)
- Lass uns in deinem Namen, Herr, die nötigen Schritte tun (Cantate II, Nr. 264)
- Komm, bau ein Haus, das uns beschützt (Cantate II, Nr. 265)
- Freut euch und tanzt dem Himmel entgegen (Cantate II, Nr. 268)
- Da berühren sich Himmel und Erde (Cantate II, Nr. 290)
- Du bist da, wo Menschen leben (Cantate II, Nr. 328)
- Von guten Mächten wunderbar geborgen (Cantate II, Nr. 355)

Erfahrungen: An Intensität gewinnt diese Übung, wenn man die Gruppenmitglieder zunächst einzeln für etwa eine Stunde einen Ort im Stadtviertel beziehungsweise im Dorf aussuchen lässt, bevor man als Gruppe die ausgewählten Orte gemeinsam aufsucht. Fast immer gibt es bei dieser Übung spontane Begegnungen mit neugierigen Anwohnern oder Passanten.

 Zum Weiterlesen: Erzbischöfliches Jugendamt Bamberg (2012): Cantate II

Übung 51: Solo in der Stadt

Charakter: Besinnungsübung

Ort: Stadtviertel in einer kleineren oder größeren Stadt

Gruppengröße: allein; nach der Übung zum Austausch in einer Gruppe bis ca. 15 Personen

Alter: ab ca. 16 Jahren

Material: eventuell Stadtplan mit klar umgrenzten Grenzen des vorgegebenen Raums; eventuell Tagebuch oder Notizpapier und Stift; eventuell Sitzgelegenheit oder Decke

Anleitung: Suchen Sie sich im vorgegebenen Stadtviertel einen Platz, der Sie spirituell anspricht und an dem Sie für einige Zeit möglichst allein und ungestört verweilen und die Umgebung aus einer gewissen Distanz beobachten können. Lassen Sie die Szenerie einige Zeit auf sich wirken. Nehmen Sie alles wahr, was sich um Sie herum ereignet: die Bewohner der Stadt, die Atmosphäre des Ortes, die Natur um Sie herum. Lassen Sie die Eindrücke intensiv auf sich wirken. Drücken Sie Ihre Empfindungen in kreativer Form aus, z.B. durch eine Notiz in Ihrem Tagebuch, ein kleines Gedicht, eine Skizze des Ortes oder ein Foto, das die spirituelle Ausstrahlung des selbst gewählten Ortes veranschaulicht.

Impulse zum Nachdenken:
- Orte der Ruhe im Alltag
- spirituelle Zeichen und Symbole im Stadtbild
- Begegnungen mit Menschen, die mich geprägt haben
- Pflanzen und Tiere in der Stadt
- Reste vergangener Epochen

Erfahrungen: Wichtig bei der Vorbereitung ist es, ein Areal zu finden, in dem sich viele mögliche Ruhepunkte anbieten. Am besten sollte auch eine Grünfläche oder ein kleiner Stadtpark in dem Gebiet liegen. Weiterhin bieten sich Aussichtspunkte an, wie kleine Hügel, Türme mit ruhigen Aussichtsplattformen oder Halbinseln in einem innerstädtischen See. Ideal ist es, wenn sich natürliche Grenzen für die Abgrenzung des vorgegebenen Areals anbieten, zum Beispiel eine Bahnlinie, ein Fluss oder eine große Straße.

 Zum Weiterlesen: Crowther (2005): City Bound, bes. S. 58–60

Übung 52: Religiöse Spurensuche in der Stadt

Charakter: Erkundung des eigenen Lebensumfelds

Ort: Stadtviertel oder Dorf

Gruppengröße: in Kleingruppen mit ca. drei bis zehn Personen

Alter: ab ca. vier Jahren, aber auch für Jugendliche und Erwachsenen geeignet

Material: Fotokamera; eventuell Stadtplan mit klar umgrenztem Grenzen des vorgegebenen Raums; eventuell Computer mit Datenprojektor zum gemeinsamen Betrachten der bei der Übung fotografierten Orte

Vorbereitung: Durch die Leitungskräfte ist vorher zu erkunden, welche Straßen und Wege sich für die Übung eignen. Ideal ist es, wenn viele anregende Orte im vorgegebenen Stadtviertel liegen, etwa historische Gebäude, Kirchen, Gebetshäuser anderer Religionsgemeinschaften, ein Friedhof, Parks oder Grünflächen. Wenn Gruppen alleine unterwegs sind, sollte auf einem Stadtplan gekennzeichnet werden, in welchem Raum sich die Gruppen bewegen sollen.

Anleitung: Gehen Sie langsam und mit offenen Augen durch die Siedlung. Suchen Sie nach Zeichen und Symbolen, mit denen andere Menschen ihre religiösen oder spirituellen Gedanken ausgedrückt haben, ob im Alltag heute oder in der Vergangenheit. Überlegen Sie auch, was für Sie persönlich hier und heute spirituell ansprechende Orte sind, vielleicht eine Bushaltestelle, ein Graffiti oder der Turm einer modernen Kirche. Fotografieren Sie den Ort, der sie spirituell anspricht. Denken Sie auch an kleine Detailaufnahmen. Tauschen Sie sich mit Anderen aus.

Erfahrungen: Besonders für Kinder ist die Erkundung sehr reizvoll, erinnert die Übung doch an andere Suchspiele, bei denen sie die Welt um sich herum entdecken. Allerdings sollte dabei von den Leitungskräften darauf geachtet werden, dass die Kleingruppen nicht zu schnell unterwegs sind. Unnötige Eile kann den Charakter und Sinn der Übung verfälschen oder gar zunichte machen. Aber auch für ältere Teilnehmer eröffnen sich häufig ungeahnte und überraschende Momente, selbst in ihrer vertrauten Umgebung.

Anhang

Bild- und Quellennachweis

Die Fotos sind von folgenden Fotografinnen und Fotografen:

Horst Engelhardt (Abb. 21), Gregor Friedrich (Abb. 18), Dr. Albin Muff (Abb. 7, 11, 16), Anna Muff (Abb. 20), Dr. Ulrike Roppelt (Abb. 14, 15, 17), Martina Schnepf (Titelbild, Abb. 1, 2, 3, 4, 5, 6, 8, 9, 10, 12, 13)

Vielen Dank für die Unterstützung.

Wir danken allen, die auf den Fotos abgebildet sind, für die freundliche Genehmigung zur Publikation der Bilder:

Nadine Bauer, Petra Bauer, Jennifer Baumüller, Ursula Bentele, Franz Bleuel, Karla Dinzer, Sabina Fischer, Susanne Flor, Tina Grimmler, Sabina Grünke, Jutta Hamprecht-Göppner, Jurij Hermann, Dr. Anja Hermannsdörfer, Christine Hohner, Jasmin Killig, Maria Lieb, Christina Ludwig, Jürgen Melber, Anna Muff, Vera Muff, Christine Öchsner, Linda Rebhan, Nadja Rebhan, Sandra Reinwand, Christin Richter, Daniela Ritter, Dr. Ulrike Roppelt, Nadine Scherer, Philip Schnabel, Michaela Schwarzmann, Ernst Stöcklein, Svenja Stößel, Daniela Then, Sandra Tremel, Tobias Wenkemann, Florian Zarling und Katharina Zieher

Wir danken folgenden Verlagen, Organisationen und Autoren für die freundliche Genehmigung zur Publikation von Texten:

Dr. Albus, Michael, Heidesheim, aus: Albus, M. (2002): Wohnungen der Götter. Heilige Berge. Kreuz, Stuttgart/Zürich

AS Verlag, Zürich, aus: Macfarlane, Robert (2005): Berge im Kopf. Die Geschichte einer Faszination. AS-Verlag, Zürich

Azalay, Verein Hilfe zur Erhaltung der nomadischen Lebensform, Daniela Vogt, Ebsdorfergrund, von der Internetseite: www.azalay.de: Armut und Freiheit

Benediktinerinnen der Abtei Frauenwörth, Frauenchiemsee, aus: Das Kloster Frauenwörth im Chiemsee und seine 1200jährige Geschichte (1927)

Dörrich, Ottilie, Rottenbuch, aus Gesprächsnotizen

Evangelische Akademie Bad Boll, aus: Pum, Viktoria, Pirner, Manfred, Lohrer, Jörg (Hrsg.) (2011): Erlebnispädagogik im christlichen Kontext. Akademie, Bad Boll

Kremer, Jürgen, Lichtenfels, aus: Kremer, Jürgen (2004): Kletterführer für die nördlichste Fränkische Schweiz. 1. Aufl. 1994, 2. Aufl. 2004. Selbstverlag, Lichtenfels

Lochner Verlag, Ebenhausen, aus: Meisl, Michael, Lochner, Martin (2005): Arco. Klettern vom Gardasee bis zur Brenta. Lochner, Ebenhausen

Morstadt Verlag, Kehl am Rhein, aus: Mehle, Ferdinand (1998): Ritter, Schurken, Schlossgespenster. Ein Wegweiser zu geheimnisvollen Sagenstätten von Haßbergen, Steigerwald und Fränkischer Schweiz. Morstadt, Kehl/Strasbourg/Basel

Neue Presse Verlagsanstalt, Coburg, aus: Wippenbeck, August (1949): Es war einmal. Oberfränkische Sagen und Geschichten. Neue Presse, Coburg

Tyrolia Verlag, Innsbruck, aus: Stecher, Reinhold (1994): Botschaft der Berge. 10. Aufl. Tyrolia, Innsbruck

Literatur

Aichele, D. (1994): Was blüht denn da? Wildwachsende Blütenpflanzen Mitteleuropas. 2. Aufl. Franckh-Kosmos, Stuttgart
Albus, M. (2002): Wohnungen der Götter. Heilige Berge. Kreuz, Stuttgart/Zürich
Bacon, S. (1998): Die Macht der Metaphern. Alling, Sandmann
Barret, P., Gurgand, J.-N. (2000): Auf dem Weg nach Santiago. In den Spuren der Jakobspilger. Herder, Freiburg/Basel/Wien
Bartholmeß, H., John, E. (1997): Luftqualität selbst bestimmt. Flechtenkartierung. Ein Leitfaden für die erfolgreiche Umweltarbeit mit Jugendlichen und interessierten Erwachsenen. Naglschmid, Stuttgart
Baumann, A. (Hrsg.) (1993): Was jeder vom Judentum wissen muss. 7. Aufl. Mohn, Gütersloh
Baumann, G. (2003): Der Heilige und der Wüstling. Tiefenpsychologische Grundlagen von Siddhartha und Der Steppenwolf. In: http://www.gss.ucsb.edu/projects/hesse/papers/baumann-zurich3.pdf, 15.09.2012
Baumann, W. (2005): Desert-Info. Die Wüstenplattform. In: http://www.desert-info.ch, 17.11.2012
Bayerische Staatsforstverwaltung (Hrsg.) (2004): Forstliche Bildungsarbeit. Waldpädagogischer Leitfaden, nicht nur für Förster. 6. Aufl. München, Eigenverlag
Bazin, R. (o. J., franz. Orig. 1921): Der Wüstenheilige. Leben des Marokko-Forschers und Sahara-Eremiten Karl von Foucauld. Räber, Luzern/Leipzig
Beck, U. (1986): Risikogesellschaft. Auf dem Weg in eine andere Gesellschaft. Suhrkamp, Frankfurt a. M.
Bellmann, H. (2005): Leben in Bach und Teich. Pflanzen und Wirbellose der Kleingewässer. 2. Aufl. Orbis, Hamburg
Benediktinerinnen der Abtei Frauenwörth (Hrsg.) (1927): Das Kloster Frauenwörth im Chiemsee und seine 1200jährige Geschichte. Verl. Katholische Kirche Bayern, München
Benediktinerinnen der Abtei Frauenwörth (Hrsg.) (2012): Abtei Frauenwörth im Chiemsee. In: http://www.frauenwoerth.de, 01.10.2012
Benesch, K. (1985): Die Spur in der Wüste. Das Leben des Charles de Foucauld. Ein biographischer Roman. Styria, Graz/Wien/Köln
Birzele, J., Hoffmann, O. I. (Hrsg.) (2010): Mit allen Wassern gewaschen. Praxishandbuch für erlebnispädagogisches Handeln im und am Wasser. 2. Aufl. Ziel, Augsburg
Bistum Würzburg (Hrsg.) (2003): Geistige Brücken wollen gepflegt sein. In: http://downloads.kirchenserver.net/7/623/1/11333435077460450.pdf, 15.09.2012
Bleeser, P. (Hrsg.) (1982): Geschichten für Sinndeuter. 2. Aufl. Georg, Düsseldorf
Boff, L. (1985): Zärtlichkeit und Kraft. Franz von Assisi mit den Augen der Armen gesehen. 3. Aufl. Patmos, Düsseldorf

Bouchardy, C. (2002): Am Teich. Ensslin Naturführer. 2. Aufl. Arena, Würzburg
Brugger, W. (Hrsg.) (2003): Kloster Frauenchiemsee 782–2003. Geschichte, Kunst, Wirtschaft und Kultur einer altbayerischen Benediktinerinnenabtei. Konrad-Verlag, Weißenhorn
Camp Quest (Hrsg.) (2011): Camp Quest's Mission, Vision, Goals and Values. In: http://www.campquest.org/mission, 29.09.2012
Cohn, R. C. (1975): Von der Psychoanalyse zur themenzentrierten Interaktion. Von der Behandlung einzelner zu einer Pädagogik für alle. Klett-Cotta, Stuttgart
Cornell, J. (1986): Mit Kindern die Natur erleben. Ahorn, Oberbrunn
Cornell, J. (1991a): Auf die Natur hören. Wege zur Naturerfahrung. Verl. a. d. Ruhr, Mülheim a. d. Ruhr
Cornell, J. (1991b): Mit Freude die Natur erleben. Naturerlebnisspiele für alle. Verl. a. d. Ruhr, Mülheim a. d. Ruhr
Crowther, C. (2005): City Bound. Erlebnispädagogische Aktivitäten in der Stadt. Ernst Reinhardt, München
Csikszentmihalyi, M. (2002): Flow. Das Geheimnis des Glücks. 12. Aufl. Klett-Cotta, Stuttgart
Csikszentmihalyi, M. (2005): Das Flow-Erlebnis. Jenseits von Angst und Langeweile: im Tun aufgehen. 7. Aufl. Klett-Cotta, Stuttgart
Csikszentmihalyi, M., Jackson, S. A. (2000): Flow im Sport. Der Schlüssel zur optimalen Erfahrung und Leistung. BLV, München
Dahm, C. (1992): Klara von Assisi. Biographisch-bibliographisches Kirchenlexikon. Bd. 3. Traugott Bautz, Nordhausen, 1564–1568
Depretto, D., Eisendle, M. (1999): Arco Falesie. I luoghi dell'arrampicata sportiva. Sportkletterführer. Edizioni Adventures, Arco/Italien
Der Brockhaus Religionen (2004). Glauben, Riten, Heilige. Hrsg. v. d. Lexikonred. d. Verl. F. A. Brockhaus, Mannheim
Der Heilige Stuhl (Hrsg.) (1964): Lumen gentium. Dogmatische Konstitution über die Kirche. Dokumente des Zweiten Vatikanischen Konzils. In: http://www.vatican.va/archive/hist_councils/ii_vatican_council/documents/vat-ii_const_19 641121_lumen-gentium_ge.html, 11.11.2012
Desbonnets, T. (1971): Assisi. Auf den Spuren des heiligen Franziskus. Tau, Schwyz
Deubzer, B., Feige, K. (Hrsg.) (2004): Praxishandbuch City Bound. Erlebnisorientiertes soziales Lernen in der Stadt. Ziel, Augsburg
Dewald, W., Kraus, L., Schwiersch, M. (2003): Missgeschicke. Eine Sammlung erlebnispädagogischer Praxisfälle. Ernst Reinhardt, München/Basel
Dittmar, U., Dittmar, C. (2003): Spirituelle Wanderungen. Modelle und Bausteine für Meditationen unter freiem Himmel. Kreuz, Stuttgart
Dittmar, U., Dittmar, C. (2004): Spirituelle Wanderungen. In: Ferstl, A., Schettgen, P., Scholz, M. (Hrsg.): Der Nutzen des Nachklangs. Neue Wege der Transfersicherung bei handlungs- und erfahrungsorientierten Lernprojekten. Ziel, Augsburg, 378–385
Dreyer, E., Dreyer, W. (2001): Der Kosmos-Waldführer. Ökologie, Gefährdung, Schutz. 3. Aufl. Kosmos, Stuttgart
Drouve, A. (2004): Geheimnisse am Jakobsweg. Wundersame Legenden und mysteriöse Geschichten. Tyrolia, Innsbruck/Wien

Eck, G. (2011): Deutsches Flusswanderbuch. 26. Aufl. Deutscher Kanu-Verband, Duisburg

Eggmann, V., Steiner, B. (1995): Baumzeit – Magier, Mythen und Mirakel. Neue Einsichten in Europas Baum- und Waldgeschichte. Werd, Zürich

Erzbischöfliches Jugendamt Bamberg (Hrsg.) (2012): Cantate II. 3. Aufl. Eigenverlag, Bamberg

Fahle, H. (2009): Geschichte der Abtei Frauenwörth ab 782. Kunstverl. Fink, Lindenberg im Allgäu

Ferstl, A., Scholz, M., Thiesen, C. (2008) (Hrsg.): Menschen stärken für globale Verantwortung. Ziel Verlag, Augsburg

Ferstl, A., Schettgen, P., Scholz, M. (Hrsg.) (2004): Der Nutzen des Nachklangs. Neue Wege der Transfersicherung bei handlungs- und erfahrungsorientierten Lernprojekten. Ziel, Augsburg

Fleischmann, L. (1994): Schabbat. Das Judentum für Nichtjuden verständlich gemacht. Heyne, München

Francia, L. (1999): Der untere Himmel. Frauen in eisigen Höhen. Nymphenburger, München

Frank, H. (2006): Trend zur Spiritualität. Die neue Sinnsuche: Wie die Kirche auf die Herausforderung Spiritualität reagiert. In: Sonntagsblatt Nr. 23 vom 4.6.2006, 1–6

Frische, R. E. (1988): Wasser aus der Wüste. Impulse für eine Spiritualität des Dienstes. Worte aus dem Leben von Charles de Foucauld. 2. Aufl. Brunnen, Gießen/Basel

Frohnhofen, H. (2006): Was bedeutet ‚heilig'? In: Katechetische Blätter 131. Jg. (Nr. 1), 37–38

Gärtner, H. (1992): Kleines Lexikon der griechischen und römischen Mythologie. 2. Aufl. Bibliograph. Inst., Leipzig

Ganoczy, A. (1992): Suche nach Gott auf den Wegen der Natur. Theologie, Mystik, Naturwissenschaft – ein kritischer Versuch. Patmos, Düsseldorf

Garms, H. (1982): Fauna Europas. Ein Bestimmungslexikon der Tiere Europas. dtv, München

Gellmann, M., Hartmann, T. (1996): Wie buchstabiert man Gott? Die großen Fragen und die Antworten der Religionen. C. Bertelsmann, München

Gilsdorf, R., Kistner, G. (2001a): Kooperative Abenteuerspiele. Bd. 1. Eine Praxishilfe für Schule und Jugendarbeit. 8. Aufl. Kallmeyer, Seelze-Velber

Gilsdorf, R., Kistner, G. (2001b): Kooperative Abenteuerspiele. Bd. 2. Praxishilfe für Schule und Jugendarbeit. Kallmeyer, Seelze-Velber

Goldsworthy, A. (1991): Andy Goldsworthy. Zweitausendeins, Frankfurt a. M.

Goldsworthy, A. (1994): Stein. Zweitausendeins, Frankfurt a. M.

Goldsworthy, A. (1996): Holz. Zweitausendeins, Frankfurt a. M.

Golzio, K.-H. (2000): Basiswissen Judentum. Gütersloher Verlagshaus, Gütersloh

Greshake, G. (2002): Spiritualität der Wüste. Tyrolia, Innsbruck/Wien

Grigowski, S. (2012): City Bound. Das Erleben und Lernen in der Großstadt. Diplomica, Hamburg

Grün, A. (2012): Der Himmel beginnt in dir. Das Wissen der Wüstenväter für heute. Herder, Freiburg

Güthler, A., Lacher, K. (2005): Naturwerkstatt Landart. Ideen für kleine und große Naturkünstler. At, Baden/Schweiz

Hager, M. (2004): Auf dem Jakobsweg. Wenn den Füßen Flügel wachsen. Tyrolia, Innsbruck/Wien

Halbfas, H. (1992): Der Sprung in den Brunnen. Eine Gebetsschule. Patmos, Düsseldorf

Hansen, S. (2005): Summer Camp That's a Piece of Heaven for the Children, but Please, No Worshipping. In: The New York Times, 29.6.2005

Hausen, E. (2005): Jüdisches Passa-Fest. In: http://www.aref.de/kalenderblatt/mehr/passafest.htm, 11.11.2012

Heckenhahn, G. (2001): Die Tuareg: ihre Wüste, ihre Feste. In: http://www.moula-moula.de, 17.11.2012

Heckmair, B., Michl, W. (2012): Erleben und Lernen. Einstieg in die Erlebnispädagogik. 7. Aufl. Ernst Reinhardt, München/Basel

Herbers, K. (2001): Der Jakobsweg. Mit einem mittelalterlichen Pilgerführer unterwegs nach Santiago de Compostela. 7. Aufl. Narr, Tübingen

Herbers, K. (2006): Jakobsweg. Geschichte und Kultur einer Pilgerfahrt. C. H. Beck, München

Hesse, H. (1922): Siddhartha. Eine indische Dichtung. 1. Aufl. Fischer, Berlin.

Hesse, H. (2011): Siddhartha. Eine indische Dichtung. In: http://www.gutenberg.org/ebooks/2499, 12.12.2012

Hobelsberger, H. (2006): Religion in der Sozial- und Erlebnisform des Event. In: Katechetische Blätter, 131. Jg. Nr. 1, 52–59

Institut zur Erforschung und Förderung regionaler und transnationaler Kulturprozesse (Hrsg.) (2002): Die Namen der Berge. In: http://www.inst.at/berge/deutsch/namen.htm, 17.11.2012

Jäger, W. (2002): Die Welle ist das Meer. Mystische Spiritualität. Herder, Freiburg

Jagenlauf, M., Michl, M. (Hrsg.) (2004): Der Wald als Lernraum. In: Erleben und Lernen 12. Jg. (Nr. 6). Ziel, Augsburg, 3–27

Joisten, H. (Hrsg.) (2006): Spiritualität entdecken. Evangelischer Presseverband für Bayern, München

Joos, R. (2006): Pilgern auf den Jakobswegen. Conrad Stein, Welver

Kahler, B. (1998): Die Regenbogenschlange. Darstellungen und Bedeutungen bei den Ureinwohnern Australiens. Hausarbeit am Fachbereich Ethnologie der LMU München. In: http://www.hausarbeiten.de/faecher/hausarbeit/etn/17067.html, 28.10.2012

Kanzlerski, M., Kanzlerski, D. (2006): Loy Krathong. Internet: www.asien-feste.de/Beschreibungen/Loy_Krathong/loy_krathong.html, 17.11.2012

Katholisches Bibelwerk (Hrsg.) (2004): Welt und Umwelt der Bibel. Der Nil. Bibelwerk, Stuttgart

Kennedy, F., Kohn, R., Sharp, N. (2002): Seadreaming. In: http://www.abc.net.au/rn/spiritofthings/stories/2002/746053.htm, 17.11.2012

Kerkeling, H. (2007): Ich bin dann mal weg. Meine Reise auf dem Jakobsweg. 38. Aufl. Piper, München

Kettenbach, G. (1987): Das Segelschiff – Ursymbol der Kirche. Therapie und Persönlichkeitsbildung durch Segeln. Ein Beitrag aus theologischer Sicht. 3. Aufl. Klaus Neubauer, Lüneburg

Kettenbach, G. (1994): Einführung in die Schiffahrtsmetaphorik der Bibel. Peter Lang, Frankfurt a. M.
Kirchhof, H. (1982): Ursymbole und ihre Bedeutung für eine religiöse Erziehung. Kösel, München
Kogon, E. (1975): Das Schicksal der Juden in den Konzentrationslagern. In: Kogon, E.: Der SS-Staat. Bertelsmann, Gütersloh, 219–242
Kompass-Karten (Hrsg.) (o. J.): Nr. 663 Perúgia – Assisi. Kompass, Innsbruck
Kraus, L., Schwiersch, M. (1996): Sprache der Berge. Handbuch der alpinen Erlebnispädagogik. Ziel, Augsburg
Kremer, J. (2004): Kletterführer für die nördlichste Fränkische Schweiz. 1. Aufl. 1994, 2. Aufl. 2004. Selbstverl., Lichtenfels
Kreszmeier, A. H. (2004): Lustig ist es im grünen Wald …? Überlegungen und Anregungen zum Wald als therapeutischer Raum. In: Erleben und Lernen 12. Jg. (Nr. 6). Ziel, Augsburg, 5–9
Kreszmeier, A. H., Hufenus, H. P. (2002): Wagnisse des Lernens. Aus der Praxis der kreativ-rituellen Prozessgestaltung. Haupt, Bern/Schweiz
Kubisch, N. (2002): Der Jakobsweg nach Santiago de Compostela. Unterwegs zu Kunst und Kultur des Mittelalters. Wiss. Buchges., Darmstadt
Kushner, L. (2003): Das Buch der Wunder. Jüdische Spiritualität für junge Leute. Jüdische Verlagsanstalt, Berlin
Laade, W. (1974): Das Geisterkanu. Südseemythen und -märchen aus der Torres-Straße. Erich Röth, Kassel
Landgraf, M. (2006): Shalom Martin. Eine Begegnung mit dem Judentum. Marix, Wiesbaden
Lawrie, M. (1969): Myths and Legends of Torres Strait. Taplinger, New York
Le Clézio, J. M. G. (2009): Wüste. Kiepenheuer & Witsch, Köln
Lichtenberger, P. (Hrsg.) (2006): Antike Religion. 42. Aufl. In: http://imperiumromanum.com/religion/antikereligion/antikereligion_index.htm, 17.11.2012
Limacher, S. (2004): Von heiligen Bäumen und Wäldern. In: Erleben und Lernen 12. Jg. (Nr. 6). Ziel, Augsburg, 10–13
Lindenthal, P. (2000): Nach Santiago. Meine Pilgerfahrt auf dem Jakobsweg – wohin sonst! Die Via Tolosana. Tyrolia, Innsbruck/Wien
Löffler, A. (Hrsg.) (1994): Australische Märchen. Traumzeitmythen der Aborigines. Rowohlt, Reinbek
Macfarlane, R. (2005): Berge im Kopf. Die Geschichte einer Faszination. AS-Verl., Zürich
Malinar, A. (2011): Die Ganga. Zwischen Reinheit und Reinigung. In: http://www.fu-berlin.de/presse/publikationen/fundiert/archiv/2004_02/04_02_malinar/index.html, 15.09.2012
Mehle, F. (1998): Ritter, Schurken, Schlossgespenster. Ein Wegweiser zu geheimnisvollen Sagenstätten von Haßbergen, Steigerwald und Fränkischer Schweiz. Morstadt, Kehl/Strasbourg/Basel
Meisl, M., Lochner, M. (2005): Arco. Klettern vom Gardasee bis zur Brenta. Lochner, Ebenhausen
Messner, R. (1989): Die schönsten Gipfel der Welt. Stürtz, Würzburg
Meyer, W. (2000): Jakobswege. Württemberg, Baden, Franken, Schweiz. Silberburg, Tübingen

Michl, W. (1991): Alfred Adler. Ein Wegbereiter der modernen Erlebnispädagogik? Wegbereiter der modernen Erlebnispädagogik; Bd. 17. Neubauer, Lüneburg

Motschmann, J. (1983): Der Leidensweg der Juden am Obermain. Verl. Obermain Tagblatt, Lichtenfels

Müller, P. (1990): Fasten. Dem Leben Richtung geben. Kösel, München

Muff, A. (1993): Religiöse Aspekte der Erlebnispädagogik. In: Zeitschr. f. Erlebnispädagogik 13. Jg. (Nr. 12), 45–52

Muff, A. (1995): Advent heißt Abenteuer. Erlebnisorientierte Ansätze in der katholischen Bildungsarbeit. In: Erleben und Lernen 3. Jg. (Nr. 2), 40–43

Muff, A. (1998): Der Konflikt zwischen Nutzung und Schutz der Natur. Pädagogische und politische, religiöse und rechtliche Aspekte. In: Zeitschr. f. Erlebnispädagogik. 18. Jg. (Nr. 3/4), 39–57

Muff, A. (2000a): Übung für Einstimmung und Reflexion beim Klettern und Abseilen. In: Erleben und Lernen 8. Jg. (Nr. 1), 27

Muff, A. (2000b): Thema Nummer eins: Liebe. Lebensfragen Jugendlicher und Tage der Orientierung. In: Katechetische Blätter 125. Jg. (Nr. 2), 125–130

Muff, A. (2001): Erlebnispädagogik und ökologische Verantwortung. Erleben und Handeln im Spannungsfeld von Naturnutzung und Naturschutz. 2. Aufl. Afra, Butzbach

Muff, A., Engelhardt, H. (2008): Fünf Thesen zu Spiritualität und Erlebnispädagogik. In: Ferstl, A. (Hrsg.): Menschen stärken für globale Verantwortung (178–189). Ziel Verlag, Augsburg

Muff, A., Engelhardt, H. (2011): Erlebnispädagogik und Spiritualität. Konzeptionelle und praktische Ansätze. In: Pum, V. (Hrsg.): Erlebnispädagogik im christlichen Kontext. Religionspädagogische Perspektiven (23–47). Bd. 27 Edition Akademie. Evangelische Akademie, Bad Boll

Muff, A., Walter, W. (1999): 136500 km mit Fahrrädern auf religiöser Spurensuche. Erlebnisorientierte Angebote in der kirchlichen Jugendarbeit. In: Schödlbauer (1999), 275–283

Nachman, R. (2000): Der leere Stuhl. Liebe, Freude und Hoffnung für unsere Welt. Ansata, Interlaken

Oberthür, R. (2011): Das Buch der Symbole. Auf Entdeckungsreise durch die Welt der Religion. 3. Aufl. Kösel, München

Oelkers, J. (1998): Erlebnis als Erziehung oder Erziehung als Erlebnis?. In: Paffrath, H. (Hrsg.): Zu neuen Ufern. Internationaler Kongress „erleben & lernen". Sandmann, Alling

Ortag, P. (2003): Jüdische Kultur und Geschichte. 5. Aufl., In: http://www.politische-bildung-brandenburg.de/publikationen/pdf/juedische_kultur_und_geschichte.pdf, 17.11.2012

Pörnbacher, H. (2003): „Schweigend treibt ein morscher Einbaum …". Dichterstimmen zur Fraueninsel (665–669). In: Brugger, W. (Hrsg.): Kloster Frauenchiemsee. Konrad Verlag, Weißhorn

Postverk Føroya (Hrsg.) (2005): Tjatsi. Norse Mythology. In: http://www.tjatsi.fo/, 10.8.2006

Pum, V., Pirner, M., Lohrer, J. (2011) (Hrsg.): Erlebnispädagogik im christlichen Kontext. Religionspädagogische Perspektiven. Evangelische Akademie, Bad Boll

Purk, E. (2003): Quellen der Wüste. Hörbuch. Kath. Bibelwerk, Stuttgart
Raithel, J. (2001): Risikoverhaltensweisen Jugendlicher. Formen, Erklärungen und Prävention. Leske + Budrich, Opladen
Reiners, A. (2007): Praktische Erlebnispädagogik. Bd. 1. Neue Sammlung motivierender Interaktionsspiele. 8. Aufl. Ziel, Augsburg
Rohrbach, C. (1996): Jakobsweg. Wandern auf dem Himmelspfad. 3. Aufl. Frederking und Thaler, München
Rotzetter, A. (1993): Klara von Assisi. Die erste franziskanische Frau. Herder, Freiburg
Saint-Exupéry, A. (1979): Wind, Sand und Sterne. 2. Aufl. Rauch, Düsseldorf (franz. Original: Terre des Hommes, 1939)
Saint-Exupéry, A. (1980): Südkurier. Frühe Schriften. Fischer, Frankfurt a. M. (franz. Original: Courrier du Sud, 1929; Ecrits de Jeunesse, 1935)
Saint-Exupéry, A. (1983a): Der Kleine Prinz. Neuaufl. Rauch, Düsseldorf (franz. Original: Le Petit Prince, 1943)
Saint-Exupéry, A. (1983b): Dem Leben einen Sinn geben. 19. Aufl. dtv, München
Saint-Exupéry, A. (1985a): Nachtflug. Fischer TB, Frankfurt (franz. Original: Vol de nuit, 1931)
Saint-Exupéry, A. (1985b): Man sieht nur mit dem Herzen gut. Texte zum Nachdenken; Bd. 1151. Ausgew. u. eingeleitet v. Oswalt v. Nostitz. 4. Aufl. Herder, Freiburg i. Br.
Saint-Exupéry, A. (1985c): Flug nach Arras. (franz. Original: Pilote de Guerre, 1942), in: Saint-Exupéry, A.: Prosa. Verl. Volk und Welt, Berlin
Saint-Exupéry, A. (1989): Die Stadt in der Wüste. Ullstein, Frankfurt a. M./Berlin (franz. Original: Citadelle, 1948)
Schad, N., Michl, W. (Hrsg.) (2004): Outdoor Training. Personal- und Organisationsentwicklung zwischen Flipchart und Bergseil. 2. Aufl. Ernst Reinhardt, München/Basel
Schäfer, J. (Hrsg.) (2006): Ökumenisches Heiligenlexikon. In: http://www.heiligen lexikon.de, 18.11.2012
Schlegel, H. (1995): Assisi für Pilger. Ein Begleitbuch für Besinnung und Liturgie. Impulse und Texte, Gebete und Lieder. Dietrich Coelde, Werl
Schlotheuber, E., Flachenecker, H., Gardill, I., (Hrsg.) (2008): Nonnen, Kanonissen und Mystikerinnen. Religiöse Frauengemeinschaften in Süddeutschland. Beiträge zur interdisziplinären Tagung vom 21. bis 23. September 2005 in Frauenchiemsee. Vandenhoeck & Ruprecht, Göttingen
Schmidt, W. (Hrsg.) (2006): Jüdisches Leben. In: Süddeutsche Zeitung Nr. 258 vom 9.11.2006, 17–22
Schmitt, S. (2003): Azalay – Brücke von Mensch zu Mensch. Hilfe zur Erhaltung der nomadischen Lebensform. In: http://www.azalay.de, 18.11.2012
Schmitz, H., Glogowski, D. (2005): Kailash. Im Innern des Mandala. Bruckmann-Verl., München
Schneider, M. (2002): Aus den Quellen der Wüste. Die Bedeutung der frühen Mönchsväter für eine Spiritualität heute. Koinonia-Oriens, Köln
Schödlbauer, C., Paffrath, F. H., Michl, W. (Hrsg.) (1999): Metaphern – Schnellstraßen, Saumpfade und Sackgassen des Lernens. Internationaler Kongress „erleben & lernen". Ziel, Augsburg

Schulze, G. (2005): Erlebnisgesellschaft. Kultursoziologie der Gegenwart. Campus, Frankfurt a. M.
Schwirz, I. (1992): Steinerne Zeugnisse jüdischen Lebens in Bayern. 2. Aufl., Bayerische Landeszentrale für politische Bildung, München
Segaller, D. (2006): Thai ways. 3. Aufl. Silkworm, Chiang Mai/Thailand
Selby, B. (2002): Der Jakobsweg. Mit dem Fahrrad nach Santiago de Compostela. 2. Aufl. Piper, München
Serges Medien (Hrsg.) (1999): Mein wunderbarer Märchenschatz. Serges, Köln
Sharp, N. (2002): Saltwater People. The Waves of Memory. Allen and Unwin, Crows Nest/Australien
Simon, E. (2000): Die Götter der Römer. 2. Aufl. Hirmer, München
Simon, E. (1998): Die Götter der Griechen. 4. Aufl. Hirmer, München
Sing, H. (1992): Der Jakobsweg nach Santiago de Compostela. 4. Aufl. Via, Ulm
Stecher, R. (1994): Botschaft der Berge. 10. Aufl. Tyrolia, Innsbruck
Stecher, R. (1999): Die Botschaft der Berge. In: Schödlbauer, C. et al. (Hrsg.): Metaphern. Schnellstraßen, Saumpfade und Sackgassen des Lernens. Ziel, Augsburg, 69–76
Stiftung Topographie des Terrors (Hrsg.) (2000): Gedenkstätten für NS-Opfer. Internet: http://www.memorial-museums.net, 18.11.2012
Synagogen-Gemeinde Köln (Hrsg.) (1999): Jüdisches Leben in Köln von der Antike bis heute. Ein historischer Überblick. In: http://www.sgk.de/index.php/historischer-ueberblick.html, 18.11.2012
Teklenborg, B. (1998): Auf Jakobswegen. Schweiz, Savoyen, Rhône. Salem Edition, Salem
Torres Strait Regional Authority (Hrsg.) (2006): Welcome to the Torres Strait. Regional Authory. In: http://www.tsra.gov.au, 18.11.2012
Treffler, G. (2010): Heiliger Johannes Nepomuk. Priester, Märtyrer – 16. Mai. In: http://www.erzbistum-muenchen.de/Page000331.aspx, 15.09.2012
Union progressiver Juden in Deutschland (Hrsg.) (1997): Das liberale Judentum. In: http://www.liberale-juden.de, 8.11.2012
Van Dijk, L. (2001): Lutz van Dijk erzählt die Geschichte der Juden. Campus, Frankfurt a. M.
Vopel, K. (1991): Denken wie ein Berg, fühlen wie ein Fluss. Spiele und Experimente für eine respektvolle Einstellung zur Natur für 6- bis 12jährige. Iskopress, Hamburg
Waach, H. (1978): Die Sahara war sein Schicksal. Charles de Foucauld 1858–1916. St. Gabriel, Mödling
Weber, S. v. (2012): Maritimes Lexikon. In: http://www.maritimes.modellskipper.de/index.htm, 30.9.2012
Wegner, U. (1997): Der spanische Jakobsweg. Natur und Kultur. Praktische Tips. 2. Aufl. DuMont, Köln
Wegner, U. (2000): Der Jakobsweg. Auf der Route der Sehnsucht nach Santiago de Compostela. Herder, Freiburg/Basel/Wien
Weis, K. (1992): Menschenbilder in der Erlebnispädagogik. In: Bedacht, A., Dewald, W., Heckmair, B., Michl, W., Weis, K. (1992): Erlebnispädagogik. Mode, Methode oder mehr? Fachhochschule – Fachbereich Sozialwesen, München, 49–71.

Wiedemann, C. (2005): Wir sind Seeland. Die Bewohner der australischen Torres-Strait-Inseln kämpfen um ihr Eigentum: das Meer. In: Mare. 9. Jg. Nr. 50, Juli 2005, 12–27

Wippenbeck, A. (1949): Es war einmal. Oberfränkische Sagen und Geschichten. Neue Presse, Coburg

Zentralrat der Juden in Deutschland (Hrsg.) (2005): Judentum. Internet: http://www.zentralratdjuden.de/de/topic/6.html, 18.11.2012

Zimmermanns, K. (2000): Umbrien. Eine Landschaft im Herzen Italiens. DuMont, Köln

Auf folgende Links wurde im Buch hingewiesen:

www.alpenverein.de
www.alpenverein.it
www.alpenverein.at
www.sac-cas.ch
Die deutschsprachigen Alpenvereine bieten auf ihren Internetseiten umfangreiche Informationen, etwa zum Naturschutz in Felsregionen.

www.dav-felsinfo.de
Informationssammlung zu deutschen Klettergebieten

http://de.wikipedia.org/wiki/assisi
www.franziskaner.de
Informationen zu den Kirchen in Assisi finden sich auf den zuvor genannten Internetseiten.

Abkürzungen und Namen der biblischen Bücher

1 Kön = Erstes Buch der Könige, 1 Kor = Erster Brief an die Korinther, 1 Makk = Erstes Buch der Makkabäer, 1 Sam = Erstes Buch Samuel, 2 Kön = Zweites Buch der Könige, 2 Chr = Zweites Buch der Chronik, 2 Sam = Zweites Buch Samuel, Apg = Apostelgeschichte, Dan = Daniel, Dtn = Deuteronomium, Ex = Exodus, Ez = Ezechiel, Gen = Genesis, Hos = Hosea, Jer = Jeremia, Jes = Jesaya, Joh = Johannes, Jos = Josua, Lk = Lukas, Mk = Markus, Mt = Matthäus, Num = Numeri, Ps = Psalm, Sach = Sacharija, Spr = Sprichwörter

Hinein ins Abenteuer!

Hajo Bach / Tobias Bach
Erlebnispädagogik im Wald
Arbeitsbuch für die Praxis
(erleben & lernen; 12)
2., durchges. Aufl. 2011. 219 S.
Mit 53 Zeichnungen u. Fotos
(978-3-497-02243-4) kt

Richtig spannend wird's erst, wenn kaum Hilfsmittel aus der Zivilisation zur Verfügung stehen. Im Naturcamp übernachten die Kinder und Jugendlichen in selbst gebauten Hütten. Sie hangeln sich an Seilen über Schluchten und Gewässer, fangen Fische ohne Angel und lernen, giftige von essbaren Pflanzen zu unterscheiden. Lagerfeuerabende runden das Naturerlebnis ab. Wildnistrainings gibt es für Eltern mit Kindern und für Erwachsene.

Die Autoren, beide Erlebnispädagogen und Überlebensexperten, geben auch für Führungskräfte Hinweise, wie Teambildung und Problemlösungen unter erschwerten Bedingungen trainiert werden können.

www.reinhardt-verlag.de

Spielkonzepte mit digitalen Medien

Andrea Winter (Hg.)
Spielen und Erleben mit digitalen Medien
Pädagogische Konzepte und praktische Anleitungen
(erleben & lernen; 14)
2011. 208 Seiten. 26 Abb. 6 Tab.
(978-3-497-02245-8) kt

Kreative Spielmethoden mit digitalen Medien ermöglichen ganz neue Wege in der pädagogischen Arbeit! So können Kinder, Jugendliche und junge Erwachsene auf eine Art und Weise angesprochen werden, die an ihre oft medial geprägte Lebenswelt anschließt.

Die AutorInnen stellen verschiedene Varianten mobiler Spielansätze vor, wie z. B. Geocaching, Medienrallyes oder mobile, spielbasierte Lernansätze, aber auch den Einsatz von Computerspielen in schulischen und außerschulischen Bereichen bis hin zum Medieneinsatz in der Seniorenarbeit. Fachbegriffe werden verständlich erklärt und erprobte Konzepte werden so vorgestellt, dass auch der „mediale Laie" einen leichten Zugang findet.

www.reinhardt-verlag.de